L'athlétisme français
Secrets de famille

Stéphane Caristan
avec
Nicolas Bouiges

L'athlétisme français

Secrets de famille

PLON

ISBN : 2-259-19457-5

Je dédie ce livre à Marguerite, ma mère,
pour les valeurs qu'elle m'a inculquées,
et à Mathis et Millian, mes enfants que j'aime tant.

A Thomas

Une vision personnelle du monde où j'ai grandi et où je me suis socialisé... Un cri d'alarme, un appel à la concertation.

Bonne continuation et RdU à Paris cet été...

[illegible]
13 20 Record de France
110m Haies

INTRODUCTION

A vos marques !

« *Franchement, je ne vois pas ce que les gens te trouvent !* »

C'est un journaliste d'une grande chaîne de télévision qui m'a dit ça un jour, lors d'un meeting. Cet éminent personnage ne parvenait pas à accepter que je sois encore aujourd'hui une voix entendue dans le monde de l'athlétisme. Certes, il y a beaucoup de vent dans ce monde-là, beaucoup de vent pour rien. Il est vrai également que je ne suis pas représentatif de cette frange majoritaire qui ne cesse de scander : « Tout va pour le mieux ; nous sommes les meilleurs. Vive nous ! » Non. Je ne suis pas vraiment en accord avec cette autosatisfaction dégoulinante d'hypocrisie. Plutôt résolument en contradiction. J'ai eu la chance de vivre les derniers jeux Olympiques à Sydney. Comme je ne suis plus athlète de haut niveau mais entraîneur, j'ai pu avoir un regard différent. Pour la première fois, je me suis retrouvé dans la peau d'un observateur privilégié. Un observateur qui, comme tout le monde, a assisté au fiasco de l'équipe de France d'athlétisme. Zéro ! Aucune médaille ! Historiquement (à l'exception des jeux Olympiques de 1936), la France n'était encore jamais rentrée bredouille.

Le bilan 2000 est donc terrible pour notre nation. Terrible et malheureusement parfaitement explicable. N'allez pas croire que c'est un phénomène nouveau. La déroute de l'athlétisme français est en marche depuis bien des années. Mais Drut, Caristan, Pérec, Diagana,

Arron et autre Galfione n'ont fait que repousser la redoutable échéance. En s'illustrant brillamment, ils n'ont été au fil du temps que l'arbre qui cachait la forêt. A chaque grand rendez-vous, l'athlétisme français se distinguait grâce à l'un de ces champions. Derrière, la déroute ressemblait étrangement à celle de Sydney mais ça « passait ». Pourquoi ? Tout simplement parce que Marie-Jo Pérec avait réalisé un doublé 200-400 mètres de légende à Atlanta en 1996 ou parce que Christine Arron, en remportant le 100 mètres des Championnats d'Europe en 1998, annonçait, paraît-il, des lendemains fantastiques à l'athlétisme français. Des lendemains qui chantent... ou qui déchantent.

En Australie, le coq s'est très sérieusement enroué. Complètement aphone, la pauvre bête. Finis les chants conquérants. Nos quelques leaders sont passés à côté de l'événement. Statistiquement, c'est d'ailleurs tout à fait exceptionnel. Nos cinq meilleurs athlètes potentiellement médaillables (et disposant chacun d'une préparation et d'un entraîneur différents) ont tous manqué le même rendez-vous. Diagana et Galfione étaient blessés physiquement. Pérec était blessée moralement. Barber est apparue complètement déstabilisée par des soucis (liés à des doutes quant à sa préparation physique et des problèmes relationnels avec son entraîneur). Restait Christine Arron qui n'a malheureusement pas vécu Sydney dans des conditions optimales. A part ça, rien. Peu d'athlètes en finale. Quelques-uns en demi-finales. Et c'est tout. Mais remontez quatre ans en arrière. 1996, les JO d'Atlanta. Retirez les deux médailles d'or historiques de Pérec et celle de Galfione. Le bilan est alors pratiquement le même. Conclusions de la Fédération à Sydney ? Elle n'a pas eu suffisamment de temps pour mettre en place la politique adéquate ! Bilan du débriefing de la Fédération après Sydney ? Nous n'avons pas eu de chance ! Et à part ça ? Une éventuelle remise en question ? Vous voulez rire, j'espère !

Tout cela me pousse aujourd'hui à réagir. J'ai vraiment envie de dénoncer cet immobilisme qui est en train de pulvériser un record. Celui de la durée. Depuis bien trop longtemps, on ne fait rien. On ne dit rien. Tout passe, tout coule, et c'est devenu intolérable. Pour moi en tout cas. Je ne supporte plus cette langue de bois. Ces « lendemains » qui ressemblent à des « hiers ». Et tant pis si ça choque, si ça dérange. Je refuse de devenir un planqué tartufe comme certains autres. Pardon ? Le devoir de réserve ?... Et la liberté d'expression alors ? C'est peut-être utopique mais j'ai envie que l'athlétisme français avance. Je veux qu'il gagne. Pour ma part, j'ai toujours couru pour gagner !

Vous allez vous rendre compte que ce livre est construit comme un 110 mètres haies : dix haies, dix obstacles pour mieux comprendre la gravité du problème. Le 110 mètres haies, c'est un peu mon chez-moi, ma famille. Laissez-moi donc vous livrer quelques secrets... de famille !

1

Y a-t-il un pilote dans l'avion ?

« Il faut que le ministère puisse garantir au président de la Fédération qu'il va travailler avec des cadres qui adhèrent au projet. Sinon, les cadres doivent partir. Il faut un vrai coup de balai. »

Ces mots ne sont pas de moi. Désolé. Ils viennent du patron. Du grand patron : le président de la Fédération française d'athlétisme alors en exercice, Philippe Lamblin. Déclaration faite en novembre 2000, moins de deux mois après le fiasco de Sydney. Surprenant, non ? Vous devinez bien que cette interview accordée à Jean-Philippe Leclaire pour le journal *L'Equipe* a sérieusement secoué le monde étriqué de l'athlétisme tricolore. Beaucoup ont trouvé que le président n'aurait pas dû parler de cette façon. Que ce n'était pas convenable, qu'on devait laver le linge sale en famille et que c'était bien mieux ainsi. Silence de rigueur. Il ne faut rien dire. Communiqué classique et rituel : « Tout va bien ! C'est formidable. L'athlétisme français vit un véritable rêve éveillé. Faites passer le mot : *You know what ? I am happy !* » Et, pour ma part, une fois de plus, j'ai dit non ! Il y a vraiment un problème. Un gros. Ce qu'a déclaré Philippe Lamblin l'an dernier représentait un véritable bol d'air, et je voudrais simplement lui dire merci. Merci d'avoir osé clamer tout haut ce que beaucoup d'entre nous pensaient tout bas. Car, à force de tout vouloir régler en famille, on n'avance plus. Point mort. Poids mort. Et surtout, la famille commence à se détester sérieusement. D'ailleurs, la « famille », c'est un bien grand mot. Une grande illusion aussi. Les non-dits ont tout brisé. Lamblin a vraiment été courageux de rompre le silence. Pas très délicat, peut-être. Mais courageux, très courageux.

Le premier vrai problème de l'athlétisme français, c'est la structure même de sa Fédération. Quel joli mot, fédération, vous ne trouvez pas ? Ouvrez donc un dictionnaire pour découvrir sa définition. C'est amusant, vous allez voir. Vous apprendrez, en effet, que ce doux mot provient du latin *foederatio* et qu'il symbolise l'alliance, l'union. Tout cela a un côté presque sacré, ancestral, divin. Dans la réalité, c'est un peu différent. L'alliance, l'union sont impossibles en raison d'une structure tout simplement défaillante.

La Fédération Française d'Athlétisme (FFA) a (ou plutôt devrait avoir) un fonctionnement pyramidal. En haut, tout en haut, il y a un président proposé par un comité directeur (cela a son importance, vous comprendrez pourquoi par la suite). Le président délègue une partie de son pouvoir à un DTN (Directeur Technique National) qu'il a nommé. Le DTN délègue à son tour une partie de son pouvoir à ses cadres techniques, et ainsi de suite... Tout semble logique. Simple. Evident. La Fédération est donc une alliance d'individualités au service d'un collectif. Vraiment ?

Malheureusement, il y a maldonne, méprise totale. Dans cette belle pyramide au fonctionnement si limpide en apparence, les rouages bloquent à bien des étages. Certaines « petites gens », une minorité heureusement, ne peuvent pas s'empêcher de garder le pouvoir qu'on leur a délégué afin d'en profiter. A titre personnel bien évidemment. Avec ce pouvoir joliment accaparé, elles sont reconnues, elles existent, elles représentent enfin quelque chose. Fini l'anonymat. Désormais, ces heureuses personnes peuvent jouir de leur souveraineté ! Et tant pis si cela freine le développement de certains projets. La place de l'athlétisme dans tout ça ? Oubliée. Reléguée au second plan. On verra plus tard. Voilà donc comment un système fluide en apparence se révèle bloqué de l'intérieur.

Vous allez sûrement penser que j'exagère, que j'en fais trop. Alors pour affûter ma démonstration, je vais me faire plus concret. Je l'ai dit précédemment : le président élu désigne son DTN, son bras droit, en toute indépendance. Très bien. Jusque-là, tout est clair. Le DTN va ensuite constituer son équipe afin de mettre en place la politique imaginée de concert avec le président. Et c'est à ce moment précis que la machine se grippe. Le DTN a été nommé en toute liberté mais ce dernier ne va pas pouvoir constituer son équipe avec la même facilité. Eh non ! C'est pour cela que le poste de directeur technique national constitue une charge aussi ingrate. Lorsqu'il prend ses fonctions, il a des envies, des projets. Il se fixe des objectifs. Il veut que le groupe France progresse... Tout est beau. C'est un peu l'heure de l'insouciance car très vite il prend conscience qu'on ne le laissera pas mettre en place l'équipe qu'il souhaiterait avoir à ses côtés. Pourquoi ? Tout simplement parce qu'il y a quelques cadres techniques (tous placés auprès de la Fédération par le ministère de la Jeunesse et des Sports) qui ne souhaitent pas bouger ! Aussi bête que ça. Ces cadres occupent le même poste depuis parfois trente ans et ils n'ont pas envie d'aller ailleurs. Contre cela, un DTN qui manque de poigne ne peut rien. La Fédération française d'athlétisme compte plus de cent cadres d'Etat (c'est l'une des fédérations sportives françaises où il y en a le plus). Parmi cette centaine de cadres, le DTN est censé nommer une quinzaine d'entraîneurs nationaux (environ un par spécialité). Les autres cadres restent, eux, CTR, c'est-à-dire Conseillers Techniques Régionaux. Simple en apparence mais compliqué dans la réalité pour deux raisons : tout d'abord, le CTR doit appliquer la politique de la ligue régionale dont il dépend. Or, la ligue régionale n'a pas forcément la même politique que la Direction technique nationale. Vous avouerez que c'est gênant... Ensuite, on ne peut nommer un cadre au poste d'entraîneur national que s'il y a des places vacantes. Ou plutôt des places laissées vacantes par ceux avec qui le DTN ne souhaite plus travailler. Et ça, malheureusement... désolé. Si un cadre ne veut pas bouger, vous ne pouvez pas faire grand-chose. Il est entraîneur national et vous lui demandez de redevenir conseiller technique régional ? Impossible sans son accord. C'est comme ça. Il refusera de revenir à un travail de terrain dans une région ou auprès d'une ligue. Il s'agit pour lui d'un sale boulot. Il le vivrait comme une régression. Un cadre en fait ne peut que monter, il ne veut pas descendre. Exemple flagrant : lorsqu'un directeur technique national (considéré comme le numéro deux de la Fédération) quitte son poste, il ne se retrouve jamais conseiller technique régional, fonction qu'il occupait parfois juste avant sa nomination. Il y a comme une gêne à demander à quelqu'un d'aussi prestigieux de retourner sur le « terrain ». Alors, on lui crée un poste sur mesure, avec très souvent le salaire qui l'accompagne. Ainsi, François Julliard a été nommé directeur du CREPS (Centre Régional d'Education Populaire et de Sport) de Boulouris, Côte d'Azur, après avoir été le second de Jean Poczobut, alors président de la Fédération. Promotion dorée. Vous l'aurez compris : jamais de chute possible. Tout est vicié. Très lourd. Trop lourd.

De l'extérieur, on ne comprend pas combien la partie émergée de l'iceberg n'est rien comparée à sa partie immergée. Tout le reste est énorme. Gigantesque. On pourrait presque parler d'un côté *Titanic*. Je vous garantis que l'image est assez juste. Dramatique mais juste. Notre Fédération est comme un immense paquebot, un paquebot qui stagne, parce que rempli d'une quantité impressionnante de vase nauséabonde qui végète depuis bien trop longtemps. Avec une telle masse en fond de cale, il devient impossible d'avancer. Alors forcément, un type qui débarque sans avoir été préparé à ça ne peut qu'échouer. A ce titre, la nomination de Richard Descoux au poste de DTN en 1997 relève du « parachutage suicide ». Jusque-là, il occupait de modestes fonctions à un niveau départemental. Passer à l'échelon national du jour au lendemain, vous imaginez la transformation ? Comble du comble : ce n'était pas le premier choix de la Fédération. Loin de là. En fait, Richard Descoux a été choisi... faute de mieux ! Pour preuve cette confidence de Philippe Lamblin (toujours au quotidien *L'Equipe*) : « *N'oublions pas qu'il* [Richard Descoux] *débarquait de sa province et que, du jour au lendemain, on lui a mis 30 millions de francs dans les mains et cent personnes à diriger. Vous allez me dire : "Mais c'est vous, Lamblin, qui l'avez nommé." Oui, bien sûr, mais j'en avais contacté quatre avant lui. L'un m'a dit : "Je suis trop vieux." L'autre ne voulait plus se déplacer, j'ai entendu une litanie de mauvaises excuses et de faux-semblants. Ça veut dire que le poste est tellement exposé que personne n'ose plus l'occuper. Je pense que Richard et Jean-Claude Vollmer* [le DTN adjoint]... *n'ont pas réussi à fédérer comme ils l'auraient voulu. Eux me répondent : "Les dés étaient pipés puisque nous avons été obligés de prendre dans notre équipe des cadres techniques qui ne voulaient pas travailler avec nous."* »

Que voulez-vous faire ? Notre beau *Titanic* est en perdition. C'est le naufrage annoncé à la première avarie signalée.

Car débarquer là-dedans, c'est découvrir un petit royaume. Le royaume du copinage. Ici, on ne choisit pas les gens en fonction de leurs valeurs ou de leurs idées. Vous voulez une révolution ou quoi ? Non. Ici, on place ses amis. C'est la règle première. Tu m'as rendu tel service, alors je te renvoie la pareille en te nommant à ce poste. C'est le fameux système de la solidarité des médiocres. Telle personne n'a pas forcément les qualités pour occuper cette fonction, mais comme elle a aidé cette autre personne par le passé, elle est protégée. Les chaises, vous l'imaginez bien, sont plombées au sol. Impossible de déboulonner qui que ce soit. On ne change surtout pas une équipe... qui perd !

Moi qui ai toujours couru pour la gagne, je ne pourrai jamais m'y faire...

Au copinage s'ajoute le problème de la jalousie. Parce que, avec le temps, certains faux amis sont devenus de vrais ennemis. Alors on se tire dans les pattes. C'est ce qu'on appelle les petites querelles de clocher. Petites et parfois même grosses. C'est très français : on aime bien critiquer l'autre.

Premier exemple : à Sydney, François Pépin, l'entraîneur d'Eunice Barber, a très mal vécu le départ de son athlète. Les tensions entre les deux intéressés étaient devenues trop importantes. Barber ne pouvait plus travailler sereinement. En plein JO, elle s'est donc tournée vers Claude Monot qui, amicalement, a accepté de l'aider à s'entraîner durant les quelques jours cruciaux qui précédaient le début de l'épreuve de l'heptathlon. Or, Pépin n'a pas supporté de voir Barber avec un autre coach. Il l'a dit. Ouvertement. Verbalement. A une presse qui n'en croyait pas ses oreilles. Ce fut « Règlement de compte à Narabeen ». François Pépin est allé trop loin. Il a oublié que le qualifié pour Sydney, ce n'était pas lui mais bien Eunice Barber. S'il se sentait mal (et cela pouvait se comprendre), il devait attendre la fin de la compétition et le retour en France pour avoir une franche explication. Malheureusement, François Pépin a fait tout le contraire. Il a littéralement « assassiné » un cadre, Claude Monot, dont la seule faute était d'avoir accepté de venir en aide à Barber. Cette dernière, déjà blessée physiquement, n'a pas pu aborder ces JO dans les meilleures conditions psychologiques. On connaît la suite... Je pense qu'un DTN responsable aurait dû mettre Pépin dans le premier avion pour Paris dès qu'il a commencé à péter les plombs. C'eût été un bien, pour Barber et pour tous les athlètes français forcément affectés par ces règlements de compte insensés en plein JO.

Marie-José Pérec constitue un autre exemple tout aussi terrible. Elle a beaucoup donné à l'athlétisme français mais on lui a quand même tiré dessus. La corrida australienne (d'un mauvais goût certain, j'en conviens) a tenu toutes ses promesses. La mise à mort a bien eu lieu. Quel horrible spectacle...

Marie-Jo n'avait jamais rien demandé à la Fédération, mais la structure qu'elle avait mise en place et avec laquelle elle avait eu des résultats a toujours dérangé. Pourquoi ? Parce qu'il s'agissait d'une structure totalement étrangère au système fédéral. Un entraîneur privé payé directement par Pérec. Des camps d'entraînement à l'étranger. Un système de fonctionnement complètement professionnel. Bon, et alors ? C'était son choix après tout ! De plus, la Fédération tolérait ce choix. Elle le reconnaissait puisqu'elle avait toujours fait bénéficier Pérec des fameuses aides olympiques (sommes d'argent allouées à certains athlètes de haut niveau pour préparer les grandes échéances). La subventionner, c'était accepter son système, non ? Malgré tout, à la Fédération, on a toujours regardé le « système » Pérec d'un mauvais œil. Nos chers apparatchiks étaient embêtés car, au fil du temps, Marie-Jo avait démontré que le succès pouvait être au rendez-vous sans eux. Et quand la pauvre a connu les problèmes que l'on sait en Australie, ils lui sont tous tombés dessus. La bête était touchée, blessée, meurtrie... Alors on a pu se défouler ! Nombreuses sont les personnes qui n'ont pas hésité à la démolir avec des commentaires odieux. J'ai trouvé tout ça indécent. Si les choix de Pérec dérangeaient autant, pourquoi avoir attendu toutes ces années avant de le dire ? Pourquoi avoir choisi un moment aussi difficile pour la Guadeloupéenne pour la salir de cette façon ? C'est vrai que son départ précipité et sans aucune explication a créé une certaine zizanie au sein de l'équipe de France. Elle aurait dû au moins présenter ses excuses. Un athlète a des droits mais aussi des devoirs. Marie-Jo n'a pas eu le comportement adéquat. D'accord. Mais était-ce une raison pour multiplier les déclarations injurieuses à son endroit ? Ce fut lamentable. Vraiment lamentable. L'athlétisme français n'en est pas sorti grandi. Le pire dans tout cela, c'est que la structure vantée par les belles petites têtes pensantes de la Fédé n'a récolté aucune médaille à Sydney. Zéro ! Alors que Pérec, excusez-moi ! Avec ou sans Sydney, elle demeure la plus grande athlète française et étrangère des années 90. A mon sens, même la plus grande de tous les temps. Dans mon Panthéon personnel, elle est aux côtés de l'Américaine Wilma Rudolph et de la Néerlandaise

Fanny Blankers-Koen. Pérec restera une exception dans l'histoire du sport français...

Viciée, la structure est viciée. Et cela ouvre forcément la porte aux petites magouilles, à toutes les bassesses. Après Sydney, ils furent peu nombreux à oser dire : « Je démissionne. » Il y a eu le directeur technique national Richard Descoux, mais sa démission a été bien vite refusée car le comité directeur ne voulait surtout pas se désavouer. Et puis, il y a eu un entraîneur. Le seul. Le magnifique. L'unique. Apparemment dégoûté et usé par le système fédéral, il a eu le courage de dire : « *J'arrête. J'en peux plus. Je prends ma retraite. J'ai vécu ces derniers jours au milieu du monde de l'athlétisme qui ne me correspond plus. Et puis j'aurai du mal à me soumettre aux décisions qui seront prises après les mauvais résultats de l'équipe de France à Sydney. Il va falloir passer par des contraintes. S'ils* [les responsables de la Fédération] *commettent des erreurs, je devrai les faire aussi alors que je considère qu'il y a plusieurs chemins pour aller à la vérité.* » Très peu de temps après, on a appris qu'une partie de ses athlètes avait déjà prévu de le quitter avant même les Jeux et le zéro pointé des tricolores. Le rusé personnage avait donc précédé l'annonce de ces nombreuses défections afin de ne pas être désavoué à son tour. Cet homme, dont j'aurai l'occasion de parler par la suite, s'apprêtait logiquement à redevenir professeur d'EPS dans un lycée ou un collège. Ayant choisi de demander au ministère de ne plus le placer auprès de la Fédération française d'athlétisme sur un contrat « Préparation olympique » afin de coacher des athlètes de haut niveau, il était normal qu'il retourne dans son corps de métier initial.

Or, quelques semaines plus tard, on assistait à un virage à 180 degrés. L'homme, pourtant fatigué et usé par le vilain système qu'il avait su si bien dénoncer, venait subitement de retrouver l'appétit et se disait prêt à repartir. Comme à sa grande époque. Sauf que son fameux team était désormais réduit à deux athlètes (les deux seules qu'il ait contactées pour continuer l'aventure. Merci pour les autres !). Peu importe ! *Il maestro* avait retrouvé l'envie ! C'était l'essentiel, non ? Quelle émotion ! Quel soulagement aussi pour l'athlétisme français. Dans un entretien accordé à Jean-Christophe Collin pour *L'Equipe*, on découvrit en fait que l'idée de redevenir simple professeur de gym (avec le salaire qui va avec !) après avoir été un si grand pédagogue pour les athlètes de haut niveau n'emballait pas vraiment le maître diaboliquement remotivé. « *Me faire ça, quand même !* » a-t-il même déclaré. Inquiet à l'idée de redevenir un anonyme, il a donc fait marche arrière. Mais au lieu de revenir discrètement, il a osé poser des conditions à son retour (alors que personne ne l'avait poussé à partir !). A deux ans de la retraite, il a exigé de bénéficier pour les deux saisons suivantes d'un contrat PO (Préparation Olympique). Traduction : un salaire majoré de 30 % (majoration réservée aux entraîneurs qui s'occupent des meilleurs athlètes français) alors que son team n'en était plus vraiment un. Il faut savoir que le budget limité de la Fédération n'autorise que vingt-deux contrats PO. Heureusement, d'ailleurs, que les autres coachs qui jouissent de ce contrat n'entraînent pas que deux athlètes. Quant aux entraîneurs qui ont, comme moi, la chance d'entraîner treize athlètes, ils devraient peut-être demander à bénéficier de six contrats Préparation olympique. Tiens, c'est une bonne idée, ça ! Je vais y penser...

A la structure défaillante s'ajoute un amateurisme navrant. Pour illustrer mes propos, rien de tel qu'un petit flash-back. Sydney. Septembre 2000. Le DTN de l'époque, Richard Descoux, a emmené avec lui les entraîneurs qui le souhaitaient. Heureuse initiative qu'il avait mise en place deux, trois ans plus tôt. Or, en Australie, les entraîneurs ont découvert qu'ils n'avaient pas d'accréditations pour suivre leurs athlètes. Nos malheureux entraîneurs étaient cantonnés en tribune sans jamais avoir d'accès, ne serait-ce qu'au stade d'échauffement ! Quel est l'intérêt d'un tel voyage dans ces conditions ? Dommage pour le ou les coachs invités car, de chez eux, ils auraient mieux suivi les JO à la télévision !

En plus, il leur aurait été sûrement plus facile de communiquer avec leurs athlètes par téléphone depuis Paris, plutôt que par des signes désespérés depuis la tribune bondée d'un stade hurlant. Mais tout cela n'a pas semblé gêner la Direction technique nationale. Au contraire. L'entraîneur invité devait s'estimer heureux d'être du voyage. D'assister à la plus grande fête mondiale du sport. En quelque sorte, le coach veinard avait pour consigne de fermer sa gueule et de rester assis bien sagement à sa place avec ses jumelles. Indispensables, les jumelles ! Mais de qui se moque-t-on ? Est-ce si compliqué d'anticiper un peu et de préparer un tel événement ?

Encore un exemple australien (excusez-moi mais je ne m'en lasse pas) : en arrivant sur place, on a appris que des accréditations étaient réservées à trois organisateurs de meetings français (Nice, Villeneuve-d'Ascq et Paris-Saint-Denis). Chaque organisateur disposait de deux accréditations. Pas un n'a fait le voyage. Résultat d'une course que nous avons également perdue : six badges ont dormi, on ne sait où, durant la quinzaine olympique. Et, pendant ce temps-là, en tribune, des paires de jumelles. Beaucoup de paires... C'est ça l'athlétisme français ? Un athlétisme moderne ? A l'heure où le sport se professionnalise, on assiste chez nous au retour de l'amateurisme de grand-papa.

Puisque je parle d'amateurisme, je me dois d'évoquer ici le problème du bénévolat. Je crois pouvoir dire que, dans notre discipline, les bénévoles occupent tous les postes ou presque. Tout le système repose sur eux. On les retrouve à la présidence, au comité directeur, à l'assemblée générale et même dans les différentes commissions fédérales (commission sportive, commission de l'athlète de haut niveau, commission des classements et de la documentation...). Seuls les administratifs de la Fédération sont rémunérés. C'est peu. Il y a donc beaucoup de bénévoles. Est-ce un bien ? Est-ce un mal ? Ma réponse ? Les deux ! Eh oui : un bien... et un mal ! Je vais encore me faire des ennemis mais le système est ainsi fait. Il n'a pas les moyens, ni donc les structures, pour fonctionner sans bénévoles. Ils sont essentiels. Nous en avons besoin. Certains font même un travail extraordinaire. Je le répète : nous en avons besoin. Malheureusement, il est vrai également que certains autres sont devenus au fil du temps de véritables boulets pour l'athlétisme. Ils ont fini par obtenir une forme de pouvoir (qu'ils soient membre du comité directeur, président de ligue ou sombre secrétaire de commission) et cela suffit à leur bonheur. Ont-ils les qualités pour assumer la tâche qui leur a été confiée ? A votre avis ? Et lorsqu'on a le malheur de pointer du doigt leurs carences, ils répondent systématiquement : *« Moi, je viens déjà sur mon temps libre. Je vous rappelle que je ne suis pas payé alors estimez-vous heureux ! »* Il est révoltant de constater que le système actuel permet à des gens de se cacher derrière l'étiquette du bénévolat pour justifier leurs erreurs. On tolère la médiocrité. On se sent presque redevable à l'égard de certaines personnes juste parce que leur travail n'est pas rémunéré. Et donc tout passe. Le talent : injustement reconnu parfois. La nullité : trop souvent étouffée pour éviter les vagues qui pourraient faire tanguer ce beau paquebot. Le bénévolat a donc bien un aspect positif et un aspect négatif.

Mais, dans toute cette histoire, qui décide ? Qui dirige ? La question que l'on me pose fréquemment est celle du pouvoir réel du président de la Fédération. Durant de nombreuses années, j'ai pensé que ce dernier était le vrai grand patron. Le vrai décideur. Le boss, quoi. Mais depuis que je suis cadre technique (donc placé par le ministère auprès de la Fédération), j'ai pris conscience que ce n'était pas vraiment ça. Au départ, le président est choisi parmi les membres du comité directeur. Il est donc proposé par les siens. Cette proposition doit être confirmée par le vote de l'assemblée générale (composée d'une centaine de membres venus des ligues, des comités régionaux ou départementaux et des différents clubs). Les candidats à la présidence sont donc appelés, avant chaque élection, à faire une véritable campagne électorale auprès du comité et des membres de l'assemblée afin de vanter les mérites de leurs programmes respectifs. Le schéma est, on ne peut plus, démocratique. Politique également. Aïe ! Obstacle à l'horizon. Pour obtenir la majorité des votes, il faut savoir séduire. Faire des promesses. Après quoi, lorsque le président est élu, il n'est plus vraiment libre d'agir. Car il a très souvent pris des engagements auprès de membres du comité et il doit les respecter au risque de perdre la majorité de ses soutiens. Si, au contact du terrain, il prend conscience qu'il a fait fausse route, le comité peut très bien l'empêcher de changer de cap. Enfin, il y a encore et toujours le problème de l'équipe mise en place. Car cette équipe n'est que partiellement nouvelle. Il y a juste un directeur technique national et ses adjoints éventuels. Pour le reste, il faut faire avec les moyens humains en place. En priant le dieu du sport pour que ces derniers soient en accord avec la politique proposée. Vous imaginez, vous, un chef de gouvernement fraîchement nommé obligé de conserver les membres de la précédente équipe sous prétexte que ces derniers ne veulent pas quitter leurs postes ? Ce serait grotesque, non ? Eh bien, chez nous, ce n'est pas grotesque, c'est la réalité ! Ce n'est plus du sport mais de la « politique administrative ». Comment voulez-vous gagner dans ces conditions ?

Je l'ai dit : la Fédération est un gigantesque paquebot très compliqué à manœuvrer. Il y a beaucoup d'intérêts divergents. C'est un handicap énorme. Mais pire que tout : il y a défaillance des chefs. L'homme qui est à la barre (ou qui croit l'être) oublie souvent de consulter ses adjoints avant de prendre des décisions. Comment ces derniers se sentiraient-ils respectés, concernés, et pourquoi arrêteraient-ils leurs guerres intestines ? Je vais illustrer mon propos par un exemple tout simple. Et dramatique ! Quelques semaines après Sydney (le 25 novembre 2000), le DTN s'apprêtait à présenter ses nouvelles orientations. Le directeur technique national allait proposer une nouvelle politique alors qu'il n'avait même pas consulté les principaux intéressés (les athlètes) ni ceux qui allaient être les garants de la mise en place de ce projet sur le terrain (ses cadres techniques !).

Il fallait y penser ! Heureusement, quatre jours avant la grande « profession de foi », les cadres ont été enfin convoqués. Mais pas par le DTN. Ni même par le comité directeur. Cela eût été trop simple. Trop direct. Celui qui nous a reçus s'appelait Joël Delplanque, le directeur des sports. En résumé : le bras droit du ministre des Sports. Les cent dix cadres ont donc participé à cette réunion de travail. Durant une journée entière, nous avons pu évoquer tous les problèmes. Nous pensions bien évidemment que tout cela avait un lien direct avec les futures propositions du DTN quelques jours plus tard. Que nenni ! Le directeur des sports souhaitait simplement nous recevoir à titre personnel afin de mieux appréhender les difficultés rencontrées par l'athlétisme français. Pendant ce temps-là, j'imagine que notre cher DTN devait questionner sa boule de cristal pour connaître nos avis respectifs sur la meilleure politique à mener. Champion du monde, Richard ! On a prétendu ne plus avoir de stars en l'an 2000. On s'est trompé ! Nous avions un directeur technique national cartomancien de tout premier ordre ! Si nous avions pu savoir ça plus tôt...

Comble du comble : cette nouvelle politique (visant la période 2001-2004) a été approuvée par le comité directeur et par le directeur des sports moins de deux mois avant l'élection d'un nouveau président ! Dans la foulée, on apprenait justement que Philippe Lamblin n'était pas candidat à sa propre succession. Traduction : la nouvelle équipe de direction mise en place huit semaines plus tard ne pourrait que suivre la politique annoncée et approuvée par les instances dirigeantes de la Fédération et par le ministère des Sports. Conclusion : rien de neuf à l'horizon. Pardon ? Vous souhaitiez vous présenter à la présidence de la Fédération car vous vouliez mettre en place d'autres projets ? Vous vouliez changer les choses ? Impossible ! Le plan de route est d'ores et déjà établi pour quatre ans ! Si vous êtes élu, vous pourrez simplement apporter de très légers amendements chaque année. Vous aviez un projet « révolutionnaire » ? Mais vous n'avez pas compris ce que je viens de vous dire ou quoi ? Et l'athlétisme pendant ce temps-là ? Quel athlétisme ? Qu'entendez-vous au juste par « athlétisme » ?...

Le 31 janvier 2001, la Fédération a élu un nouveau président : Bernard Amsalem. Quelques semaines plus tard, ce dernier a nommé Robert Poirier, ancien athlète de haut niveau et ancien entraîneur national, au poste de DTN. Je dois reconnaître que cette nomination est une bonne chose car Poirier est un homme de rigueur. D'entrée, il a étalé sa motivation et ses convictions. Je ne peux que m'en réjouir. Maintenant, est-ce que cette nouvelle équipe aura toute la liberté pour agir ? Pourra-t-elle amender si elle le souhaite la politique mise en place par l'équipe précédente ? L'avenir nous le dira mais une chose est sûre : la tâche s'annonce très difficile. Les éternels saboteurs rôdent...

Pour finir, se pose bien évidemment le problème des chefs. Etre un chef, ça ne s'apprend pas. On l'est ou on ne l'est pas. Pendant les Jeux de Sydney, le DTN Richard Descoux n'avait pas le poids nécessaire pour imposer la sérénité à tout le groupe France. C'est très grave. Il n'avait pas le tempérament pour ça. Si le président Lamblin a assumé ses échecs, le DTN, lui, a fait tout le contraire. Le 27 septembre 2000, il a osé déclarer à l'AFP : « *J'estime ne pas avoir la tête sur le billot. Comment pourrais-je me porter garant de résultats dont je n'étais pas à l'origine de la gestion !* » C'est ahurissant de lire ça. Révoltant. Descoux était alors en place depuis quatre ans. Qu'avait-il donc fait durant ces quatre années pour ne pas avoir pu participer à la gestion du haut niveau ? Trop occupé par son salon privé de voyance ?

Les hommes qui m'ont marqué sont ceux qui avaient une carrure, un charisme. Si on remonte quelques années en arrière, je vais forcément parler de Jean Poczobut. Il fut mon premier DTN et je peux dire que cet homme avait une vraie présence. Il avait une « voix ». Il savait se montrer convaincant. Son aura impressionnait tout le monde. Il y a eu aussi François Julliard avec qui j'ai eu un petit différend, mais il a toujours fait honnêtement son travail de DTN. Avec lui, les choses étaient claires. A tout moment. Quand il vous disait oui par-devant, il ne disait jamais non par-derrière. Un fonctionnement honnête. Important...

Si on remonte encore un peu plus en arrière, on ne peut pas ne pas évoquer les années Robert Bobin. Il fut réellement le grand homme de l'athlétisme français dans les années 60 et 70. Je parlais précédemment de charisme. Bobin est l'exemple parfait du chef qui avait un immense charisme. Son passé de DTN demeure extraordinaire. Ces fameux matchs France / Etats-Unis ou France / URSS ont aujourd'hui un parfum de légende. C'était l'époque des Jazy, Bambuck, Besson, Nallet, Drut... C'était magique. Lorsque je revois ces images en noir et blanc, j'ai encore des frissons. Seul hic dans tout cela : c'est une époque totalement révolue. Bobin, les années 60 restent l'Amateurisme avec un grand A. Un athlète pouvait se permettre de ne s'entraîner que quatre à cinq fois par semaine et être l'un des meilleurs au monde. Aujourd'hui, un athlète de haut niveau qui adopte ce rythme d'entraînement aura du mal à suivre la cadence dans les compétitions nationales ! Le sport est devenu plus exigeant, plus performant, plus médiatique aussi. En résumé, plus professionnel ! Heureusement, l'athlète a évolué. Heureusement, il peut désormais s'entraîner comme un pro tout en poursuivant des études ou en ayant un emploi à mi-temps. Le système se professionnalise mais pas les structures de notre bonne vieille chère Fédération. Le sport a évolué mais la Fédé vit encore au temps du président Bobin. C'est archaïque. Dramatiquement archaïque. Il faut revoir tout le mode de fonctionnement. Et vite !

Heureusement, dans cet immobilisme ambiant et déprimant, certains tentent de faire avancer les choses avec des actes concrets. C'est le cas du Groupement des Athlètes Français, le GAF. L'appellation n'est peut-être pas très heureuse, mais je crois que c'est un pavé non négligeable dans cette mare dont l'eau commence à croupir dangereusement. Alors, le GAF, c'est quoi ? Je peux en parler en connaissance de cause puisque j'ai fait partie de ses membres fondateurs en 1993. Le GAF a été officiellement reconnu en décembre 1995. A l'origine, c'est une structure qui cherche à aider les athlètes juniors et espoirs en leur trouvant des aides financières afin de participer à des stages de préparation ou de récupération, en leur permettant d'anticiper dès leurs débuts leur reconversion professionnelle. Bref, c'est une association qui comble un vide immense, joue un rôle important et performant. Grâce à l'aide d'équipementiers et de subventions, le GAF est aujourd'hui incontournable. Il montre qu'on peut agir sans lourdeur et avec des résultats.

C'est d'ailleurs sûrement pour cette raison que beaucoup de gens à la Fédération ont cru voir éclore un véritable « syndicat » d'athlètes. En somme, une menace. Mais ils avaient tout faux, une fois de plus. Nous n'étions pas là pour nous syndiquer ! Nous avions monté cette structure pour que les athlètes puissent y trouver leur compte. Une nuance de taille. Car à la Fédération les politiques sont toujours mises en place, on l'a vu, sans se soucier du besoin réel de l'athlète. Avec le GAF, c'était différent et nouveau. Et forcément, tout ce qui est nouveau perturbe, fait peur. La Fédération n'a pas eu souvent l'occasion d'avoir des gens « brillants » comme interlocuteurs. Je m'explique : les athlètes qui dirigent le GAF ont tous suivi une formation universitaire et reçu une éducation marketing. Le sportif « neuneu », c'est terminé. Désormais, l'athlète de haut niveau a la possibilité de suivre un cursus universitaire classique étalé différemment dans le temps, et de poursuivre parallèlement une carrière sportive. Cette politique ministérielle, que je trouve très bonne et très utile, a permis de développer de véritables « intellectuels » du sport. C'est le cas de Stéphane Diagana, d'Odile Lesage ou encore d'Emmanuel Bangué. Ces athlètes, successivement à la tête du GAF, ont naturellement pris la parole parce qu'ils en ont eu assez de voir des résultats aussi moyens (disons-le même parfois médiocres !). Ils ne supportaient plus d'être tenus à l'écart des grandes décisions qui les concernaient. Ils se sont fédérés (avec succès !) pour faire avancer leurs idées d'intellectuels et de sportifs. Ils avaient un regard double : celui du terrain et celui des coulisses puisqu'ils avaient été formés pour appréhender les deux. Le problème reste qu'ils ne sont que très rarement consultés. Et pour cause : ils font peur ou ils dérangent (voire les deux) ! Ces vilains garnements terrorisent la Direction technique nationale et le comité directeur. Dans ces hautes sphères, on n'est pas formé au marketing et au management. Conclusion : mettez Diagana en face d'un élu et c'est la panique. Ce qui paraîtra simple et évident pour Stéphane aura un côté science-fiction pour son interlocuteur ! C'est Star Trek en VF. M. Spok a du mal à faire passer ses idées. Il y a un décalage entre un élu du comité directeur qui pense comme hier et un athlète qui en est déjà à demain. A l'avenir.

Le mot est lâché. L'avenir en terrorise plus d'un. Car le GAF préfigure peut-être déjà l'athlétisme du futur avec un modèle style ATP (Association des Tennismen Professionnels). C'est un risque pour ceux qui, actuellement, verrouillent l'athlétisme français. Si demain les athlètes décident de fonctionner comme les tennismen (c'est-à-dire en autonomie complète), que vont devenir les empêcheurs de tourner en rond ? Ils seront tout simplement évincés et ne pourront plus profiter de la belle poule aux œufs d'or. Nous n'en sommes bien sûr pas là, mais c'est ce qui explique en grande partie les craintes de certains à la Fédération. Le décalage est aujourd'hui trop grand entre des athlètes formés et certains élus souvent dépassés. On préfère donc isoler le GAF au maximum plutôt que de le faire participer au débat. La soucoupe volante fait peur alors que le bon vieux silex rassure !

Quand on a fini d'expliquer les dysfonctionnements d'une structure, généralement on fait des propositions. On dit : « *Attendez ! Moi, j'ai la solution à votre problème. C'est évident. Ça saute aux yeux tellement c'est simple !* » Désolé, encore une fois, mais je n'aurai pas ce comportement, pas cette prétention. La solution ne peut pas venir d'un seul homme. C'est impossible. Il faut que tous les intéressés soient consultés. C'est même une urgence que de réinstaurer la communication et le dialogue au sein de la Fédération. L'ensemble des personnes concernées par l'avenir de l'athlétisme en France doit accepter la mise à plat du système. Il faut démonter toutes les pièces du moteur en panne. C'est l'affaire de tous les « professionnels » de notre sport. Ce débat est vital. Un débat où chaque intervenant aurait en quelque sorte une voix et un vote. Est-ce possible ? Je ne sais pas. J'avoue même que j'ai tendance à en douter. La Fédération est comme une vieille maison fermée à double tour dont les clés ont disparu. Pour ouvrir, il n'y a qu'une solution : défoncer la porte. Je sais que ce n'est pas l'idéal mais c'est bien ce qui risque de se produire un beau matin.

Car les ministres des Sports successifs sont plus que lassés de ces guerres intestines et de cet immobilisme navrant. L'un d'eux pourrait très bien décider un jour que les cadres techniques ne seront plus embauchés à vie mais pour quatre ans renouvelables. De cette façon, un président nouvellement élu pourra décider de repartir avec un cadre en place ou bien en prendre un autre plus en adéquation avec son projet. Une sorte de contrat « cabinet », comme on les nomme en politique. L'équipe d'un ministre est embauchée au moment où ce dernier prend ses fonctions. Elle est maintenue tant que le ministre le décide et tant qu'il est en place. Au moindre changement de gouvernement, le ministre s'en va et son équipe est limogée dans la foulée. Ça peut paraître sauvage mais tout le monde sait que chaque homme ou femme politique en charge du portefeuille des sports a généralement ce projet sous le coude : transformer le cadre d'Etat, fonctionnaire à vie, en un professionnel responsable de ses résultats ! Voilà qui constituerait une véritable révolution. C'est d'ailleurs pour cette raison qu'une grande majorité de nos cadres milite contre ce projet de l'ombre. Supprimer toute notion de garantie de l'emploi les effraie. Comme je les comprends ! Toutefois, je ne suis pas non plus totalement favorable au choix d'un système fondé sur les performances et les résultats. Il est certainement plus juste mais la quête du résultat à tout prix peut avoir des effets pervers. Il ne faut pas oublier la manière d'y parvenir. Le dopage peut rôder. L'absence de respect aussi. Passer d'un extrême à l'autre n'est donc pas la meilleure solution, pour le moment en tout cas. Je lutte trop contre le dopage pour accepter l'idée d'un système où la jungle serait la loi.

En fait, notre belle famille de l'athlétisme aurait surtout besoin de sang neuf. En un mot, de quelqu'un d'extérieur. Je me souviens du 3 octobre 2000. Voyage retour au lendemain de la débâcle australienne. A l'aéroport de Sydney, je disais à qui voulait l'entendre que le meilleur DTN pour remettre l'athlétisme sur le bon rail serait un intervenant extérieur. Un homme étranger à toutes ces querelles, à toutes ces magouilles. Un homme qui ne serait pas là pour satisfaire l'ego de certaines personnes. C'est amusant parce que justement, quelques jours plus tard, Philippe Lamblin allait dire qu'il avait proposé le poste de DTN à Jean Todt ! Vous avez bien lu : Jean Todt ! Vous imaginez le patron de Ferrari acceptant de s'occuper de notre grand malade ? Je sais, a priori, cela peut sembler absurde mais... après réflexion... Vous reconnaissez que l'idée est séduisante, non ? De toute façon, ce n'est pas possible pour le moment puisque Jean Todt semble vouloir consacrer encore quelques années au sport automobile. Cependant, l'idée de l'intervenant extérieur me séduit.

Reprenons l'exemple de Jean Todt. Sa réussite sportive est flagrante. Peugeot lui doit beaucoup et grâce à lui, Ferrari a retrouvé son lustre d'antan. Quant au charisme de Todt, il est évident. En résumé, cet homme force le respect. Sa légitimité à occuper un poste de « manager » n'est pas critiquable. Il a fait ses preuves. Avec lui, on ne pourrait pas dire comme on a dit pour d'autres : « Mon dieu, encore un qui débarque de sa campagne ! » Non, un type comme Todt ferait l'unanimité. Les éternels grincheux ne pourraient plus se plaindre ouvertement. Personnage complètement étranger au monde de l'athlétisme, il pourrait s'entourer d'une équipe solide sans devoir composer avec l'éternel copinage. Les manœuvres de bas étage lui seraient étrangères. Il arriverait avec un œil neuf tout en connaissant les recettes du succès. De plus, il serait libre. Enfin un DTN libre ! Libre de mettre en place son projet. Libre d'agir. Libre de se remettre en cause, de remettre en cause les cadres et les élus. Libre de reconstruire. Pour gagner. Enfin ! Vaste programme...

2

Le goût du challenge, la couleur du challenge... mais ce n'est pas un challenge !

Je ne comprends pas bien. J'avoue que tout cela me dépasse. Nous avons pourtant une chance inouïe. Une chance même insolente : l'athlétisme n'est pas le patinage artistique. Là-dessus, personne n'osera me contredire — enfin, je l'espère — car cela n'a rien à voir. Chez nous, le plus fort sur 100 mètres ne dépend pas du bon vouloir d'un juge slovène ou grec. Chez nous, les choses sont simples : une ligne de départ, une ligne d'arrivée, un chrono et, au top départ, que le meilleur gagne ! On connaît les règles. La règle. C'est l'enfance de l'art. Lorsqu'il n'y a pas de tricherie, le meilleur est toujours celui qui franchit la ligne en premier. C'est une grande chance pour l'athlétisme. On ne peut jamais réinterpréter les résultats. Lorsque j'ai remporté le titre européen sur 110 mètres haies en 1986 à Stuttgart, j'étais tout simplement le meilleur. Ce jour-là. A cet instant. Sur cette course précise, il n'y a eu qu'un vainqueur. Un seul. Moi. Personne ne pourra dire le contraire. Dans notre discipline, le chronomètre ou le décamètre sont les seuls juges. L'un ne ment jamais. L'autre non plus. Il est donc très simple de juger des résultats de chacun. On peut ainsi se remettre en cause. Je dirais même plus : on doit se remettre en cause. Il faut accepter l'idée toute simple du challenge. C'est vital. Mais concrètement, le fait-on ?...

Avant toute chose, il faut bien comprendre la complexité du système. On a vu lors du précédent chapitre que la structure même de la Fédération nécessitait de longues et hautes études afin de tout bien assimiler. Même un énarque polytechnicien aurait du mal à s'y retrouver. Après le casse-tête chinois, on a découvert le mal de crâne français ! Tout cela ne change pas vraiment dans le fonctionnement du haut niveau. Dans ces conditions, accepter l'idée du challenge devient complexe. Les cas sont tellement différents. Opposés parfois. Un exemple tout bête : le coach. Comment devient-on entraîneur ? Dans le football français, c'est très simple. Il y a un diplôme qui permet (selon les degrés obtenus) de diriger des groupes de jeunes, puis des équipes amateurs ou professionnelles. Sans ce diplôme, vous n'êtes pas reconnu officiellement comme coach. Votre nom ne pourra pas figurer sur la feuille de match. C'est un peu extrême mais ça a le mérite de la clarté. Est-ce aussi simple dans l'athlétisme français ? Ne rêvez pas ! Chez nous, pour être coach, il y a... trois possibilités ! Pas moins.

La voie la plus classique consiste à se proposer bénévolement. Vous n'avez aucun diplôme ou brevet mais vous pouvez devenir coach. Généralement en club. Vous n'êtes bien sûr pas rémunéré puisque vous êtes « bénévole ». Cela ne vous empêchera pas de coacher des athlètes de renom. Ce fut le cas de Dominique Biau, l'entraîneur des sœurs Ewange-Epée à Montpellier. Dominique était professeur de mathématiques et nourrissait parallèlement une véritable passion pour l'athlétisme. Sans jamais devenir un cadre de la Fédération, il a amené Monique Ewange-Epée (sur les haies) et sa sœur Maryse (à la hauteur) à un niveau national et international. On peut parler à son sujet d'une grande et belle réussite. Malheureusement, d'autres coachs dans la même situation n'ont pas forcément eu le même succès. Dans une certaine mesure, le bénévolat peut poser problème. Encore une fois. Eh oui ! S'occuper d'athlètes bénévolement est tout à fait louable. Encore faut-il que l'enseignement technique soit bon. Là, le coach bénévole n'est pas forcément en cause. Sa bonne volonté est souvent réelle. Sa passion est immense. Mais, sans le savoir, il donne parfois de mauvaises bases techniques à de jeunes athlètes. Lorsqu'un mauvais geste est répété durant cinq ou six ans par un jeune en devenir, il est très compliqué de revenir en arrière par la suite. L'athlète prend, là, des défauts considérables.

C'est pourquoi il faut organiser un véritable programme de formation de nos bénévoles de terrain. Cette initiative a commencé sous l'ère du président Lamblin, et je la trouve excellente. Elle répond tout simplement à un vrai besoin. Il faut continuer cet effort de formation de nos enseignants. Cette formation doit concerner tout le monde. Même ceux qui enseignent l'athlétisme « ludique » aux tout-petits. C'est peut-être le plus important. A ce niveau-là, il s'agit de loisir, c'est vrai. Pourtant, il est capital, à cet âge, que la base enseignée soit la plus fiable possible. Les enfants qui, par la suite, ne découvriront jamais l'athlétisme de haut niveau auront au moins reçu un enseignement de qualité. Quant à ceux qui voudront aller plus loin dans cette discipline, ils ne seront pas handicapés par une gestuelle inappropriée. Pour cela, il n'y a donc qu'une seule solution : offrir à nos bénévoles des connaissances techniques très poussées. Une façon également de les remercier de leur bénévolat en leur dispensant un savoir important et en les responsabilisant. C'est un peu « donnant, donnant »...

Deuxième possibilité pour être coach : vous êtes un « professionnel » de la structure fédérale tout en entraînant des athlètes. Vous avez donc passé le concours du professorat de sport (obligatoire pour devenir cadre d'Etat placé par le ministère auprès de la Fédération française d'athlétisme). C'est un choix. Le mien entre autres. Vous êtes cadre d'Etat tout en étant coach. Vous avez une certaine expérience ; on vous a dispensé un savoir et vous allez pouvoir faire profiter de cette expérience et de ce savoir à des athlètes placés dans votre groupe. Vous êtes généralement conseiller technique régional et vous pouvez même devenir entraîneur national si vous êtes promu par le directeur technique national. C'est la deuxième possibilité. Le coach fédéral.

Troisième et dernière possibilité : vous n'avez pas le diplôme du professorat de sport mais le directeur technique national croit en vous et en votre valeur. Il vous propose alors un poste PO (Préparation olympique). Vous allez provisoirement quitter votre corps de métier initial (généralement professeur d'EPS à l'Education nationale) pour occuper ce poste à mission de deux ou quatre ans renouvelables auprès d'athlètes de haut niveau.

Maintenant que vous connaissez les trois « types » d'entraîneur, vous comprenez bien que la remise en cause ne peut être identique pour chacun d'eux. Vous imaginez également qu'ils ne sont pas égaux devant la fiche de paie. Pour le bénévole, le problème est vite réglé. Une boîte de chocolats en fin d'année et un petit mot du président de la ligue régionale la plus proche pour accompagner les quelques pralines : « Merci encore pour le service rendu. L'athlétisme français est fier de vous ! Que serions-nous sans votre précieux travail ? A bientôt, mon cher ami... » Je rappelle que certains petits veinards bénévoles ont été invités aux JO de Sydney par le DTN. L'initiative révolutionnaire a vite tourné au bide lorsque nos pauvres bénévoles ont compris qu'ils ne pouvaient pas communiquer avec leurs athlètes durant les compétitions. Les strapontins tout en haut de la tribune étaient bien modestes. Quant aux jumelles, elle n'étaient évidemment pas fournies par la Fédération. Pas très stimulant, tout ça... A l'opposé, pour les coachs qui bénéficient d'une Préparation olympique (vingt-deux heureux privilégiés), j'ai du mal à verser une larme. Je rappelle que leurs salaires sont majorés de 30 pour cent et qu'ils bénéficient d'une indemnité de suggestion tous les mois. Bref, des conditions de rêve. Pour ceux-là, il n'y a rien à dire.

La situation est donc simple : il y a le bénévole et ses chocolats. L'entraîneur national et son cadre optimal. Et puis, il reste les autres. Tous les autres. Comme je n'ai jamais eu de problèmes avec l'argent, je peux dévoiler le montant de mon salaire sans la moindre gêne. Ma fiche de paie indique chaque mois onze mille francs nets. A cela, il faut ajouter deux mille francs d'indemnités de suggestion (indemnités variables en fonction du CTR et de ses missions) censés excuser les nombreux dépassements horaires. Je gagne donc treize mille francs par mois. Sur douze mois. Il n'est pas ici question de faire pleurer dans les chaumières. Comparativement à la moyenne nationale, on peut dire que je gagne relativement bien ma vie. Il y a suffisamment de gens sous le seuil de pauvreté. Il serait déplacé de se plaindre. Cela étant, il faut savoir qu'un coach (s'il fait consciencieusement son travail, et je crois pouvoir dire que c'est le cas d'une bonne majorité d'entre nous) a du mal à voir le jour entre le lundi matin et le dimanche soir. Chez nous, les 35 heures sont une douce utopie. Un mirage. Dans ces conditions, le salaire moyen devient ridicule.

J'exagère ? Très bien. Prenons un exemple que je connais sur le bout des doigts : le mien !

Je suis donc conseiller technique régional. J'ai une sorte de double casquette : celle de conseiller auprès de la LIFA (Ligue d'Ile-de-France d'Athlétisme) et celle d'entraîneur de haut niveau. Je remplis des missions (généralement de formation) pour la ligue et je m'occupe d'athlètes du Pôle France à l'INSEP. L'entraînement des athlètes me demande entre trois et six heures par jour, six jours sur sept. Le week-end, il y a généralement les compétitions auxquelles il est normal que j'assiste. C'est le métier qui veut ça. L'athlète vivrait assez mal de ne pas être soutenu par la présence de son coach lors des événements qu'ils ont préparés si durement ensemble à l'entraînement. Rien que le job de coach occupe facilement 75 pour cent de mon temps. Mais ce n'est pas tout. Il y a aussi mes missions pour la ligue d'Ile-de-France qui m'obligent généralement à rencontrer des bénévoles (présidents de club ou entraîneurs qu'il n'est donc possible de consulter que le soir et les week-ends). Enfin, n'oublions pas les compétitions réservées aux jeunes qui ont lieu également le samedi ou le dimanche et qui permettent de faire un travail de détection. Malgré tout cela, je ne me plains pas. Le rapport temps de travail / somme d'argent reçue a beau ne pas être en ma faveur, je m'adapte. Pour tout vous dire, j'arrive même à trouver du temps afin d'en « donner ». J'entraîne, en effet, les cadets, les juniors et les seniors du club de l'US Créteil. Trois soirs par semaine, je consacre quelques heures à essayer de transmettre tout ce que le sport m'a appris. Je ressens cela comme un devoir. L'athlétisme a véritablement changé ma vie. Cette richesse que j'ai reçue, je ne veux pas la garder égoïstement. C'est pourquoi je vais sur le terrain communiquer ma passion. Un peu comme une façon de remercier la vie. C'est un devoir... naturel.

Quant aux quelques moments de repos dans mon agenda souvent surchargé, ils sont généralement consacrés à mes enfants. J'en ai fait une priorité. Ma priorité. C'est un choix que je ne regrette pas. Les enfants vous raccrochent à la réalité. Ils peuvent vous empêcher de disjoncter. Enfin... je crois.

C'est terrible à dire, mais l'idéal, dans ce métier, est d'être célibataire. Car l'athlétisme ne s'arrête jamais. Hiver. Eté. Semaine. Week-end. Ça tourne. Ça tourne toujours. Comme CNN. Il n'y a jamais vraiment de pauses. Nous sommes toujours « à l'antenne ». *Direct live*. En permanence. La mécanique est bien huilée. Même les vacances scolaires sont l'occasion de stages divers et variés. Il faut souvent partir, longtemps, loin de chez soi. Dans ces conditions, la vie de famille et de couple est délicate. Même les épouses compréhensives ont du mal à gérer tout cela. Le constat est assez dur. Pour information, il faut savoir qu'environ 75 pour cent des cadres en Ile-de-France ont connu le divorce.

Emploi du temps sans temps. Maigre salaire lorsque l'on considère le nombre d'heures travaillées. Considération inexistante. Tout est réuni pour la gagne... Cette logique malheureuse rend difficile toute remise en question. Comment voulez-vous remettre en question un coach payé au lance-pierres et qui a du mal à garder les yeux ouverts ? On n'ose pas le critiquer. On n'ose plus.

C'est normal. Le système est trop petit. Bien trop étriqué. Amateur. Encore une fois. J'ai presque envie de parler de « bénévolat » professionnel. Le coach est payé une misère et c'est une forme de garantie contre l'échec. S'il échoue dans la préparation de ses athlètes, on ne pourra rien lui dire. On ne se le permettra pas. Et ainsi va la vie. J'imagine assez mal une entreprise qui ne demanderait aucun résultat à ses employés. Je ne peux pas croire qu'un chef d'entreprise puisse ne pas se soucier des ventes de sa société ! « Cent mille voitures vendues ce trimestre ? Très bien ! Cinq seulement celui-ci ? Parfait ! » La banqueroute est proche avec un tel système de fonctionnement. Malheureusement, dans l'athlétisme français, c'est ce système qui prédomine. Je suis entraîneur fédéral. On me demande simplement de coacher. Des résultats ? On ne m'en a jamais réclamé. Que mes athlètes s'illustrent ou pas, c'est pareil. Je serai payé à la fin de chaque mois. Que j'entraîne un ou vingt athlètes ? Aucune différence. Le montant de mon chèque sera le même. Tout cela ne peut pas durer...

Pour se remettre en cause, il n'y a, comme nous l'avons déjà dit, qu'une seule solution : la pratique des contrats d'objectifs. Aller enfin vers un sport plus performant et plus professionnel. Reste simplement à définir ce ou ces contrats. Deux éléments peuvent, à mes yeux, entrer en ligne de compte : un objectif de résultats et un objectif de progression.

J'avoue ne pas être très partisan de l'objectif de résultats. Se fixer un résultat, c'est évidemment viser une médaille. Mais une médaille, c'est quoi ? Trois personnes sur cent au départ d'une course comme aux jeux Olympiques de Sydney ? Une haie mal négociée en série et le contrat est rompu sous prétexte que l'athlète n'est pas en finale ? Je crois que l'objectif de résultats est trop compliqué à mettre en pratique et trop restrictif. Trop subjectif également. Ce serait faire de mauvais paris à court terme et ne ferait qu'ajouter plus de pression sur les épaules de l'athlète. Au bout du compte, cela risquerait d'aboutir à l'effet inverse. Accepter un objectif de résultats, c'est nier l'idée même du sport. Le sport n'est rien d'autre que le dépassement de soi.

C'est en raison de ce dépassement que je préconise la mise en place d'un contrat d'objectifs fondé sur la progression de l'athlète. Supposons, par exemple, que j'entraîne Gérard Torton, un jeune junior de la région Martinique. Cet athlète inconnu (et pour cause puisqu'il est le fruit de mon imagination) semble avoir de grandes qualités. Il a déjà été repéré lors de compétitions nationales et se dit prêt à intégrer l'INSEP pour se consacrer entièrement au 110 mètres haies tout en suivant une scolarité adaptée au sport de haut niveau. J'estime pouvoir le faire progresser. Que se passe-t-il ? Je signe avec lui et avec la Direction technique nationale un contrat d'objectif qui fixe, à la fois, mon rôle mais aussi le sien pour les deux années à venir. Si je crois pouvoir faire progresser Torton de près d'une demi-seconde en deux ans, je l'écris noir sur blanc. Si l'athlète dont le meilleur chrono sur la discipline était de 14,50 secondes réalise, vingt-quatre mois plus tard, 13,90 secondes, j'aurai rempli mon contrat, ma mission. L'athlète aussi. Il sera alors temps de rédiger un nouveau contrat d'objectifs.

Cela peut paraître sommaire mais c'est essentiel. Il est urgent d'établir un contexte qui permette à l'athlète et au coach de connaître et de définir leurs missions. C'est pour cela que le contrat ne peut être qu'un contrat tripartite : l'athlète, le coach et une tierce personne de la Fédération (le DTN, le DTN chargé du haut niveau...). Car attention, il n'est pas question de tomber dans cet autre piège qui consisterait à accepter un contrat préparé à l'avance par une personne unique et extérieure au système. De plus, j'ai parlé précédemment d'un contrat sur deux ans minimum. Il est ici très important de respecter ce délai minimal. Un délai plus court ne permettrait plus de tirer le moindre enseignement. Ce serait le retour à l'anarchie. Enfin, un contrat doit être individualisé, personnalisé. Chaque athlète a ses spécificités et il faut donc s'adapter à chaque cas. C'est une démarche complexe mais qui peut aboutir à une simplification salvatrice. En définissant clairement les objectifs de chacun (athlètes, coachs, DTN...), la route serait mieux éclairée. Dès le départ.

Et ainsi, à l'arrivée, il apparaîtrait bien plus facile de rendre des comptes. Je ne réclame pas ici des prises de sanction aveugles ni une nuit des longs couteaux. Bien sûr que non. Reprenons l'exemple de Torton : au bout des deux ans, sa meilleure performance sur 110 mètres haies est de 14,20 secondes. A la mise en place du contrat d'objectifs, il courait en 14,50 secondes. Il n'a donc pas progressé de 5 dixièmes comme cela avait été envisagé par écrit. Avant toute chose, il va falloir chercher à comprendre. Que s'est-il passé ? A ce stade, l'athlète et le coach doivent être consultés. La communication doit être au cœur du système. Torton a-t-il été blessé ? Malade ? Un manque de motivation ? Ses activités scolaires l'ont-elles empêché de s'entraîner normalement ? A-t-il des problèmes relationnels avec son coach ? A-t-il souffert de l'éloignement de sa famille restée aux Antilles ?...

Il faut être en mesure de répondre à toutes ces questions afin de disposer de toutes les cartes en main. Après quoi, on peut agir. S'il s'avère que Torton a été victime de lésions musculaires à répétition, il est évident que ses périodes de repos forcé l'ont privé d'une progression normale. Dans ce cas précis, gagner 3 dixièmes en deux ans est déjà un bel exploit. Maintenant, si Torton n'a pas connu de blessures graves mais semble avoir du mal à s'adapter à la vie en Métropole, il faut rechercher des solutions afin que l'athlète retrouve un contexte favorable. Plus grave : le Martiniquais peut également confier s'être entraîné à fond mais sans jamais avoir pu ressentir la confiance et la présence indispensables de son coach. Il faudra alors agir. Torton a peut-être tout simplement besoin de changer d'entraîneur. Maintenant, si ce même coach s'avère être mis en cause par plusieurs athlètes pour les mêmes raisons, il faudra que la Fédération entre en action. Dans ces conditions, le coach éventuel (moi le cas échéant) doit accepter la remise en question. Cela peut aller de stages de formation professionnelle sur la psychologie de l'athlète ou sur la relation entraîneur / athlète jusqu'à la réintégration dans son corps de métier initial s'il s'avère que l'entraîneur a failli gravement dans sa mission.

La mise en place de contrats d'objectifs est, je crois, nécessaire mais il faut être très nuancé dans sa rédaction. On a vu plus haut que le « contrat » ne peut être une fin en soi. Au cours d'une saison, un champion peut très bien réaliser 13 secondes sur un 110 mètres haies et devenir numéro un mondial. Si l'année suivante, son meilleur temps culmine à 13,13 secondes tout en restant le numéro un mondial, il n'y a rien à dire. Cela signifiera simplement que le niveau général a régressé. Certes, l'athlète n'aura pas progressé au niveau de ses chronos, mais il me semble difficile d'aller critiquer un être humain qui a su se maintenir au rang de numéro un sur la planète ! Mettre en place un contrat d'objectifs doit donc être très subtil. Il ne faut surtout jamais oublier le facteur humain. Si, durant une saison, un athlète ne décroche aucun titre, n'améliore aucun de ses chronos mais se sent mieux dans sa tête parce qu'il a changé d'entraîneur ou de cadre d'entraînement, c'est fondamental. Cette maturité et cette sérénité retrouvée finiront un jour par payer et par donner quelque chose. Une absence de résultats n'est pas forcément négative à court terme. En cela, le rapport entre l'athlète et son entraîneur est essentiel. Ce rapport doit avoir un rôle primordial dans l'établissement de ce fameux contrat d'objectifs.

Vous l'aurez compris : l'aspect humain est capital. L'athlète est notre diamant. Si l'on veut qu'il progresse, il faut le respecter. C'est à ce prix que nous aurons des résultats. Uniquement à ce prix.

L'athlète est un diamant mais il ne doit pas, pour autant, se sentir à l'écart de cette grande remise en cause générale. L'athlète a des droits et aussi des devoirs. Le talent ne suffit pas. S'il veut briller au plus haut niveau, il est impératif que tout son comportement soit professionnel. Son entraînement bien sûr, mais également sa façon d'être, son hygiène de vie, son mental... C'est une question d'état d'esprit. On se bat pour gagner ou on se bat pour les places d'honneur. Il faut savoir ce que l'on veut. Une carrière ne dure que cinq à dix ans. Si l'on veut briller, il faut accepter ce sacrifice. Je parlerais presque d'un sacerdoce. Trop d'athlètes français ont du mal à s'astreindre à l'hygiène de vie qui doit être celle d'un sportif professionnel : une alimentation saine, des phases de repos et de récupération importantes, le respect de son corps... C'est une exigence permanente que beaucoup n'ont pas. Conclusion : on a du mal à viser haut. Alors, on préfère viser modeste. Petit. Comme toujours, c'est plus rassurant. C'est une réaction très française, je crois. Très longtemps, dans notre pays, on a considéré comme un véritable exploit le fait d'arriver en finale. La vraie victoire consistait juste à côtoyer le sommet. Un court instant. Pour ne pas trop déranger. Lorsque nous décrochions une médaille, c'était presque une exception. Agréable certes, mais une exception. Ça ne pouvait pas durer. Et d'ailleurs, ça ne durait généralement pas. Heureusement, la victoire a fini par venir plus fréquemment. Mais il a fallu du temps. Beaucoup de temps. Et, surtout pour certains, cela n'a rien changé dans leur façon de faire, ni dans leur façon d'être. Ils ont vu des gens gagner en modifiant leur travail, leur méthode, et ça ne les a pas poussés à évoluer. Car il faut bien reconnaître que la « science » de la victoire est venue de l'extérieur. De l'étranger.

Qu'entends-je par « science » de la victoire ? Le professionnalisme, tout simplement. Nous allons quitter quelques instants le milieu de l'athlétisme pour mieux comprendre. Parlons du football français.

Depuis le grand Reims des années 50, nous étions réputés pour notre jeu très spectaculaire. Nous avions un football « généreux », « riche » et « inventif ». Les critiques étaient plutôt élogieuses face à un palmarès aussi vide. Quelques clubs avaient atteint une finale de Coupe d'Europe. Ainsi, Saint-Etienne s'était incliné en 1976 contre le grand Bayern de Munich. Cette défaite héroïque avait offert aux joueurs une descente triomphale des Champs-Elysées. Cocorico ! Encore bravo : on a perdu ! Paradoxe amusant. De son côté, l'équipe de France a enchaîné deux demi-finales de Coupe du Monde. Tout cela était bien modeste pour une nation qui comptait autant de licenciés. Heureusement, un beau jour, Michel Platini, considéré à l'époque comme l'un des meilleurs joueurs du monde, a quitté Saint-Etienne pour la Juventus de Turin. Au fil des ans, d'autres Français se sont laissé tenter par l'exil. L'Italie, l'Angleterre, l'Allemagne, l'Espagne ont accueilli nos meilleurs éléments. Pour certains, l'expérience européenne fut un terrible fiasco. Ceux-là sont rentrés au pays la tête basse et sans vraiment comprendre ce qui leur était arrivé. Mais les autres ont découvert un autre monde, celui du professionnalisme. Dans ces clubs étrangers qui font rêver aujourd'hui tous les jeunes Français des centres de formation de l'Hexagone, il y avait généralement trois joueurs embauchés pour un seul poste. Non seulement il y avait concurrence, mais elle était féroce. Les salaires étaient bien plus élevés qu'en France, mais il fallait, en contrepartie, se battre chaque jour à l'entraînement pour gagner sa place de titulaire. Résultat après quelques années de ce régime de mise en concurrence : nos joueurs ont développé un vrai professionnalisme qui les a poussés à être toujours meilleurs. Ils ne pouvaient pas s'endormir sur leurs lauriers car ils risquaient de perdre leurs places à tout moment. On connaît la suite : avec des mentalités transformées, les tricolores ont constitué une équipe de France de guerriers aptes au combat. Ils ont gagné la Coupe du Monde et le Championnat d'Europe avec la compétence acquise dans les clubs étrangers mais aussi avec le talent naturel qu'ils avaient accepté de développer au maximum. Le football moderne est ainsi fait. Avec de telles sommes d'argent en jeu, il faut être le plus productif. Le plus rentable.

Sans pour autant copier à la lettre le comportement du footballeur, il serait bon que l'athlète s'en inspire. Encore un exemple pour démontrer mon idée : quelques semaines avant les JO d'Atlanta en 1996, j'ai vu un reportage télé sur Patricia Girard. La Guadeloupéenne était sélectionnée pour le 100 mètres haies. Le reportage, de facture classique, présentait l'un des derniers entraînements de Patricia avant son départ pour les Etats-Unis. Détail amusant : juste à la fin, le journaliste demandait à Girard de fermer les yeux et d'imaginer sa course en finale olympique. Patricia s'est prêtée au jeu. Avec quelques jours d'avance, elle a raconté avec précision ce qui allait se passer : un départ très rapide, Patricia en tête sur les deux premières haies, la meute qui revient sur elle, Patricia qui résiste, Patricia qui finit troisième, médaille de bronze ! Tout cela était assez sympathique. Terrible également. Ce rêve prémonitoire démontre parfaitement que Patricia partait à Atlanta pour faire troisième. Elle ne se voyait pas deuxième ou première. Elle ne s'est donc pas mise en condition pour ça. J'ai envie de dire qu'elle est partie battue d'avance. Une médaille de bronze est déjà quelque chose de fantastique, mais Patricia Girard avait vraiment toutes les qualités physiques pour faire encore plus fort. Malheureusement, elle s'est « autolimitée ».

Je connais bien cette athlète puisque j'ai eu l'occasion de la coacher durant presque toute une saison. Cette étrange histoire a commencé en septembre 1998. Patricia Girard est venue me voir car elle souhaitait intégrer mon groupe d'entraînement. Je lui ai alors dressé le programme de la saison à venir. Elle a semblé intéressée mais m'a demandé quelques jours de réflexion. J'ai trouvé cela tout à fait normal. Elle était demandeuse. Elle s'apprêtait à quitter un coach avec qui elle travaillait depuis plusieurs années. Il était assez logique qu'elle prenne un peu de temps pour faire le point. Sauf que cette mise au point a duré cinq mois ! Après cinq mois de silence, elle est réapparue comme une fleur en m'annonçant que sa décision était prise : elle voulait rejoindre mon groupe. Après lui avoir fait remarquer que son silence était un manque total de correction, j'ai demandé aux différents athlètes que j'entraînais s'ils voyaient un inconvénient à ce que Patricia rejoigne le team. Après une assez vive discussion, il s'est avéré qu'une majorité était d'accord pour l'accueillir.

A commencé alors l'aventure Patricia Girard... Au début, tout s'est bien passé. Avec elle, j'ai surtout travaillé l'aspect psychologique car je savais que le problème se situait à ce niveau-là. Patricia avait besoin de retrouver la confiance. De « se retrouver » en confiance. Et c'est un peu ce qui s'est passé tout au long de la saison. Elle a fait ce qu'on appelle une saison pleine. Elle est redevenue championne de France. Elle n'a peut-être pas battu des records mais elle semblait vivante, épanouie. Et, surtout, elle semblait avoir retrouvé cette fameuse confiance qui lui manquait. C'était ça le plus important. Puis est arrivé l'été avec le rendez-vous mondial de Séville en août 1999. Nous avions mis en place un programme qui devait l'amener au top de sa forme lors de ces Championnats du Monde. L'objectif était bien sûr de monter sur le podium. Patricia Girard en avait vraiment les moyens. Mais je crois qu'elle a alors senti qu'elle ne pouvait pas se « planter », et tout cela lui a fait peur. Une fois de plus. Avec une telle forme physique et psychologique, elle n'avait plus le droit à l'échec, et c'est cela même qui était trop dur à assumer.

Elle a donc tout mis en œuvre pour faire croire qu'une qualification pour la finale du 100 mètres haies constituerait déjà un véritable exploit. Son exploit. Elle a commencé à manquer certains entraînements. Elle se plaignait de bobos imaginaires. Elle a boudé la musculation. Patricia avait toutes les conditions réunies pour réussir, mais elle a trouvé toutes les excuses lui permettant de justifier son éventuel échec. « Séville ? Girard finaliste ? Bien sûr ! Bravo ! Sur le podium ? Quand même... Après tout ce qu'elle venait de traverser... Quand même, il ne fallait pas trop rêver. Mais c'était déjà tellement beau d'être en finale ! »

Patricia Girard est l'archétype du talent gâché. Elle est consciente de ses qualités mais elle refuse d'aller plus loin. Elle a été plusieurs fois championne d'Europe en salle sur 60 mètres haies et cela suffit à son petit bonheur. Son petit bonheur de diva. C'est vraiment dommage. En septembre 1999, Patricia m'a téléphoné pour avoir une entrevue avec moi. Nous avons pris rendez-vous pour le lendemain mais elle n'est pas venue car elle avait, paraît-il, un problème de voiture. Et à partir de là, silence radio. Plus la moindre nouvelle. A la fin de cette même année, je lui ai envoyé mes vœux. Aucune réponse. J'ai fini par la croiser en janvier 2000, à l'INSEP, par hasard. Je lui ai redit que son comportement avait été incorrect. Cela n'a pas eu l'air de la gêner. Patricia Girard vivait dans son monde. Un monde à part. Elle venait de repartir avec son ancien coach et j'étais désormais le cadet de ses soucis. Le manque d'éducation amène certains athlètes à prendre les coachs fédéraux pour de vulgaires bouche-trous. Nous sommes payés par une structure d'Etat et, pour eux, nous sommes donc de simples pions que l'on utilise à volonté. Que l'on jette quand on le souhaite. Nous méritons un minimum de respect. « Bonjour. Au revoir. Je te quitte pour telle ou telle raison. » Il ne s'agit, là, que des bases élémentaires d'une relation cordiale. Certains athlètes l'oublient bien vite. Dommage. C'est une question de savoir-vivre.

Pour un athlète, il est parfois tentant de tout plaquer pour aller voir ailleurs. Prendre de la distance. Découvrir d'autres mondes. Voir comment ça se passe « là-bas ». En 1990, fatigué par un coach aux valeurs humaines très réduites et désireux de passer au 400 mètres haies, je suis parti à la rencontre de l'entraîneur allemand Harald Schmid. Je voulais le meilleur dans la discipline et Harald constituait une référence à mes yeux. Schmid n'était rien d'autre que triple champion d'Europe de la spécialité (1978, 1982 et 1986) ! Je me suis donc débrouillé pour trouver son numéro de téléphone et je l'ai appelé. Il a accepté de me rencontrer sans hésiter. J'ai acheté mon billet d'avion pour Francfort et nous avons passé une journée ensemble chez lui à Essen. Tout a commencé par une question toute bête mais essentielle pour moi : « *Harald, crois-tu que je puisse réussir sur le 400 mètres haies sans dopage ?* »

Sa réponse fut sans équivoque : « *Oui puisque je l'ai fait !* »

Le feeling était bon et nous sommes tombés d'accord assez rapidement. Comme j'avais une vie de couple en région parisienne, il n'était pas question pour moi d'aller m'installer en Allemagne. Harald a cependant accepté de me coacher à « distance ». Nous nous sommes vus deux ou trois fois chez lui pour des séances spécifiques. Pour le reste, je suivais ses instructions écrites. En région parisienne, Eric Pruvot, le frère de ma compagne et jeune coach, me donnait un petit coup de main quant à ma préparation physique. Je découvrais, là, un entourage que j'avais choisi et qui cherchait simplement à m'aider. Sans aucune arrière-pensée. Le 23 novembre 1990, j'ai pu lire dans *L'Equipe* cette confession de Harald Schmid à Alain Billouin : « *Stéphane tente un pari admirable. Je ne doute pas de la force de sa motivation. Il court avec le 400 haies un grand risque. Un risque nécessaire...* » Je n'attendais rien d'autre que cette confiance. J'avoue que cela m'a fait du bien. Je n'ai pas concrètement quitté la France, mais il faut reconnaître que cela m'a permis de mettre une distance (certes virtuelle) entre un passé malheureux et un avenir que j'espérais plus rose.

Alors, évidemment, vous allez me poser la terrible question : s'entraîne-t-on vraiment différemment à l'étranger ? Je ne le crois pas. En ce qui me concerne, l'entraînement était peut-être plus physique. Rien de plus. En tout cas, Harald Schmid m'a permis de me relancer. Avec lui, j'ai obtenu ma sélection pour les jeux Olympiques de Barcelone en 1992. Me retrouver en finale du 400 haies avec Stéphane Diagana, la nouvelle étoile montante de l'athlétisme français, fut pour moi une belle victoire.

Marie-José Pérec a suivi l'exemple quelques années plus tard. Comme moi, elle avait envie de changer d'air. A l'origine, nous n'avions pourtant pas le même coach. Peut-être que si ? J'avoue que ma mémoire défaille... Quoi qu'il en soit, Pérec fut la première athlète française à quitter véritablement la France pour tenter l'aventure à l'étranger. En 1994, elle est partie aux Etats-Unis afin d'épouser un système qui est vraiment l'antithèse du nôtre. Marie-Jo a rencontré John Smith, l'entraîneur californien du HSI (*Handling Speed Intelligency* : « Appréhender la vitesse intelligemment »), avec qui elle a signé un contrat. Le marché était clair : Smith était payé en fonction des résultats de Pérec (un pourcentage des gains de la Française revenait à l'Américain. On parle d'environ 15 pour cent). Si la Guadeloupéenne atteignait ses objectifs, Smith avait le sourire et un compte en banque bien garni. Si Pérec ne gagnait pas, Smith s'exposait au départ de la gazelle vers un coach plus compétent. C'est dans ce système-là que Marie-Jo s'est reconnue et épanouie. En face d'elle, elle a trouvé des gens responsables pour qui le challenge était quelque chose d'habituel, d'évident, de nécessaire. Si Pérec avait échoué, Smith n'aurait pas pu dire : « J'attends le prochain comité directeur pour expliquer les raisons de notre échec et présenter mon plan de relance sur huit ans. »

J'exagère volontiers, mais cela montre combien notre système français est gentil. Il autorise les contrefaçons. Ce n'est pas normal.

La réussite américaine de Pérec a forcément donné des idées à nos meilleures athlètes. On l'a vu avec les exils de Christine Arron, partie elle aussi rejoindre John Smith à Los Angeles, et d'Eunice Barber qui a choisi de s'entraîner avec Bob Kersee à Orlando, en Floride. Arron et Barber ne veulent plus être seules à payer les éventuels pots cassés. Désormais, elles veulent un entourage tout aussi responsable qu'elles : un coach, un agent compétent, un avocat méticuleux, un médecin, un préparateur mental, un diététicien, un ostéopathe... Toute cette équipe doit permettre à l'athlète d'être au top. Le système américain ressemble à un moteur. Si quelque chose ne va pas, on n'hésite pas à changer la pièce. C'est naturel. Tout le monde connaît la règle du jeu. Tout le monde l'accepte. Chez nous, c'est un peu le contraire. Témoin cette déclaration de François Pépin dans *L'Equipe* du 17 novembre 2000 : « *Il ne faut pas faire de catastrophisme [...] Peut-être que la psychologie des athlètes français est plus difficile à appréhender qu'ailleurs où les gens sont beaucoup plus disciplinés. Nous, on a le folklore des amateurs qui voudraient gagner de l'argent sans rien faire. Cela fait partie de la personnalité de nos athlètes qui n'est pas forcément la meilleure pour réussir.* » Il ose parler de « psychologie » de l'athlète après avoir connu un problème aussi grave avec Eunice Barber ? Et la « psychologie » du coach français ? Et la remise en question ? Zéro médaille et une athlète qui renonce le deuxième jour de l'épreuve olympique de l'heptathlon parce qu'elle a été déstabilisée par les déclarations assassines de celui qui était déjà son ex-coach. Et François Pépin ? Sans le moindre remords, il affirme : « *Je pensais qu'elle* [Eunice Barber] *pourrait quand même devenir championne olympique, que ce ne serait pas extraordinaire mais que cela suffirait pour passer.* » Belle marque de remise en question.

Encore plus terrible, je crois, la déclaration du DTN Richard Descoux après l'annonce officielle du départ de Christine Arron pour John Smith et la Californie : « *Sa décision a été la bonne. Elle a fait le tour du système français qui ne pouvait plus rien lui apporter. Après Piasenta, il n'y avait personne en France susceptible de la faire progresser. Le système de la Fédération doit être revu, mais elle comme Eunice Barber ne peuvent pas se permettre d'attendre.* » Je n'avais encore jamais entendu un patron des équipes de France inciter à la désertion. C'est tout simplement révoltant. Ce constat est dramatique pour deux raisons. D'abord pour l'athlète. Le message est clair : le seul salut est ailleurs. A l'étranger. « Avis à la jeune génération ! Faites vos valises ! » Terrible donc pour l'athlète mais également pour les coachs français. Relisez bien la déclaration de Richard Descoux : « *Après Piasenta, il n'y avait personne en France susceptible de la faire progresser.* » Traduction : notre beau pays ne compte qu'un seul entraîneur compétent ! Toujours le même. L'unique. Le magnifique. Le grand maître tout-puissant ! J'avoue ne pas y avoir cru quand on me l'a dit. Il a fallu que je lise cette déclaration dans *L'Equipe* pour comprendre qu'il ne s'agissait pas d'un mauvais canular. Tout cela est intervenu quelques semaines seulement après la mise en place d'une nouvelle politique fédérale. Une politique de quatre ans proposée par ce même Descoux. Le fait que cette politique présentée avec enthousiasme ne concerne pas deux des meilleures athlètes françaises n'a pas semblé gêner notre cher DTN de l'époque. Décidément, les JO d'Athènes en 2004 se préparent dans les meilleures conditions. Le séjour grec s'annonce fructueux !

Quand je vois tout ça, j'ai tendance à comprendre Christine Arron et Eunice Barber. Elles sont jeunes. Elles ont des qualités immenses. Il est donc logique qu'elles veuillent se donner les meilleures chances de réussir. Elles veulent un encadrement à la « hauteur ». Cela étant, si j'avais vingt ans aujourd'hui, si je comptais parmi les dix meilleurs mondiaux sur le 110 mètres haies et si enfin mon entourage était compétent, je resterais en France. Sans hésitation. Même si j'ai quelque peu noirci le tableau précédemment, j'affirme que notre nation compte d'excellents techniciens. C'est une conviction. Il y a un véritable savoir-faire français. Un seul exemple : Fernand Urtebise, le coach de Stéphane Diagana. Je le connais bien car j'ai eu la chance de m'entraîner avec lui. Vous avez vu ? Je n'ai pas dit « sous ses ordres » mais « avec » lui. Nuance capitale car Fernand Urtebise est un homme bon. Tout simplement. A mes yeux, il symbolise l'humanisme. Lorsqu'il fut mon coach, je le vouvoyais. Aujourd'hui, nous sommes tous les deux entraîneurs et je ne peux toujours pas le tutoyer. Je n'y arrive pas. Fernand Urtebise me le reproche amicalement, mais j'ai trop de respect pour cet homme. Et pourtant, mon premier coach ne m'avait dit que du mal de Fernand. C'était, paraît-il, un rigolo, un bon à rien. Moi, j'étais jeune, j'étais conditionné. Alors j'ai cru tous ces ragots.

Lorsque j'ai rencontré Fernand Urtebise par la suite, j'ai découvert tout le contraire. Il ne cherche jamais à se mettre en avant. Seule la réussite de ses athlètes l'intéresse. Quand ces derniers perdent, Fernand est tout aussi meurtri qu'eux. Il fait « corps » avec eux. Il les écoute. Il les comprend. Tout cela avec des résultats très brillants. Avec lui, le Sénégalais Amadou Dia Ba a décroché l'argent sur 400 mètres haies aux JO de Séoul en 1988. Fernand Urtebise a également coaché Daniel Sangouma et Jean-Charles Trouabal avec le succès que l'on sait. Sangouma et Trouabal furent tous les deux vice-champions d'Europe en 1990 à Split (sur 100 mètres pour Sangouma et sur 200 mètres pour Trouabal) avant de devenir recordmen du monde du 4 fois 100 mètres en 1990, excusez du peu ! Enfin, aux côtés d'Urtebise, Stéphane Diagana est devenu champion du monde du 400 mètres haies en 1997 et vice-champion du monde en 1999 ! Malgré ce palmarès plus qu'honorable, Fernand Urtebise demeure, lui, inconnu du grand public. En grand professionnel, il fait son boulot sans rechercher le cliquetis des flashs. Fernand Urtebise est un grand monsieur. La preuve que tout ce qui est estampillé bleu, blanc, rouge n'est pas à jeter irrémédiablement aux orties. Il suffit d'avoir une certaine dimension humaine. Mais ça, c'est une autre histoire...

3

Ciel, mon coach !

Dès l'instant où des gens responsables et dotés d'un pouvoir réel avec des objectifs précis prennent les commandes, je suis convaincu que les résultats reviennent. La Fédération ne doit plus être une sympathique agence de voyages aux destinations plus ou moins paradisiaques. Je vais encore faire référence à Sydney 2000, mais l'exemple est trop flagrant : l'équipe de France comptait quelque cinquante athlètes sélectionnés pour ces jeux Olympiques en Australie. Combien de personnes de la Fédération les ont accompagnés ? Une quarantaine. Presque un accompagnateur par athlète ! De plus, il faut savoir qu'avec une équipe de France réduite à trois maigres sélectionnés, il y aurait eu également quarante accompagnateurs. Il faut en finir avec le tourisme. Les valises auraient dû se remplir de médailles et de bons résultats. Pas de kangourous en peluche...

Des gens compétents, cela veut dire aussi et surtout des gens « humains ». Cette remarque peut sembler évidente, exagérée même, mais elle est pourtant fondamentale. Etre « humain », c'est savoir sentir. Comprendre l'athlète. Dialoguer avec lui. Ne pas décider pour lui. Le responsabiliser en quelque sorte. Ambitieux programme...

Je crois qu'il est maintenant urgent de construire autour de l'athlète et non l'inverse. La Fédération doit être au service de ce dernier. L'entraîneur également.

On ne doit plus demander à nos champions de se fondre dans un moule prédéfini par des élus ou des cadres parfois dépassés. C'est le moule qui doit s'adapter. Prenons l'image de la Formule un : le siège du pilote est sculpté en fonction de ses mensurations propres. C'est un ordre logique. Faisons pareil avec les athlètes !

Malheureusement, à Sydney pour les jeux Olympiques, on a encore cherché à « mouler » l'individu. Une fois de plus. Même si l'idée de départ était bonne : installer l'équipe de France dans un cadre optimal pour préparer les Jeux. Tout cela partait d'un bon sentiment. Mais, en offrant à nos athlètes le camp d'entraînement de Narabeen situé à une trentaine de kilomètres de Sydney, on les a éloignés de « l'événement » olympique. Les installations étaient pourtant impeccables. De bonnes conditions pour travailler. Un endroit verdoyant et reposant. L'organisation, parfaite. Là-dessus, il n'y avait rien à redire. Seul hic dans toute cette histoire : en privant les bleus de village olympique, on les a frustrés. Comment voulez-vous être performant quand vous êtes frustré ? Je m'explique : il est vrai que ce site de Narabeen était exceptionnel. Le choix de ce lieu était le fruit d'une longue réflexion de la part de la Direction technique. Durant de nombreuses semaines, elle avait cherché ce qui serait le mieux pour les athlètes. Mais jamais, non, jamais les athlètes n'ont été consultés. Grave erreur. On a cru protéger les sportifs de la pression en les isolant complètement d'un événement planétaire. C'est l'effet inverse qui s'est produit. On a éloigné nos athlètes ; on les a déconnectés de « l'événement » olympique. Priver un sélectionné de village olympique est une faute majeure. Lorsque vous êtes athlète, le village est quelque chose de magique. Une vraie petite ville dans la ville. Un monde irréel. Pouvoir le découvrir et y vivre durant quinze jours est quelque chose de très excitant. Le village constitue véritablement l'antichambre du stade olympique. On y ressent déjà la compétition. On peut la « toucher ». L'excitation est ambiante. C'est une sensation unique. Sauf pour nos pauvres bleus retranchés à Narabeen. A peine sortis de cette petite bourgade verdoyante et reposante, nos athlètes ont dû plonger, sans y être préparés, dans un stade gigantesque et hurlant de cent dix mille personnes.

J'ai été athlète. J'ai connu ça. J'ai eu la chance de vivre trois olympiades (Los Angeles en 1984, Séoul en 1988 et Barcelone en 1992). Quand vous entrez dans un stade olympique, la sensation est énorme. Si vous n'y êtes pas préparé, la pression vous envahit et ne vous quitte plus. En 1992, j'ai participé à mes derniers JO avec Stéphane Diagana. Nous étions tous les deux sélectionnés sur le 400 mètres haies. Logés au village olympique, nous avons vraiment « vécu » ces Jeux. L'ambiance était extraordinaire. Nous avons profité des différentes animations proposées. C'était un immense bonheur, mais jamais nous n'avons oublié notre objectif olympique. Progressivement, l'échéance de notre compétition s'est rapprochée. La pression est venue petit à petit et nous avons ainsi pu vivre notre épreuve de l'intérieur. La réalité ne nous a pas terrorisés puisque nous avions eu le temps de nous adapter à l'événement. En outre, vivre les Jeux complètement de l'intérieur ne nous a pas empêchés de faire ce que nous avions à faire (nous sommes parvenus en finale du 400 mètres haies tous les deux ! Stéphane Diagana s'est classé quatrième. Pour ma part, j'ai terminé à la septième place. La présence de deux Français en finale olympique du 400 mètres haies reste, à ce jour, un fait unique dans les annales de l'athlétisme tricolore).

Huit ans plus tard à Sydney, on a tout fait à l'envers. L'athlète est passé d'une pression zéro à une pression maximale en quelques heures. Bonjour la fosse aux lions ! Au lieu de le préparer à un événement souvent unique dans sa carrière, on a voulu lui faire oublier la réalité. Ce fut une véritable opération suicide. On est restés entre Français. Bien isolés du reste du monde. Comble de malchance : des problèmes de tension entre certains entraîneurs et athlètes ont contaminé l'ensemble de l'équipe. Une vraie traînée de poudre qui n'aurait pas eu le même impact si les Bleus avaient été logés au village olympique. Demander à un athlète de ne rejoindre le village que la veille de sa compétition et de le quitter dès l'épreuve terminée est, pour moi, une chose complètement hallucinante. Seuls, peut-être, les demi-fondeurs (c'est-à-dire les athlètes engagés sur le 1 500 mètres, le 3 000, le 3 000 steeple, le 5 000, le 10 000 ou le marathon) y ont trouvé leur compte. En effet, la plupart d'entre eux avaient besoin de faire un à deux entraînements par jour afin « d'engranger » le maximum de kilomètres. C'est la discipline qui veut ça : l'entraînement des demi-fondeurs demande de longs parcours à pied. Pour eux, le cadre de Narabeen était donc idéal. En revanche, tous les autres athlètes ne s'entraînaient généralement qu'une fois par jour. Voire une fois tous les deux jours. Il ne s'agissait là que d'un entretien physique à quelques jours de la compétition. Le travail de fond était terminé depuis bien longtemps. Dans ces conditions, le choix d'un lieu isolé ne s'expliquait pas. Il y avait les regards et les esprits tournés vers le village olympique et les corps frustrés à Narabeen. A force de faire de l'assistanat, du cocooning paternaliste, on a tout simplement déconnecté notre équipe. Les pauvres sélectionnés tricolores pourront dire dans quelques dizaines d'années à leurs petits-enfants : « En 2000, j'ai participé aux JO... de Narabeen ! »

Il faut donc vite revenir à une politique de responsabilisation. Les athlètes ne sont pas de simples pions. Ils sont le cœur de la machine. Il ne faut jamais l'oublier. Le cœur, c'est ce qui fait vivre.

Pour responsabiliser un athlète, il faut avant tout chercher à mieux le comprendre. Il est donc impératif de dialoguer avec lui. Cela évite bien des crises. L'exemple de Marie-José Pérec à Sydney, là encore, est flagrant. Sous prétexte qu'elle avait sa propre organisation, on a décrété qu'elle devait se débrouiller... toute seule. On lui a ainsi refusé l'accréditation qu'elle demandait pour son compagnon, Anthuan Maybank. Certes, ce dernier n'était pas son entraîneur, mais il jouait un grand rôle dans le soutien psychologique de la Guadeloupéenne. Savoir qu'il allait l'accompagner durant toutes les épreuves aurait certainement rassuré Pérec. Car Anthuan était également son compagnon d'entraînement. Un repère pour elle. Malheureusement, la Fédération n'a pas jugé utile de l'accréditer. Puisque Pérec avait mis en place sa propre organisation, elle devait accepter d'en payer le prix. On a vraiment, là, les deux extrêmes. D'un côté, des athlètes éloignés de la réalité par les choix de cadres habiles dans l'option touristique mais dépassés dans la préparation d'un événement capital (je me permets ici de rappeler la déclaration du DTN Richard Descoux faite le 27 septembre 2000 à l'AFP : « *Je n'ai pas appréhendé l'ampleur de ce que pouvaient représenter les jeux Olympiques.* » Plutôt clair, non ?). De l'autre, une championne indépendante mais tributaire en partie d'un système qu'elle réfute. Je crois que Marie-José en a beaucoup souffert. L'inégalité de traitement fut criante. Cela n'a fait qu'aggraver le sentiment de rejet chez Pérec. Elle s'est sentie esseulée. Oubliée. Persécutée. Il faut ajouter à cela l'événement intrinsèque que représentaient les JO et le défi presque irréel que Pérec s'était lancé. On connaît la suite...

La Fédération a clairement montré ses limites dans cette organisation. Le dialogue fut inexistant, et sans dialogue on ne peut pas connaître les besoins réels de l'équipe, les problèmes de chacun. Heureusement, le comité d'organisation de Paris 2008 (campagne pour l'organisation des jeux Olympiques de 2008 dans la capitale française) a bien compris qu'il ne fallait surtout pas se déconnecter des athlètes pour préparer un rendez-vous aussi important que les JO. Ainsi, par l'intermédiaire de l'ancien basketteur Richard Dacoury, le comité Paris 2008 a convié d'anciens sélectionnés olympiques à une grande réunion de travail. Ces derniers (dont je faisais partie) ont été unanimes : tous les sportifs devraient avoir leur place au village olympique. L'expérience des « anciens » a parlé. Face à une telle unanimité, le comité Paris 2008 a compris l'importance du village. Les décisions futures seront prises en connaissance de cause. Tant mieux.

L'aspect psychologique est également trop souvent oublié. Un athlète n'est pas seulement une « bête » de course. C'est avant tout un être humain avec ses questions, ses doutes, ses croyances, ses problèmes... Il faut donc savoir prendre en compte tout cela pour pouvoir appréhender toutes les particularités qui peuvent composer un champion car, sans dialogue, comme on l'a déjà dit, il est impossible de mesurer toute la dimension psychologique. Au lieu de chercher à comprendre un athlète, on a trop tendance à vouloir l'adapter à un système préétabli. On le déconnecte d'une réalité. On cherche à tout faire à sa place. Ce n'est pas la solution. Sydney l'a démontré. Il y a urgence à se parler. Le rapport humain doit revenir au centre du système. Aujourd'hui, le rapport est trop mécanique, trop impersonnel. Et ça peut devenir dangereux. J'en sais quelque chose...

Je vais ici aborder seize ans de ma vie. Seize années passées aux côtés d'un personnage qui est, heureusement, une rare exception : Jacques Piasenta.

Pour bien percevoir les enjeux de cette histoire, il faut savoir d'où je viens. Je suis le dernier d'une famille modeste de cinq enfants établie dans la banlieue sud-est de Paris. Durant mes jeunes années, j'ai peu vu mon père puisque son métier de thermicien l'amenait à faire les trois-huit. Dans le même temps, j'ai toujours bénéficié de la présence de ma mère puisque cette dernière était nourrice à domicile. J'étais, je crois, un enfant très sensible. J'avais besoin d'un contact sensoriel avec ma mère — visuel, auditif, physique. Cela me rassurait. Son soutien affectif était très important. Avec elle, j'ai eu la chance de baigner dans un véritable cocon familial. Et le sport dans tout cela ? C'est grâce à mon frère Alain (l'aîné de la famille) que je l'ai découvert. Alain s'entraînait en sport scolaire avec Jacques Piasenta, et c'est ainsi que tout a commencé. Un beau jour, je l'ai accompagné à l'entraînement, et tout ce que j'ai vu m'a fasciné. J'avais dix ans et j'ai alors pris conscience que le sport était pour moi une vraie forme d'expression. Je venais de tomber amoureux... du sport. Sans réfléchir, j'ai intégré le groupe d'entraînement de mon frère. Le duo Stéphane Caristan / Jacques Piasenta était né.

Les débuts furent rudes. Très rudes. Je ne peux pas dire autre chose. C'est la vérité. Souvent, après les entraînements, je rentrais chez moi en pleurant. Sympathique comme premiers pas dans l'athlétisme, non ? Jacques Piasenta était un personnage apparemment indifférent à l'aspect humain, relationnel et affectif. Il était professeur d'EPS mais je crois qu'il n'a jamais rien compris aux besoins et aux attentes d'un enfant.

Tout cela est quelque peu contradictoire. Je vous annonce que mon milieu familial m'offre ce dont j'ai besoin. Je suis émotionnellement équilibré et je me retrouve à l'entraînement avec un homme qui est l'antithèse de ce que j'ai connu ! En fait, ma découverte et mon amour du sport m'ont permis d'établir ce pont incroyable entre une vie de famille baignée dans l'amour et des entraînements noyés dans l'humiliation. Lorsque j'ai commencé à courir, j'ai pris conscience que j'avais un potentiel, et surtout que cette activité me plaisait. J'ai compris très tôt que l'athlétisme constituait ma voie. J'ai donc voulu m'entraîner et m'épanouir dans cette discipline. Malheureusement, le hasard m'a amené sur la route d'un homme qui n'était pas le plus fin psychologue de la région. Loin de là. Il se voulait pourtant un grand pédagogue. Je dirais plutôt que c'était un bon préparateur technique. Maintenant sur le plan humain, c'était de la science-fiction. Il ne savait pas ce que signifiait le mot émotion.

Reprenons simplement cette première anecdote : durant de longues semaines, je suis rentré chez moi en pleurant. Les humiliations subies à l'entraînement me blessaient profondément. Piasenta, lui, a toujours su retourner les situations à son avantage. Ainsi, cet épisode des pleurs s'est traduit, quelques années plus tard, par une version très différente de sa part. Le 1er septembre 1986, il a ainsi confié au quotidien *Le Matin* : *« La première fois que je l'ai rencontré, il avait dix ans. Il accompagnait son frère et sa sœur à l'entraînement. Très vite, il s'est pris au jeu. Et il pleurait parce que je refusais de l'entraîner plus d'une fois par semaine.* »

C'est ça, Piasenta. Tout l'art de masquer ses défauts pour les transformer en vertus humaines. Je me demande parfois s'il avait conscience du mal qu'il faisait. Il faut avouer que c'était invisible. Impalpable. Mais l'humiliation était bien là.

Piasenta a su jouer avec les faiblesses des autres. Il avait l'habitude de nous prendre en exemple. Celui qui maîtrisait bien un exercice passait systématiquement devant pour bien montrer aux autres le bon geste à réaliser. Quant à celui qui avait du mal, il passait plusieurs fois... en dernier ! Et il était l'objet des railleries du maître. C'était très violent. Il cherchait à faire rire une partie du groupe en commentant les problèmes des uns ou des autres. L'humiliation ne cessait jamais. Il était difficile de se sentir bien dans ces conditions. Le cynisme et la méchanceté sont deux armes redoutables. Surtout lorsque vous êtes un enfant timide et extrêmement sensible.

Devant mes pleurs, ma mère m'avait conseillé d'arrêter l'athlétisme, mais ma passion était devenue trop forte. C'est pourquoi je me suis très vite construit une carapace virtuelle. J'avais l'impression d'avoir installé autour de mon corps, et surtout de mon cœur, une sorte de protection blindée. On ne pouvait pas m'atteindre. On ne pouvait plus m'atteindre. Encore moins m'agresser.

Je sais que certains d'entre vous comprennent ce que je veux dire : on rejette parfois quelque chose au plus profond de soi pour ne plus y penser. Comme si ça n'existait pas, comme si cela n'avait jamais existé... Je reconnais que tout cela appartient au domaine de l'impalpable, mais les séquelles sont terribles. Les actes de l'inconscient peuvent rendre fou.

J'étais devenu insensible à l'émotion. Insensible à l'émotion tout en développant des qualités physiques qui m'amenaient à réaliser des performances assez exceptionnelles. Alors que je n'étais encore que minime, je battais déjà des athlètes cadets de deux ans mes aînés ! C'était une sensation assez excitante. Je pouvais m'exprimer physiquement à 100 pour cent et je croyais ne plus me sentir atteint par les agressions psychologiques de mon coach — rappelons que je n'étais qu'un enfant lorsque j'ai rejoint son groupe. D'ailleurs, les athlètes que Piasenta prend en charge sont généralement très jeunes. Il peut ainsi les « manipuler », les « façonner » à sa guise. Un enfant est fragile et croit généralement ce qu'un adulte lui dit. Piasenta avait un mode de fonctionnement très simple : l'athlète lui devait le respect. C'était son leitmotiv. Nous devions suivre sans broncher, et nous sommes beaucoup à avoir « plongé ». Comme moi, de nombreux jeunes n'ont pas su résister à cette autorité psychologique. Aujourd'hui, ils sont bien peu à accepter de parler. La plupart (ils ont parfois des noms très connus !) préfèrent garder leurs blessures enfouies bien au fond d'eux. C'est un choix de vie. Etrangement, leur passé n'a plus de mémoire. Mais si c'est leur choix, ce n'est pas le mien. L'enfant que j'étais a vraiment souffert. L'adulte que je suis veut se sentir mieux. On peut d'ailleurs noter que Piasenta prend très rarement des athlètes adultes et autonomes dans son groupe. Ces derniers ont généralement une certaine expérience de la vie et ne sont donc plus aussi « malléables ». Pour le grand Jacques, c'est donc beaucoup moins amusant. Beaucoup plus difficile également.

Je dois tout de même reconnaître que si ce n'est certainement pas un bon pédagogue, c'est un bon technicien. Jacques Piasenta maîtrise parfaitement les bases techniques de l'expression physique. C'est un analyste redoutable (dans tous les sens du terme !). Son œil est efficace, et il est aidé en cela par son travail qu'il filme régulièrement avec une caméra 16 millimètres.

Jacques Piasenta a eu des résultats probants. Tout a commencé en 1984 avec sa future femme, Michèle Chardonnet, médaillée de bronze sur le 100 mètres haies des jeux Olympiques de Los Angeles. L'année suivante, ma carrière prenait son envol avec un premier titre mondial sur le 60 mètres haies aux jeux Mondiaux en salle à Bercy. Puis tout s'est enchaîné. Le « groupe

Pia » a toujours disposé d'un ou plusieurs athlètes sur le devant de la scène. Je crois que ce phénomène « Résultats » a fasciné et fascine toujours. Il faut savoir que, lorsque vous êtes un athlète d'un bon niveau et que vous souhaitez atteindre le haut niveau en France, il n'existe pas beaucoup de solutions. Il y a peu d'entraîneurs qui ont des résultats comme les siens et qui tiennent un discours où l'on fustige aussi bien les systèmes classiques que le dopage. Jacques Piasenta, c'est l'entraîneur qui gagne. L'homme cultive son marginalisme et en plus... ça marche ! C'est ce qui attire un grand nombre d'athlètes. Les médailles sont là. Elles existent ! De plus, l'entraîneur est compétent techniquement. Une athlète comme Marie-José Pérec l'a rejoint pour cette raison-là. Elle voulait le meilleur technicien. Sur le plan français, Jacques Piasenta semblait être celui-là. Comme, en outre, il vantait dans la presse son goût pour la différence, Pia n'a fait que renforcer son image d'homme talentueux et à part. Un coach sans schéma. Sans contraintes. Un homme libre. L'image de l'exception ne peut qu'attirer des êtres d'exception. Après, tout ce qu'il peut y avoir derrière la méthode (tant que ça ne vous concerne pas directement) ne vous « regarde » pas. A chacun ses problèmes ! L'athlète est souvent égocentrique. Les problèmes du voisin ne le touchent pas.

Jacques Piasenta a un véritable charisme de façade qui ne laisse pas indifférent. Mais tout cela ne constitue qu'une infime partie de son personnage. C'est l'aspect public, médiatique. C'est le Piasenta qui gagne. Celui qui sourit sur les photos des magazines. La partie sombre du bonhomme est beaucoup moins connue...

Lorsque ma carrière a pris une dimension nationale puis internationale au milieu des années 80, on a commencé à parler du « duo » Caristan / Piasenta. Je n'ai pris conscience de tout cela que bien après. Aujourd'hui, lorsque je relis les différents articles de presse, cela me saute aux yeux : Jacques Piasenta vivait, existait littéralement à travers moi. La preuve avec l'utilisation systématique du « nous » ou du « on » pour parler de... moi :

« *Pendant un mois, nous allons faire du plat et nous ne toucherons surtout pas une haie...* »

« *Le professeur Saillant nous a donné le feu vert pour attaquer les haies...* »

« *On recherchera plus la qualité que la quantité...* »

« *On avait pris un mois de retard dans la préparation mais maintenant on est revenu dans les temps...* »

Il a dû oublier en chemin que l'athlète, c'était moi. Il ne faisait qu'établir les programmes d'entraînement. Jacques Piasenta vivait, grâce à cette nouvelle génération prometteuse, ses propres rêves. Cet homme a un gros besoin de reconnaissance. C'est pour cela qu'il a idéalisé son passé. Il s'est ainsi imaginé ancien pilote automobile de grand talent. Il a prétendu avoir dominé la perche tricolore alors qu'il n'a effectué qu'un passage au rang de troisième meilleur sauteur français. Enfin, il a affirmé avoir « fait » Guy Drut alors qu'il n'a entraîné le champion olympique que durant quelques semaines. Piasenta n'a existé et n'existe que parce qu'il entraîne des athlètes de haut niveau dont la presse parle souvent. Cette présence médiatique le fait vivre, l'excite. Si l'on s'amuse à reprendre tous les articles de presse me concernant entre 1985 et 1990, 80 pour cent d'entre eux contiennent systématiquement des interviews de Piasenta. Si Caristan parle, alors Piasenta aussi. C'est un peu la règle du binôme. Piasenta a besoin d'exister. Il est « le » coach. Et lorsqu'il n'est pas interviewé, il est cité. Souvent. Dans 80 pour cent des cas, là aussi !

Je parlais précédemment de mon souhait de voir la Fédération se mettre au service de l'athlète, de voir les entraîneurs « servir » les athlètes. D'une certaine façon, Jacques Piasenta recherche tout le contraire. Tout tourne autour de lui. Il désire avant tout la reconnaissance de son groupe. C'est un séducteur. Une grande gueule redoutée à la fois par ses athlètes et par les instances fédérales. Lisez donc cette déclaration de Pia faite à Yves Hilaire le 17 février 1990 pour *Le Figaro* : « *J'aime ce que je fais. J'ai tous les diplômes possibles. Et quels que soient leurs choix, une des premières choses que j'inculque aux athlètes est de ne rien attendre du pouvoir fédéral et du ministère. Dès qu'ils ont compris cela, l'approche de l'athlétisme devient différente.* »

Terrible, non ? Si j'avais fait cette confidence à un journaliste, j'aurais certainement reçu des remontrances du ministère ou de la Fédération. Logique. Mais Piasenta, non. Il a eu des résultats, notamment avec Pérec, Arron et moi. On n'ose donc pas lui répondre de peur qu'il décide de tout arrêter. C'est un électron libre.

Un égocentrique ne peut pas donner aux autres puisqu'il n'est tourné que vers sa petite personne. Et pourtant, le système Piasenta repose totalement sur cet égocentrisme. Il est la référence, le repère. Il fixe des règles très militaires (l'entraînement commence par un : « Bonjour coach », le vouvoiement est de rigueur...). Pour le reste, c'est le culte du personnage qui prédomine. Lorsque je retourne dans cette interview accordée au *Figaro*, je suis stupéfait. Piasenta déclare : « *A Créteil* [le club où Jacques Piasenta entraînait à l'époque], *on ne se marginalise pas par plaisir ou pour réussir. Vous avez vu le film* Le Cercle des poètes disparus *? Un prof de philo fait monter ses élèves sur les tables afin de modifier leur perspective. "Pia, ce prof, c'est toi", m'ont dit certains athlètes. Quand je partirai à mon tour, quelque part, on montera peut-être aussi sur des tables !* »

Cette mise en scène fonctionne. Elle est énorme mais elle fonctionne. Piasenta se prend pour un autre mais on ne lui dit rien. Il passe son temps à dénigrer le système sans jamais apporter de solutions. Par ailleurs, il profite allègrement de ce même système à travers les aides financières dont jouissent ses athlètes. Quant à ces derniers, Piasenta leur bourre le crâne et finit par les convaincre. Les athlètes se laissent faire et ils ne se rendent plus compte du mal qu'il peut leur causer en s'immisçant partout. Par exemple, pendant de nombreuses années, il a géré sans que je m'en rende compte mes relations avec la presse. Son charme a suffi. Je l'ai laissé agir.

Ce conditionnement m'a amené à faire des déclarations assez incroyables. Premier extrait symbolique, le 1er septembre 1986. Au sujet de Piasenta, j'ai confié à Alain Lunzenfichter de *L'Equipe* : « *C'est un homme qui connaît le risque et le prix qu'il faut payer pour obtenir un bon résultat. C'est un excellent pédagogue et un technicien hors du commun. Peu à peu, nos relations d'entraîneur / entraîné se sont transformées pour devenir une sorte de complicité. En fait, c'est un ami avec un grand A, et il est devenu un second père.* »

Je dois avouer que ça commence plutôt fort. J'ai souvent dit, à l'époque, que je considérais Piasenta comme un second père. Entre-temps, mes parents avaient divorcé et, d'une certaine façon, j'avais l'impression d'exister à travers le regard de mon entraîneur. Il s'occupait de moi. Je le côtoyais cinq à six jours par semaine. Il était donc très présent et il a fini par jouer un rôle paternel. Imaginez ce que peut représenter un homme, un entraîneur dans la vie et l'éducation d'un adolescent en manque de repères masculins : un modèle ! Cela étant, nos relations étaient très limitées. Elles se cantonnaient à un salut avant le début de l'entraînement. Puis à un au revoir. Et c'était tout. On se vouvoyait. Il n'y avait absolument aucune profondeur, aucune intimité. Seul le sport nous réunissait. Il n'y avait rien à côté. La presse nous a présentés comme le couple magique qui avait des résultats et surtout une méthode unique. C'était un gros mensonge. Certes, j'ai eu des résultats, mais je n'ai jamais rien « partagé » avec mon coach. Nous n'avons jamais rien vécu ensemble. Ah si pardon, j'oubliais : en 1987, j'ai été le témoin de son mariage avec Michèle Chardonnet ! C'est assez révélateur d'ailleurs. Etre invité à son mariage symbolisait pour moi une grande reconnaissance de sa part. Piasenta ne me montrait pas d'affection mais j'avais tout de même le sentiment de compter à ses yeux à travers mon palmarès. Il faut savoir que mon père, tout comme Piasenta, refusait complètement la part féminine que peut receler un homme. Dans leur esprit, un homme se devait d'être dur. Cela a généré en moi un manque. Un manque d'amour énorme, que j'ai tenté de combler dans le dépassement physique. Ce fut l'occasion d'exister à travers une performance dans le regard d'un autre.

Tout aussi incroyable, cette déclaration le 17 février 1990 à Jean-Christophe Papillon pour *Le Figaro*. Une fois encore, je parle de Piasenta. Je vais le quitter sept mois plus tard et pourtant : « *C'est lui le créateur de Caristan et de bien d'autres. C'est un perfectionniste qui s'investit totalement, presque trop. Je le comparerais à un metteur au point de Formule 1. C'est quelqu'un d'exceptionnel qui a su créer un groupe où les gens se font plaisir.* »

Il est amusant d'associer Piasenta au mot plaisir. *Découvrir le plaisir* est d'ailleurs le titre de l'un de ses films pédagogiques (réalisé en collaboration avec Georges Gacon). Quand on le connaît, ce titre est carrément une vraie provocation !

Avec Piasenta, je n'avais aucune autonomie. Je vivais à l'écart de tout. Je ne savais rien du fonctionnement fédéral, et je ne risquais pas d'apprendre quoi que ce soit puisqu'il ne m'a jamais autorisé à suivre un stage national. Il ne voulait pas que je côtoie d'autres athlètes, ou d'autres entraîneurs. Il savait pertinemment que c'était dangereux pour lui. Il ne voulait pas que ses athlètes aient la possibilité d'ouvrir les yeux. Alors, il nous plaçait dans une véritable bulle. Sa bulle. Nous étions en complète autarcie. Sans nous en rendre compte, il nous avait enfermés dans son monde. Nous étions donc bien loin de toute idée de plaisir...

Concernant l'argent, Jacques Piasenta a toujours agi avec une très grande finesse. Au niveau fédéral, il a su habilement jouer les pleureurs pour se faire plaindre. Il rendait la Direction technique nationale redevable. Il avait l'art d'utiliser les médias pour faire passer ses messages. Ainsi, au début de l'année 1987, alors que nous devions partir aux Etats-Unis pour une tournée de meetings américains, il a réglé ses comptes via la presse. Il était pourtant payé par le ministère de la Jeunesse et des Sports et placé auprès de la Fédération. Il avait le DTN comme interlocuteur direct, mais il a préféré s'épancher dans les médias. Il a ainsi déclaré sur l'antenne d'Europe 1 : « *Je ne sais pas encore comment financer la tournée, la Fédération fait la sourde oreille. Nous nous sommes toujours débrouillés, nous avons fait nos preuves sans être assistés, et les dirigeants espèrent peut-être que ça va continuer. Mais je ne veux plus m'occuper en permanence de l'intendance, ni puiser dans mes économies.* »

Cette interview a créé une certaine effervescence. Contacté par l'AFP, Alain Piron, le DTN de l'époque, s'est montré très étonné. Sa version fut bien évidemment très différente de celle de Pia : « *J'ai rencontré à plusieurs reprises Stéphane et Jacky pour préparer cette tournée dont j'approuve sans réserve le principe. Tout en les incitant à se tourner en partie vers les sponsors, car je crois qu'il s'agit d'une bonne formule, je leur ai donné l'assurance, d'entrée, que la Direction technique les aiderait et que ce voyage ne leur coûterait pas un centime. Je n'ai pas changé d'avis aujourd'hui.* »

Cette juste mise au point n'a malheureusement pas eu le même écho que le coup de gueule de mon ex-coach largement reproduit dans la presse quotidienne.

Jacques Piasenta a toujours éprouvé une certaine fascination à l'argent tout en jouant les éternels malheureux. Or, depuis vingt ans, cet homme descend dans les plus grands hôtels de la planète. Il organise régulièrement des stages à l'île Maurice, à la Réunion, à Tahiti ou encore aux Antilles. Ses déplacements sont généralement financés par les athlètes de son groupe qui bénéficient d'aides « Préparation olympique ». Il est assez logique que le coach soit du voyage, mais il me paraît exagéré que le bénéficiaire (qui est, à la base, un professeur d'EPS) se plaigne du traitement qui lui est réservé ! Plus grave encore : les athlètes se sentent, eux aussi, redevables. C'est très difficile à expliquer. Jacques Piasenta arrive à vous faire comprendre qu'il rêve de certaines choses sans jamais vous le dire ouvertement. C'est inconscient. Vous vous sentez obligé de lui faire des cadeaux. Comme pour le remercier. De quoi ? D'avoir fait le travail pour lequel il était payé ? Etrange, mais vrai. Quoi qu'il en soit, un jour, je me suis arrêté devant une boutique de matériel hi-fi du 18e arrondissement de Paris et j'ai craqué. Je rêvais d'un lecteur-enregistreur DAT. A l'époque, il s'agissait des tout premiers. J'ai fait un chèque de dix-neuf mille francs et je l'ai acheté... pour lui ! Incompréhensible, je l'avoue. J'ai su, par la suite, que Marie-José Pérec avait suivi plus ou moins le même chemin. Elle a contribué à l'installation dans son domicile d'un matériel vidéo ultraperformant. C'est de la folie. Jacques Piasenta a réussi à nous faire croire qu'il n'était qu'une pauvre petite chose qui s'occupait de ses athlètes par simple dévouement alors qu'il était payé pour ça. C'était son métier ! Piasenta a un vrai problème avec l'argent. Dans ce domaine également, il a bien réussi son entreprise de conditionnement auprès des athlètes de son groupe.

Lorsqu'on comprend combien le malaise est puissant, on a du mal à croire qu'on puisse un jour s'en sortir. J'ai retrouvé une confidence assez significative de Philippe Tourret, membre lui aussi du groupe Pia. En mai 1990, il a dit à Claude Hességé : « *Personne ne quittera Pia. Nous lui sommes en quelque sorte redevables et, en plus, nous sommes bien avec lui. D'ailleurs, j'en veux pour preuve que peu de propositions nous sont faites. Car les autres clubs savent très bien que nous sommes bien à Créteil et pas prêts à en partir...* »

Pourtant, au cours de cette même année 1990, j'ai commencé à prendre conscience que ça ne tournait pas rond. La véritable étincelle m'est venue lors des Championnats d'Europe à Split. J'étais sélectionné avec Philippe Tourret. Ce dernier avait réalisé une bonne saison. Il avait ainsi gagné le meeting de Monaco avec un très bon temps de 13,28 secondes sur le 110 mètres haies, et je crois pouvoir dire qu'il était potentiellement médaillable à Split. Pour ma part, mes problèmes de santé m'avaient plongé dans la plus grande inconnue. J'étais capable d'être dans le coup comme de passer complètement à côté. Malheureusement, mon physique m'a empêché, une fois de plus, d'être au top. Lors de l'échauffement avant les séries, j'avais tellement mal au dos que j'ai dû me contenter d'un simple footing. Je me suis ensuite concentré sur de longs étirements. En revanche, Philippe Tourret a littéralement vécu l'enfer ce jour-là. Piasenta lui a fait faire un échauffement commando insensé. Il l'a littéralement « explosé ». Moi, au bord de la piste en train de m'étirer, j'avais l'impression d'être au ralenti et d'assister devant moi à un film en accéléré. Tourret a souffert le martyre pour suivre le rythme d'entraînement imposé. J'ai alors compris que Piasenta passait sa colère sur ce pauvre Philippe. J'étais blessé depuis plusieurs semaines et le fait de me voir à nouveau mal l'a rendu encore plus fou. Nous revivions, là, le syndrome de Séoul (éliminé en demi-finales des JO) en septembre 1988 où, ayant voulu courir, coûte que coûte, malgré une importante pubalgie, j'avais gravement hypothéqué la suite de ma carrière sportive. Il avait fallu attendre quatorze mois de repos forcé avant de pouvoir reprendre l'entraînement (novembre 1989). Jacques Piasenta ne supportait plus mes blessures à répétition, mais il ne l'a jamais dit. Il m'en a voulu sans l'exprimer. Il a noyé sa fureur en terrorisant les autres membres du groupe. Quant à Philippe Tourret, complètement sous pression, il n'a fini que cinquième des Championnats d'Europe. Son entraîneur l'a « flingué », alors que le seul responsable c'était moi ! Désolé Philippe...

Sentant que je prenais conscience d'être dans une prison dorée à l'atmosphère irrespirable, Jacques Piasenta a commencé à faire des déclarations annonciatrices de notre séparation. Le 5 septembre 1990 après mon échec à Split, il a annoncé à Hervé Colin du *Parisien* : « *Actuellement, il craque aussi fort qu'il a tenu de manière incroyable depuis deux ou trois ans.* »

C'est un subtil début de désengagement. Depuis quelques années, Piasenta sentait bien qu'il n'avait plus la même emprise sur moi. Tout d'abord, depuis 1986 (année de mon titre européen), je disposais d'un agent qui m'avait trouvé des sponsors. Conséquence : j'avais une véritable indépendance financière. Par ailleurs, j'avais rencontré en 1987 ma future femme. Ma vision des choses changeait progressivement. Durant une longue période de blessures, Sandrine m'avait encouragé à faire du théâtre. Cela m'avait ouvert de nouveaux horizons. Grâce au théâtre, j'avais pu évacuer une partie de mon mal-être. J'avais commencé à me sentir mieux. J'avais retrouvé le sommeil perdu en 1988, suite à la blessure aux JO de Séoul et à mon repos forcé. Avec ma succession de problèmes physiques, j'avais été sur le point de « péter les plombs » nerveusement et, en fait, tout cela avait commencé à me désengager de ce processus destructeur. J'avais pris une certaine distance salvatrice. Ce recul m'avait permis de m'en sortir petit à petit. La liberté était en vue. Je ne le savais pas encore mais j'allais bientôt me « retrouver ».

Cette relation bancale s'est terminée à la fin de l'été 1990. Les Championnats d'Europe venaient de s'achever. Je suis rentré de Split en rapatriement sanitaire avec Gilles Quénéhervé (vice-champion du monde du 200 mètres en 1987 à Rome). J'avais un rendez-vous important avec le professeur Saillant qui devait faire le point sur mon état physique. Comme mes bagages étaient restés en Yougoslavie, j'avais demandé à Jacques Piasenta de me les rapporter. Le 2 septembre 1990, date du retour de l'équipe de France, j'étais donc à l'aéroport pour saluer les copains et pour récupérer ma valise. Piasenta s'est dirigé vers moi pour me rendre mon bien puis s'en est allé sans rien dire de plus. Pas une seule question sur mon état de santé. Pas un sourire. Rien. Il a disparu dans la foule. Adieu.

Quelques semaines plus tard, j'ai appris en lisant *L'Equipe* que j'avais « disparu ». Le 11 octobre 1990, le quotidien sportif titrait en effet : « Caristan : avis de recherche ». L'article d'Alain Billouin, qui n'a jamais cherché à me joindre directement (acte quelque peu incohérent sur un plan journalistique), prétendait que j'avais totalement disparu de la circulation, et, bien sûr,

Jacques Piasenta venait corroborer sa version : « *Je n'ai pas vu Stéphane depuis Split après lui avoir ramené sa grosse valise. Cela fait plus d'un mois. Mais je ne ferai aucune déclaration.* »

Du Piasenta tout craché. Moi, quand je ne veux pas communiquer, je ne dis rien. Je ne fais pas de sous-entendus vaseux. En 1990, notre collaboration fêtait ses seize ans. A chaque fin de saison, nous partions chacun de notre côté en vacances sans avoir à nous justifier. Apparemment, j'aurais dû le faire en 1990. La logique Piasenta est parfois déroutante. Il était par ailleurs très simple de savoir où j'étais à ce moment-là puisque le Pr Saillant, sommité reconnue et parfaitement joignable pour une personne comme Piasenta, m'avait envoyé en soins au Centre de thalassothérapie de Granville dirigé par le Dr Bernard-François Badelon. Mais peu importe : Jacques Piasenta était en train de monter son petit scénario afin de se séparer de moi tout en ayant le beau rôle. Comme toujours.

J'ai su ensuite, via Philippe Tourret qui avait repris l'entraînement pour préparer les Championnats de France de relais au début du mois d'octobre 1990, que Jacques Piasenta passait son temps à me dénigrer lors des séances de travail du groupe. Il racontait, entre autres, que mon silence et mes absences étaient indignes et que j'allais être puni. Je tiens à rappeler ici qu'en 1990 j'avais tout de même vingt-six ans. Plus vraiment l'âge des punitions ! Et ce n'est pas fini : j'ai appris quelques jours plus tard (toujours grâce à Philippe Tourret) que Piasenta convoquait Philibert, Tourret, Ewange-Epée et Piquereau pour leur parler... de moi ! Décidément, quel acharnement alors qu'il n'avait même pas pris la peine de vider l'abcès (le sien !) en me téléphonant directement. Il a donc invité ces quatre athlètes au restaurant (en fait, la cafétéria du Centre commercial Créteil-Soleil. On ne se refuse décidément rien chez les Piasenta. Perrier pour tout le monde !) et leur a demandé de signer des papiers pour me juger ! C'était un véritable questionnaire à choix multiple. *Trouvez-*

vous que Caristan a un comportement... 1) Normal. 2) Anormal. 3) Inconvenant 4) Irrespectueux...

Bref, d'un grand niveau ! Au départ, les quatre athlètes convoqués ont refusé de parapher un tel papier. Or, ils ont très vite compris que s'ils ne signaient pas, ils risquaient de se faire exclure du groupe et ils ont fini par céder. L'un des quatre a craqué et ils ont tous suivi : ils ont signé ! Ce papier constituait pour Piasenta une preuve si un jour on en venait à remettre son travail et son comportement en cause. Le beau rôle. Toujours le beau rôle.

Le lendemain, Philippe Tourret m'a appelé et m'a raconté ce qui s'était passé. J'ai mis du temps à comprendre. Ça paraissait si incroyable ! Finalement, j'ai décroché mon téléphone pour appeler Piasenta qui jouait à un jeu très malsain. Au bout de quelques sonneries, il a décroché. J'ai reconnu sa voix au Allô ? J'ai enchaîné poliment : « *Allô, Pia, Bonjour, c'est Stéphane.* »

Long silence au bout du fil. Comme il ne disait toujours rien, je lui ai demandé : « *Auriez-vous un moment, ce week-end, pour parler ?* »

Nouveau silence. Cinq, dix, quinze, vingt secondes. Et là, j'ai lâché : « *Bon, bah, au revoir.* »

Et il a raccroché. Grand courage, maître Jacques. L'inoubliable personnage avait préféré s'épancher dans la presse et surtout donner une version bien romancée de notre séparation. Quelques jours plus tard, Patrick Glanz titrait dans *L'Equipe* : « Piasenta lâche Caristan ». Il maestro a pu s'en donner à cœur joie : « *En fait, je ne veux plus m'engager à fond dans ma tâche sans réciprocité de l'athlète. Caristan veut le beurre, l'argent du beurre et la fille de la crémière. Personnellement et vis-à-vis du groupe, il n'est plus possible de continuer. Chacun doit être logé à la même enseigne, et dans un groupe, il y a des règles à respecter. Il ne faut pas oublier que l'entraînement reste pour moi un hobby et non un travail.* »

Superbe. Tout simplement superbe. L'entraînement est pour lui un hobby ! Encore une fois, je tiens à rappeler que c'était son travail. Il était payé pour coacher.

Mais que voulez-vous... Il faut le comprendre. Le génial coach a craqué face au comportement indigne de son poulain. C'est logique, non ? La fin de l'article qui est une analyse personnelle de Patrick Glanz était assez terrible pour moi : « *En fait, Jacques Piasenta en a eu marre d'avaler des couleuvres. [...] Caristan va-t-il sérieusement continuer l'athlétisme ? Peut-on d'ailleurs croire en son avenir alors qu'à Split il a donné l'image d'un boxeur ayant fait le combat de trop ?* »

Voilà une belle preuve d'objectivité journalistique de la part d'un journaliste qui n'a pas jugé bon de m'appeler pour connaître les deux versions de l'histoire. Dans son article, il a pourtant parlé de divorce. Lorsqu'un couple se sépare, le juge écoute les deux parties avant de prendre une décision. Patrick Glanz n'a écouté que la voix du maître.

La campagne médiatique de Piasenta a continué dans *Le Sport*, le 25 octobre 1990, avec ces mots ahurissants : « *Ça fait quatre ans que je ne "sens" plus vraiment Stéphane et quatre mois que je me pose des questions. Pas question de régler des comptes : Stéph ne me doit rien et je ne lui décerne pas la médaille de l'ingratitude. Ce que je lui reproche, c'est de s'être embourgeoisé, de ne plus penser qu'à son seul petit confort et de ne plus assumer ses responsabilités dans sa vie d'homme.* »

Au contraire, je crois que j'assumais tout à fait mes responsabilités puisque j'étais en train de construire mon existence. Ma vie de couple était établie. J'étais indépendant. Un adulte responsable en somme. Les mots de Piasenta m'ont donc fortement choqué. Face à tout cela, je me suis senti complètement sonné. On ne m'a jamais donné la parole. Piasenta m'a fait passer pour le dernier des rigolos. Le premier des salauds. J'étais vraiment blessé. Heureusement, à force de vivre avec ce personnage, j'avais appris à le connaître aussi bien qu'il pouvait me connaître (voire mieux car, pour ma part, je n'ai jamais fait abstraction des sentiments). Dès le mois de septembre, j'avais anticipé cette situation. Je l'avais pressentie. J'avais donc rencontré Harald Schmid à Francfort à la fin du même mois pour envisager un nouveau système d'entraînement. Ma réflexion évoluait au fur et à mesure. Le jour de ma rencontre avec le technicien allemand, je ne savais pas encore précisément ce que je souhaitais faire. Quelque temps après, les déclarations assassines de Piasenta m'ont définitivement éclairci les idées. Le duo Piasenta / Caristan avait vécu.

Ce qui est amusant et terrible à la fois, c'est de voir ma réaction quelques semaines plus tard lorsque j'ai rencontré Michel Dalloni et Christophe Jammot pour *Le Sport*. Cette interview publiée le 15 novembre 1990 montre bien que je suis encore sous l'emprise de mon ex-coach : « *J'ai choisi cette solution* [Schmid] *car je ne revivrai jamais ce que j'ai vécu pendant seize ans avec Pia qui est sans conteste le meilleur technicien des haies.* »

Comme si j'avais encore besoin de lui dire : merci. Réaction assez incroyable. Car même si Piasenta est un bon technicien, ses qualités humaines inexistantes le rendent terriblement dangereux. Durant les années qui ont suivi notre séparation, alors que nous ne travaillions plus ensemble, alors que nous n'avions plus l'occasion de nous croiser, il a continué de déverser des flots d'injures à mon encontre. J'étais son obsession maladive. Certains de ses athlètes ont ainsi entendu parler de Caristan pendant très longtemps. Trop longtemps. Il leur interdisait même de me côtoyer. J'avais quitté l'enfer, mais le diable en personne continuait à me lancer ses flèches. Comme vous le savez maintenant, je suis devenu, quelques années plus tard, entraîneur d'athlètes de haut niveau sur le Pôle France de l'INSEP. Piasenta a atteint le comble de sa rancœur contre moi en pénalisant des athlètes que j'entraînais. Responsable national du relais 4 fois 100 mètres féminin, ce cher Pia a fait payer à Patricia Girard et surtout à Odiah Sidibé le fait d'être coachées par Caristan. Ainsi, en 1999, Odiah n'a pas été sélectionnée en équipe de France pour les Championnats du Monde de Séville alors qu'elle avait terminé troisième du 100 et du 200 mètres des Championnats de France ! Même mésaventure en 2000 : Sidibé n'a pas obtenu son billet pour les JO de Sydney alors qu'elle avait sa place au regard de nombreux critères objectifs de sélection. Malheureusement, les seuls critères valables étant ceux de Jacques Piasenta, Odiah n'a pas eu droit à l'aventure australienne. Tout cela avec l'accord contraint ou forcé (!?) du DTN.

Plus de dix ans après que je l'ai quitté, Piasenta cherche encore à me nuire. Avec lui, j'ai découvert la haine. Après avoir aimé quelqu'un, je ne savais pas qu'on pouvait le haïr à ce point. Sur un plan humain, il ne m'a apporté que des nuisances.

Le plus terrible dans toute cette histoire c'est que je ne suis pas un cas isolé. Une exception Caristan ? Bien sûr que non. Après moi, d'autres athlètes l'ont quitté : le Sénégalais Charles Seck, Patricia Girard, Marie-José Pérec... Chaque fois, cela s'est mal passé car Piasenta n'a jamais supporté qu'on puisse abandonner son système pour aller en épouser un autre. Piasenta est quelqu'un d'exclusif. Son dernier divorce en date concerne Christine Arron. C'est tout chaud puisqu'il a moins d'un an. J'avoue être très content pour la Guadeloupéenne. C'est une grande chance pour elle. En 1998, lorsque Christine est devenue championne d'Europe du 100 mètres, j'avais dit qu'il fallait maintenant qu'elle quitte le groupe Pia. Pour continuer à progresser et surtout à gagner, Arron devait aller voir ailleurs. La suite m'a donné raison puisque, au cours des deux saisons suivantes, elle a plafonné au niveau de ses performances. Elle a même régressé. Arron a mis deux ans à s'apercevoir du malaise relationnel qui existait entre elle et Jacques Piasenta. Aujourd'hui, je suis persuadé qu'elle peut faire d'excellentes choses avec son nouveau coach (l'Américain John Smith)... si, bien sûr, elle n'a pas été trop atteinte psychologiquement par toutes ces années passées avec Piasenta. Amusante d'ailleurs sa déclaration dans *L'Equipe* du 12 décembre 2000 : « *Je ne tourne pas complètement la page de mes années avec Piasenta. C'est un très grand entraîneur. Je l'ai quitté pour des problèmes de communication. Je ne veux pas créer de problèmes comme lorsque Pérec ou Caristan sont partis. J'espère qu'on se dira bonjour comme deux personnes civilisées. Avec mon nouvel entraîneur, j'espère avoir une relation agréable. Si je peux dire ce que je pense quand ça ne va pas, ça m'ira.* »

Lorsque l'on décrypte les mots, le constat est plutôt effroyable pour notre grand pédagogue. Avec Smith, Arron souhaite pouvoir communiquer et dire quand ça ne va pas. Tout cela était donc impossible avec Piasenta ? Un problème de communication peut-être ? Quel problème ? La pensée unique était devenue insupportable ?

Quoi qu'elle en dise, Christine Arron a connu avec Piasenta ce que Pérec et moi avons vécu. L'histoire n'a fait que se répéter. Lorsque Marie-Jo a quitté Pia en 1994, je l'ai appelée. C'était juste après les Championnats d'Europe en salle à Bercy. Pérec ne s'était pas présentée au départ du 200 mètres et, une fois encore, Piasenta avait magnifiquement orchestré la tempête dans la presse. Le modeste et respectueux coach ne supportait plus le comportement de la diva. Toujours la même histoire. Une fois encore, beaucoup y ont cru. Pour ma part, je savais Marie-Jo en souffrance. Je ne veux pas lui donner raison à tout prix, mais il m'a semblé évident de la rencontrer pour lui dire que je savais ce qu'elle ressentait. Nous avons donc dîné ensemble pour en discuter. J'ai eu le sentiment de faire ce que j'avais à faire. C'est une grande championne et on n'avait pas le droit de la traiter de la sorte. Ce soir-là, on a eu l'impression d'avoir vécu quelque chose de semblable. On avait été abusés, trompés et, en plus, on nous a fait passer pour les méchants.

Avec le recul, je dirais que tout le mal qui m'a été fait ressemble à une immense bombe à retardement. A l'origine pourtant, ce mal n'est pas palpable. Il faut en sortir pour prendre conscience de l'étendue des dégâts. Piasenta a su s'immiscer dans tous les domaines de ma vie privée. Prenons le simple exemple de mes études. Nous sommes en 1984 et je dois passer le baccalauréat. Parallèlement, je m'achemine vers une première sélection pour les jeux Olympiques de Los Angeles. Je prends alors rendez-vous avec le proviseur de mon lycée pour lui demander de passer mon examen (un bac D à l'époque) à la session de septembre. De cette manière, je peux préparer les Jeux sans pour autant hypothéquer mes chances de réussite au baccalauréat. Le proviseur accepte ma demande. Tout va donc pour le mieux. Le soir même à l'entraînement, je préviens Piasenta de ma démarche. Je le mets devant le fait accompli et, là... il n'accepte pas ! Il trouve mon choix ridicule et se permet de se mêler de ma vie privée en prenant à son tour contact avec mon proviseur afin de m'inscrire à la session de juin. J'avais vingt ans ! Complètement conditionné par le personnage, je n'ai pas su réagir et je me suis donc présenté en juin aux épreuves avec un gros manque de préparation. J'ai échoué lamentablement dans la première épreuve écrite et je ne suis même pas allé à la suite des examens. Je savais que j'allais être recalé. C'était fichu. Quelques mois plus tard, sans baccalauréat, Piasenta, par l'intermédiaire du service promotion de la Fédération, m'a fait entrer au service communication et publicité de la BNP qui sponsorisait alors la FFA. Je n'ai fait que suivre ce qu'il me disait de faire. A cette époque, j'aurais bien aimé me lancer dans des études de kinésithérapie. Pia en a décidé autrement.

Je l'ai déjà dit, mais je le rappelle, Piasenta décidait de tous mes rapports avec la presse. Il contrôlait tout. Il surveillait tout. Il avait son petit réseau et il faisait passer le message qu'il voulait. Tout fonctionnait comme il le souhaitait, comme il l'entendait.

Il est très dur de vivre sans un conditionnement qui vous a habité pendant seize ans. Le mal est enraciné. Il faut du temps pour tout comprendre et tout soigner. C'est ainsi que, lorsque je suis devenu entraîneur, j'étais toujours soumis à ce conditionnement, et je pensais que seule la terreur psychologique pouvait permettre de gagner. Je côtoyais alors beaucoup d'athlètes membres du groupe de Fernand Urtebise. Je trouvais cet entraîneur magnifiquement humain, mais il n'avait pas de résultats comme pouvait en avoir Piasenta. Aucun de ses athlètes n'avait gagné un titre suprême (olympique, mondial ou européen). Son groupe ne collectionnait que des places d'honneur. Jamais de victoires. Puis un jour, lors de ma formation professionnelle (prolongement logique du professorat de sport), j'ai suivi un cours sur l'importance de la relation entraîneur/athlète. J'ai alors commencé à penser que la solution à long terme ne pouvait pas être de rabaisser l'athlète. Il fallait au contraire le respecter, l'aimer. Et heureusement, Stéphane Diagana est devenu champion du monde du 400 mètres haies en 1997. L'équipe Urtebise/Diagana m'a démontré qu'on pouvait atteindre un objectif en étant « vrai ». C'est peut-être plus long mais c'est surtout différent et vraiment fantastique. Il s'agit, là, d'une véritable aventure humaine. Le respect est mutuel. La relation est authentique. Merci Fernand. Merci Stéphane.

Mon travail de coach a été et est toujours une bonne thérapie. Mes athlètes me montrent quotidiennement qu'il est possible d'avoir une relation de confiance, d'amitié même, tout en travaillant dur pour atteindre des objectifs. J'entraîne, entre autres, Vincent Clarico depuis de nombreuses années. Notre relation est fondée sur la confiance et sur un profond respect. Vincent sait très bien ce que je peux lui apporter. Parallèlement, il s'est entouré de différents spécialistes dans les domaines de la médecine, de la préparation mentale et du suivi nutritionnel, et cela ne me gêne absolument pas. Je le laisse gérer sa carrière sans m'en mêler ni diligenter quoi que ce soit. Je me contente simplement d'être son coach et donc de le conseiller, voire de l'orienter. La communication est fluide. Vincent est un ami. C'est bon. Autre exemple : j'entraîne Issa N'Theppe. Cet athlète était sélectionné avec le relais 4 fois 100 mètres aux Jeux de Sydney. Finalement, il fut remplaçant et n'a donc pas couru. En sortant du stade olympique, il a craqué et il m'est littéralement tombé dans les bras. Issa s'était préparé très dur pour ces Jeux et n'avait pas participé à la grande fête. Il s'est donc effondré en larmes. Il avait besoin de réconfort, et j'ai été très ému de pouvoir partager ce moment avec lui. J'étais tout aussi triste que lui.

Les larmes me chatouillaient les yeux. Nous avons pu faire le point sur l'avenir de sa carrière, discuter à cœur ouvert. Ce jour-là, nous avons vécu une grande aventure ensemble.

Une carrière d'athlète n'est pas faite uniquement de victoires mémorables et d'accolades viriles avec un coach qui ne recherche que l'objectif des photographes. Le groupe que j'entraîne me le démontre quotidiennement. Il existe des liens entre nous. C'est peut-être compliqué à expliquer, mais c'est la vérité. Ma nouvelle vie est plus qu'un soulagement. J'ai l'impression que tout mon corps peut enfin s'exprimer. Je suis libéré. Il y a une vie après la folie !

J'ai aujourd'hui l'intime conviction que le sport est une formidable source d'épanouissement. Pas seulement pour les sportifs de haut niveau mais pour l'ensemble de la société. Le sport à visage humain est tout simplement structurant. Reste à lui donner une véritable place dans la société.

4

Sport et pouvoir : un mariage de dupes

J'ai découvert par hasard que l'on pouvait pratiquer le sport (en loisir ou en compétition) en dehors des deux ou trois heures prévues à l'école primaire. A dix ans ! Si mon grand frère Alain ne s'était jamais lancé dans la pratique de l'athlétisme et ne m'avait donc pas entraîné dans son sillon, j'aurais sûrement dû attendre encore quelques années avant de prendre conscience que l'activité physique m'était essentielle. Aurais-je eu la carrière que j'ai eue ? Mystère...

Aujourd'hui, beaucoup d'enfants pratiquent un sport dès l'âge de cinq ou six ans. Le plus souvent dans le cadre d'activités extra-scolaires. Tout cela n'existait pas ou, tout du moins, n'était pas aussi développé il y a trente ans. C'est donc bien le hasard qui m'a mis sur le chemin de l'athlétisme. Car jamais l'école ne m'a permis de m'exprimer réellement. Même si dans la cour de récréation j'adorais courir et qu'il était d'ailleurs très difficile de m'attraper, le système scolaire ne m'a jamais offert un apprentissage ludique et sérieux du sport. Durant toutes ces années, on ne m'a proposé qu'un « défouloir » physique bien ordonné. A l'école, le sport était secondaire. C'est terrible à dire, mais je crois qu'il l'est toujours. Le sport est la dernière roue du carrosse. On préfère donner la priorité au développement intellectuel plutôt qu'au développement corporel. Comme si l'intelligence « physique » était une négation de l'intelligence « cérébrale ». Comme si la pratique physique se faisait sans avoir besoin du cerveau ! Même si l'on n'ose pas vraiment se l'avouer, le sport est considéré comme un paria. Finalement, il n'a sa place qu'à la télévision ! C'est un spectacle, un divertissement, un faux-semblant...

Dès le plus jeune âge, on montre très clairement à l'enfant que le sport est une activité tout à fait accessoire. Il n'a pas les mêmes vertus que les autres matières jugées essentielles et incontournables. Pour tout dire, le sport a une dimension optionnelle. Et, au fil du temps, cette appréciation va devenir normale, logique. Certes, le sport fait partie des programmes scolaires, mais on ne lui prête aucune propriété épanouissante. Le sport n'est pas considéré comme un mode d'apprentissage. Il vient simplement s'intégrer dans un programme généralement surchargé, et il est très souvent la première victime des problèmes de retard pris dans ce fameux calendrier infernal. On le fait passer après. Systématiquement.

« Bien dans son corps, bien dans sa tête » est une formule très connue qui ne s'adapte malheureusement pas à la scolarité française. C'est culturel chez nous : le sport n'a rien de noble. Aussi, il n'est pas étonnant de noter qu'il y a un gros problème de formation. Comme le sport est secondaire, on a fâcheusement tendance à l'oublier. Ce problème est encore plus flagrant dans les classes maternelles et primaires où le sport est généralement dispensé par les enseignants eux-mêmes. Je me souviendrai toute ma vie d'une de mes institutrices à l'école primaire qui nous faisait courir dans la cour de récréation. Je pense qu'elle faisait son métier consciencieusement. Elle y mettait du cœur et participait même avec plaisir à l'exercice puisqu'elle courait avec nous. Noble initiative... sauf qu'elle portait des chaussures de ville ! Un beau jour, le temps était humide et notre valeureuse maîtresse a glissé en s'offrant un vol plané mémorable. Cet exemple montre bien la place que l'on réserve au sport à l'école.

Heureusement, certaines villes peuvent offrir aux écoles primaires des éducateurs spécialisés. Ces derniers s'occupent des enfants dans un planning prédéfini et généralement dans un stade municipal disposant d'infrastructures appropriées. Pour ces enfants-là, c'est un moindre mal. Le sport est enseigné dans de bonnes conditions et par des enseignants qualifiés qui disposent d'un brevet d'Etat. Malheureusement, lorsque le maire ne souhaite pas ou n'a pas les moyens d'offrir ce service aux écoles de sa ville, on retombe dans les excès que j'ai connus il y a trente ans : mon institutrice et sa bonne volonté en chaussures de ville. Il faut dire également que ces professeurs (chargés des enfants dans les classes maternelles et primaires) n'ont absolument pas été formés à la pratique du sport. Ils n'ont, tout au plus, reçu que quelques brefs cours théoriques. En outre, la mise en pratique s'est faite auprès d'autres professeurs eux aussi en formation. On ne place jamais ces professeurs en situation réelle, avec des enfants de trois à dix ans qui demandent une tout autre attention que des adultes qui acceptent de se prêter au jeu de la simulation pendant une dizaine de minutes. On préfère jeter ces jeunes professeurs dans le grand bain sans leur avoir laissé le temps d'appréhender les besoins physiques des jeunes enfants. La formation à l'enseignement sportif est bâclée, alors que les enfants qui rentrent en classes primaires traversent une période clé de leur existence. En effet, à cet âge-là, l'enfant dispose d'une grande capacité d'apprentissage tant sur le plan intellectuel que sur le plan psychomoteur. Son corps évolue continuellement avec la croissance, et le sport est ici essentiel pour adapter sa coordination à sa motricité. Encore une fois : la capacité d'apprentissage est énorme. Il ne faut surtout pas le nier. Un enfant de cet âge peut apprendre des gestes techniques très importants bien plus facilement qu'à treize, quatorze ou quinze ans. Je crois que c'est une période fondamentale de l'éveil psychomoteur. L'apprentissage sportif doit se faire à ce stade-là.

J'ai pris conscience de tout cela au cours de ma carrière sportive. Le corps n'est pas assez respecté. On l'a oublié. J'ai aujourd'hui deux enfants, et ils éprouvent, comme tous les autres enfants, la nécessité physique de se dépenser. Deux petites récréations quotidiennes de quinze minutes ne suffisent pas à assouvir cette nécessité, cette faim. Lorsque je suis avec eux, nous consacrons beaucoup de temps à leur activité physique. Nous jouons à la « bagarre » et nous dansons très souvent à la maison pour laisser également leur corps s'exprimer en musique. Mathis, l'aîné, huit ans, ressent plus le besoin de lire que son frère de six ans, Millian, mais, ensemble ils se dépensent beaucoup lorsque nous allons aux entraînements des athlètes dont je m'occupe sur le pôle de l'INSEP. Enfin, ils vont au sport (en association sportive) deux fois par semaine. Je crois que c'est essentiel à leur équilibre. Mais ça, malheureusement, ils ne peuvent pas le retrouver dans leurs écoles maternelle et primaire. Et puis, parce que mes deux enfants sont différents, leurs besoins le sont aussi. Pas de chance pour eux : l'enseignement est le même pour tout le monde !

Le plus terrible reste que l'athlétisme, le sport olympique numéro un, n'a pas du tout sa place à l'école. L'athlétisme demeure une discipline assez complexe, et les rares approches consistent à demander aux enfants de lancer des balles de tennis pour voir qui la lance le plus loin. *Idem* pour la course. On trace un trait et, au coup de sifflet, on observe qui va couper la ligne en premier. Or, l'athlétisme ne peut pas se résumer à ces semblants d'exercice. Ça reste une discipline technique. Sauter correctement s'apprend. Courir en ayant une bonne attitude s'apprend. Et les professeurs des écoles n'ont généralement pas reçu la formation adéquate pour transmettre de telles connaissances. Il est bien sûr plus facile de laisser les enfants jouer au ballon. Tout le monde connaît grosso modo le principe et les règles de base du football. Le professeur peut alors se contenter de rester sur le bord du terrain et de siffler pour sanctionner de temps en temps les éventuels croche-pattes. C'est l'école moderne. Tout va pour le mieux. Les enfants ont une activité physique puisqu'ils courent après un ballon. Tout le monde est content. J'exagère, mais à peine. Dans ces conditions, je reconnais que l'athlétisme n'a pas vraiment sa place : il est beaucoup trop technique et complexe à enseigner. Or, il reste le sport de référence de tous les autres sports puisqu'il en est la base. Maîtriser cette base (les fondamentaux, à savoir la gestuelle pour courir « juste », lancer « juste » et sauter « juste ») permettrait à tout individu de s'adapter et d'apprendre un autre sport (la plupart d'entre eux sont des variations de l'athlétisme sous forme de jeux pratiqués le plus souvent avec une balle ou un ballon). Mais, encore une fois, tout cela doit être enseigné. L'Education nationale n'a-t-elle pas cette vocation-là ?

Pour justifier cette carence, d'aucuns vont sûrement évoquer le problème des moyens financiers dont souffrent certaines écoles qui ne peuvent pas s'offrir les équipements dont elles rêveraient. Je crois qu'il s'agit là de faux prétextes. En fait, on ne veut tout simplement pas se donner les moyens. A l'origine de tout cela, il n'y a pas l'envie. Le sport est un art décidément mineur. Dommage.

Pour ce qui est de l'enseignement secondaire, il est vrai qu'il y a eu quelques progrès. Désormais, le professeur d'éducation physique et sportive est un peu mieux considéré. Il peut aujourd'hui devenir professeur principal d'une classe. C'est déjà ça. Il a donc la possibilité d'intervenir dans l'orientation d'un élève. Il a son mot à dire. Son rôle n'est plus cantonné à celui du sympathique professeur de gym en fin de conseil de classe que l'on écoute pour se donner bonne conscience. C'est un plus indéniable. Mais, au bout du compte, cela ressemble tout de même à de la poudre aux yeux. On cherche à calmer les professeurs d'EPS en leur accordant quelques petites avancées, mais les vrais problèmes demeurent : les trois heures de sport hebdomadaires font souvent les frais d'examens de mathématiques ou de français indispensables. Le sport doit alors laisser la place. On reste dans une logique où il est secondaire. Finalement, chacun doit sagement tenir son rang. Le professeur d'EPS, même s'il est parallèlement professeur principal, n'aura jamais la même influence que ses collègues et néanmoins amis, professeurs de mathématiques ou de physique.

Si, depuis une quinzaine d'années, le sport a pris une autre dimension grâce aux formidables résultats des équipes professionnelles, il n'a pas pour autant évolué dans les mentalités. Son aspect commercial s'est fortement développé mais il n'est jamais devenu un élément essentiel de la vie française. Si certains ont vite compris le côté lucratif que le sport pouvait avoir (le développement des complexes sportifs a eu lieu avant même le développement des multiplexes cinéma !), personne n'a pris conscience qu'il était un facteur majeur d'épanouissement. Les médias utilisent le sport, diffusent beaucoup de sport, mais notre éducation n'a pas du tout intégré l'idée et la philosophie du sport.

Par ailleurs, il est assez croustillant de noter que notre pays a toujours combattu la sélection scolaire tout en en instaurant une de fait. En effet, les élèves scientifiques ont toujours été considérés meilleurs que les élèves littéraires. C'est comme une sorte de loi naturelle. Le scientifique occupe le haut du panier. Le littéraire doit se contenter des places du fond. Tu es scientifique ? Alors, l'avenir t'appartient ! Tu es littéraire ? Alors tu devras te battre un peu plus pour t'imposer. Après, on verra ! Quant aux élèves sportifs, ils sont carrément les idiots du village. Il faut les excuser : ils n'ont pas réussi à l'école ! J'ai eu la chance de ne pas trop vivre cette situation puisque, très vite, mes résultats m'ont donné une certaine renommée au sein de mon lycée Saint-Exupéry à Créteil. Et donc, étant celui dont on « parlait », on ne pouvait pas (on n'osait pas ?) me traiter comme un moins que rien. Maintenant, je dois reconnaître que, si j'avais continué à faire du sport à un haut niveau sans pour autant atteindre la première place nationale puis internationale, j'aurais certainement eu droit à un tout autre traitement. Je serais resté un petit sportif condamné au bas de l'échelle. Et comme, en sport, les places de numéro un sont rares (pour ne pas dire uniques !), le « sportif » doit souvent encaisser les commentaires acerbes d'enseignants isolés dans leur bulle artificielle ou d'élèves bien conditionnés par le moule éducatif. En fait, le système éducatif, qui se veut ouvert à tous, crée de dangereuses inégalités.

Tout cela est bien dommage car le sport apporte une connaissance très importante de son corps. Il permet de définir son potentiel physique afin de mieux appréhender les différentes difficultés liées à un exercice. Ainsi, il permet par exemple de développer les capacités d'adaptation. Il est également très utile sur le plan émotionnel. Il permet, en effet, de ressentir la fameuse peur de gagner ou de perdre, de comprendre l'accélération du rythme cardiaque à l'approche d'un événement important, ou bien encore d'expliquer une sudation excessive liée au stress. Le sport amène à prendre conscience de la complexité du corps humain. Le corps nous parle. Le sport « l'entend ». Bien se connaître est quelque chose de fondamental. L'Education nationale ne semble pas l'avoir entendu. Savoir sentir son corps est un avantage considérable. Analyser son propre fonctionnement devient, avec le temps, un trésor inestimable. Cela permet de réagir, de s'adapter, et même de prévenir d'éventuels ennuis de santé. Il est important d'appréhender le lien direct qui existe entre la connaissance corporelle et le développement intellectuel.

Cela étant, le sport n'est un « plus » que s'il est bien pratiqué. Le corps n'est pas une machine dont on change une pièce lorsqu'elle ne fonctionne plus. Il est donc très utile de savoir pourquoi son corps réagit de telle ou telle façon. Cette connaissance est utile pour tout le monde. Pas uniquement pour un sportif de haut niveau. Savoir écouter son corps donne un équilibre supplémentaire incroyable. Malheureusement, cela n'est pas du tout enseigné. D'ailleurs, le sport n'est pas enseigné mais « dispensé » ! La nuance est subtile. On fait faire du sport aux enfants pour remplir une case, pour se donner bonne conscience. Mais il n'y a aucune préparation. On apprend ainsi très rarement l'importance de l'échauffement avant un effort. Préparer le cœur, préparer les muscles, préparer les articulations, c'est capital ! Un enfant est parfaitement en mesure de comprendre tout cela si l'on prend le temps bien sûr de lui expliquer et surtout de lui réexpliquer régulièrement l'importance de ces petits exercices avant l'effort proprement dit. De même, après l'effort, il n'y a aucune place pour la récupération.

Prenons un exemple que vous connaissez bien : vous ! Après une activité sportive, vous avez déjà sûrement ressenti (le soir ou le lendemain) des douleurs sans pouvoir réellement les expliquer. Il s'agissait tout simplement de contractures (contraction excessive du muscle qui ne revient pas à sa position initiale de repos) et (ou) de courbatures (déchets organiques fabriqués durant l'effort qui ne sont pas éliminés et qui stagnent dans les muscles). Ces deux symptômes signalent un problème évident de récupération. Cette dernière peut s'effectuer sous deux formes : un léger footing à allure modérée pour éliminer les courbatures et (ou) des étirements qui permettent de redonner au muscle souplesse et élasticité.

Le travail de la souplesse est d'autant plus important chez le jeune enfant qu'elle devient plus difficile à obtenir avec la croissance et l'arrivée de l'adolescence. Tout cela n'est pas enseigné. Et quand ça l'est, ce n'est pas expliqué. Quel dommage ! Quel dommage que le corps de nos enfants soit si mal considéré. Car si les statistiques démontrent que les jeunes Français font plus de sport qu'avant (grâce au développement des activités extra-scolaires), il y a de plus en plus de blessures. Elles ne sont souvent pas très graves (fatigue physique, tendinites, élongation...) mais elles traduisent généralement un problème de méconnaissance du corps qui amène un jeune à ne pas s'échauffer avant de démarrer une compétition ou à ne pas consacrer un quart d'heure de stretching après un effort pour soulager son organisme. Trop souvent, l'école permet aux enfants d'avoir une activité sportive sans comprendre ce qu'ils font. « Allez, on se défoule ! Dépensez-vous bien sans réfléchir avant de vous consacrer aux matières nobles qui vont demander un véritable effort intellectuel. »

Tout cela a des répercussions. Même chez certains

athlètes de haut niveau à qui l'on n'a jamais appris l'importance de l'échauffement ou des étirements. Par conséquent, ils se blessent parfois sans savoir pourquoi. Les claquages tombent du ciel. Les tendinites apparaissent dans le plus grand mystère. Il leur faut souvent de nombreuses années avant de corriger des comportements où le corps n'est pas respecté, et qui aboutissent à des accidents. En France, l'Education nationale produit des enseignants afin de développer l'aspect intellectuel de l'être humain mais certainement pas son aspect physique.

Malgré tout, il y a quelques illuminés qui, comme moi, ont voulu ou souhaitent persévérer. C'est un peu une philosophie : vivre le sport au quotidien. Si vous êtes un sportif de haut niveau (donc, membre de l'élite nationale dans votre discipline), des possibilités scolaires et universitaires existent, disons-le. Désormais, un athlète peut « vivre » sa carrière d'athlète tout en suivant un cursus universitaire adapté. Ce cursus est absolument identique à celui des autres étudiants. Il impose les mêmes examens et donne droit aux mêmes diplômes. A la seule différence, pour un athlète, qu'une année classique va être étalée sur deux ou trois ans afin de lui permettre de mener de front études et carrière de haut niveau. Lorsque cette carrière est terminée, l'athlète jouit généralement d'un bagage universitaire qui lui permet de se présenter sur le marché du travail avec des atouts non négligeables. C'est un énorme progrès. Il y a encore trente ans, un sportif n'avait pas cette possibilité et se retrouvait souvent à trente-cinq ans sans aucun bagage si ce n'est une valise pleine de médailles qu'il était bien souvent très difficile de monnayer sur le marché du travail (un ex-champion sans expérience professionnelle et avec un CV inexistant n'intéresse généralement plus personne !).

Maintenant, reconnaissons que les athlètes de haut niveau ne sont pas nombreux. Tout le monde n'a pas le talent pour courir le 100 mètres en moins de 10,50 secondes. Ces personnages d'exception ont la chance de bénéficier d'un système aménagé. C'est très bien mais le sport ne devrait pas être uniquement réservé à cette élite talentueuse. Chaque personne qui le souhaite devrait pouvoir s'épanouir dans la pratique sportive. Malheureusement, un étudiant en université qui souhaite prendre du plaisir régulièrement dans une activité sportive aura bien du mal à trouver le temps nécessaire. Il devra rogner sur ses très rares moments de temps libre pour trouver quelques heures à consacrer à l'entraînement. C'est un peu le grand mal du sport français : soit vous êtes un champion dans une discipline reconnue (il y a même une sélection dans le sport entre les disciplines riches et les autres !) et tout est fait de telle sorte que vous puissiez vous épanouir aussi bien physiquement qu'intellectuellement, soit vous aimez simplement le sport sans pour autant vouloir en faire votre activité principale, et vous prenez conscience alors très vite que le sport est une activité bel et bien secondaire dans notre beau pays.

Après un tel constat (pour le moins amer !), on va forcément me demander quelles seraient mes solutions. J'ai retrouvé une de mes déclarations faites à la presse en 1986 : « *Il y a l'éternel problème du sport à l'école : une heure de gymnastique entre les maths et la géographie, ce n'est peut-être pas le meilleur système. D'autres pays en Europe ont réussi l'aménagement des horaires pour le sport à l'école, pourquoi pas nous ? Ce serait bien, à tout point de vue, de consacrer les lundis, mercredis et vendredis après-midi exclusivement au sport.* »

Je pense aujourd'hui avoir évolué, et ma position, quinze ans après, n'est plus aussi tranchée. Notre pays n'a connu qu'une seule révolution et je ne pense pas qu'il en connaisse d'autres. Nous avons une histoire, un long passé. On ne pourra jamais changer les mentalités en six mois. Ni même en dix ans. Il va falloir du temps. Beaucoup de temps.

On nous cite souvent l'exemple allemand qui a su aménager ses rythmes scolaires pour coller au rythme biologique de l'enfant. Ce dernier étudie ainsi les matières générales très tôt le matin, et ce, jusqu'à la pause du déjeuner. Quant aux après-midi, elles sont exclusivement consacrées aux activités physiques et artistiques. On pourrait également parler des Américains qui ont véritablement intégré le sport dans leur culture (une culture qui n'a réellement que deux cents ans d'existence !). Au pays de l'Oncle Sam, on se transmet de génération en génération des places en tribune pour suivre toute la saison à domicile d'une équipe de football américain ou de basket-ball. C'est un spectacle auquel on vient en famille. Aux Etats-Unis, le sport est une forme d'exemple. Il a une place évidente. Dans les universités, on recherche les meilleurs footballeurs ou basketteurs pour renforcer les équipes. C'est généralement la première étape avant l'entrée dans le professionnalisme. Les campus sont complètement ouverts au sport. C'est une grande fierté. Chaque équipe universitaire jouit ainsi d'une véritable renommée dans sa région. Les supporters viennent nombreux assister aux matchs à domicile. Les journaux locaux relatent en détail toutes les journées de championnat. Les grandes chaînes de télévision diffusent même les phases finales en direct. Dans ce pays, le sport a parfaitement réussi son intégration. Cela fait rêver, mais nous ne pouvons pas copier cet exemple puisque nous ne sommes pas les Etats-Unis ! Ce serait grotesque ! Nous sommes trop différents. Il n'est pas question non plus de copier l'exemple allemand puisque, là encore, le sport a une place privilégiée. Ce n'est pas le cas chez nous.

Nous devons accepter notre culture française et chercher progressivement à faire évoluer les choses. La révolution sportive est impossible... pour le moment.

Revenons à l'exemple allemand : dans notre pays, de nombreux hommes politiques ont émis le souhait de voir ce système se substituer au système français. Des sondages montrent même qu'une majorité de familles françaises y serait favorable. Maintenant, mettez cette mesure en place et je crois bien que cette même majorité aura peur. Notre éducation nous a habitués à une certaine forme de hiérarchisation. Les notes sont là pour différencier les élèves, et les matières enseignées sont plus ou moins importantes. Malgré nous, nous avons été élevés avec ce précepte, et il est très difficile de s'en débarrasser. Si, demain, vous annoncez à ces familles favorables au changement de rythme scolaire que, désormais, toutes les matières auront la même importance, vous allez sérieusement les déstabiliser. Annoncez-leur avec un grand sourire convaincu que, désormais, leurs enfants passeront toutes leurs après-midi à faire du sport, de la musique ou des arts plastiques, je crois que de nombreux visages vont se crisper. Plus de mathématiques ou de géographie l'après-midi ? Les familles françaises vont se poser de sacrées questions. Est-ce qu'avec ce nouveau système mon enfant aura les mêmes armes pour se faire une place dans la société ? La remise en cause serait énorme. Inconsciemment, beaucoup de parents préfèrent encore que leur enfant dorme l'après-midi pendant le cours de sciences naturelles que de le savoir en train de courir sur une piste d'athlétisme. C'est rassurant. Le système fonctionne ainsi depuis Charlemagne. On ne le changera pas d'un simple coup de baguette magique. « Une réforme, monsieur le Président ? Non, une révolution ! »

Adhérer à un tel système sur le plan national me semble pour l'instant utopique. Il y a bien quelques lycées « pilotes », mais ils restent « pilotes ». Ce serait trop violent de tout remettre en question. L'intellect garde le pouvoir, tous les pouvoirs. Et cela peut donner des complexes. Je ne me cache pas de vouer une certaine admiration aux gens cultivés... Ils ont des connaissances auxquelles je n'ai pas eu accès. J'ai choisi de m'exprimer physiquement, et le conditionnement de l'éducation en France fait que je me sens, en quelque sorte, « inférieur » à ceux qui ont reçu un enseignement scientifique ou littéraire. C'est ancré en moi : le sportif est relégué en bas de la hiérarchie. C'est peut-être ridicule, mais notre société fonctionne ainsi. Même si j'ai appris beaucoup à travers le sport, je suis comme les autres, marqué par cette croyance nationale qui dit, à l'inverse de Montaigne, qu'il vaut mieux une tête bien pleine qu'une tête bien faite. Les gens cultivés demeurent pour moi le modèle.

Même en temps qu'éducateur, j'ai du mal à me départir de ce mode de pensée que l'on m'a inculqué. J'ai vécu quelque chose de différent, j'ai prouvé que c'était possible, mais, lorsqu'un athlète est confronté à un problème universitaire, j'ai tendance à lui conseiller de privilégier ses études. C'est assez fou mais c'est comme ça. En début d'année, j'ai ainsi perdu deux athlètes : Julien M'Voutoukoulou et Dado Kamissoko. Julien, troisième sur le 110 mètres haies aux derniers Championnats de France juniors, m'a confié que le système d'études français ne lui convenait pas. Un ami lui avait vanté le système américain et Julien se disait très attiré. J'aurais pu lui conseiller de rester en France pour se concentrer sur l'athlétisme car il avait des qualités indéniables mais je n'ai pas osé. J'ai eu peur pour lui alors que je n'ai jamais eu peur pour moi. Je lui ai donc conseillé, à mon tour, de tenter l'aventure universitaire aux Etats-Unis. Je ne sais pas si ma voix a été déterminante. En tout cas, il est parti avec une autre athlète, sa compagne Dado Kamissoko, plusieurs fois championne de France sur 200 et 400 mètres, aussi bien en salle qu'en plein air. L'athlétisme français a peut-être perdu deux grands champions. J'y ai contribué, je l'avoue. Encore une fois, j'ai eu peur. J'ai réagi comme la plupart d'entre nous. « Le sport n'est pas une solution d'avenir ! Il ne peut rien t'apporter ! »

Je pense tout le contraire mais c'est tout de même ce que je leur ai dit. Le système est assez dur avec les sportifs. Pour réussir dans le sport puis s'intégrer ensuite socialement (à l'image de Jean-Claude Killy, Hubert Auriol ou de Bernard Hinault), il faut être un homme d'exception. Etre un athlète de haut niveau ne suffit pas — c'est un peu ridicule car je dois avouer que, grâce au sport, j'ai acquis une certaine culture générale alors que je n'y aurais pas eu accès dans le système d'éducation classique.

Il est clair que nous allons avoir besoin de temps. C'est

pour cela qu'il ne faut surtout pas chercher à copier un quelconque modèle sans réfléchir. Nous devons évoluer grâce à des changements fréquents... mais à doses homéopathiques. Certainement pas avec des bouleversements radicaux. D'ailleurs, il n'y a pas que la place du sport à l'école qui demande à être revue. C'est, je crois, tout le système éducatif qu'il faut réétudier. On se bat pour faire croire qu'il n'y a pas de sélection alors qu'on fait tout le contraire. Ainsi, on classe les élèves. Cela rassure les parents de savoir que leur enfant se situe dans le premier tiers ou la première moitié de la classe. Mais on ne s'est jamais posé la question de savoir comment allait réagir l'enfant qui occupait la vingt-neuvième place dans une classe de trente élèves. A force d'être systématiquement comparé aux autres, il va forcément développer un complexe d'infériorité. Quoi de plus normal ! Il finira même par vivre ce classement, qui ne veut absolument rien dire, comme un véritable boulet. Pendant très longtemps, il se sentira avant-dernier. Un vrai loser. Difficile, je vous l'accorde, de développer un brin de confiance en soi avec un tel système.

Encore une fois : ce système scolaire ne m'a pas du tout convenu. En classe primaire, j'occupais toujours l'une des cinq premières places et j'avais donc une forme de reconnaissance. Puis j'ai découvert la pratique du sport et l'épanouissement qui allait avec. J'ai alors rétrogradé dans la « hiérarchie » scolaire pour me retrouver dans le ventre mou de ma classe au collège. Après quoi, j'ai choisi le sport de haut niveau, ce qui m'a ouvert les portes, durant quelque temps, du club des « sportifs » (comprenez les incultes). Sauf que j'étais en train d'apprendre quelque chose que l'Education nationale n'enseigne pas : la connaissance de soi ! Désormais, j'étais classé en fonction d'un référentiel objectif : le chronographe ou le décamètre. En fait, je pouvais juger, par moi-même, de mes acquis, de mes progrès. Le sport permet un formidable travail sur soi. Pour finir, j'ai atteint les sommets sportifs et cela m'a offert une reconnaissance qui n'avait plus rien à voir avec le système scolaire. On ne me jugeait plus parce que j'étais troisième ou dernier de ma classe, mais on saluait mes progrès chronométriques sur le 110 mètres haies. Je n'avais plus qu'un seul repère : le mien ! Je me suis épanoui dans la découverte de mon corps, dans les gestes techniques, dans les règles de l'athlétisme... Je me suis sociabilisé à travers le sport. Le but en soi n'était pas d'être forcément le meilleur mais de se faire plaisir. Je participais, il est vrai, à des compétitions où l'on pouvait me comparer aux autres, mais la raison première de l'athlétisme était et reste de se comparer à soi-même. L'inverse de l'école. L'école cherche avant tout à classer les enfants, à les faire rentrer dans un système de fonctionnement et de rivalité qui n'a pas changé depuis des siècles. Quelques rares professeurs ont mis en place des centres éducatifs où l'on ne note plus les élèves. On ne les compare plus qu'à eux-mêmes. Encore une fois, ces pédagogues-là font peur. Ils passent pour de dangereux révolutionnaires. On préfère continuer à classer les enfants. A les casser ?...

L'Education nationale est comme la Fédération française d'athlétisme : il y a urgence à y placer des gens compétents aux postes importants. Le sport (et plus particulièrement l'athlétisme) doit être reconnu comme une discipline enrichissante aussi bien sur le plan physique qu'intellectuel. Le sport est une émotion, et il est important de savoir la ressentir. D'autres se sont « trouvés » dans la musique, la peinture ou la sculpture. Ont-ils découvert ces voies par l'intermédiaire de l'école ? Je ne le pense pas. L'Education nationale doit se remettre en cause. Le système n'est pas performant puisqu'il ne permet pas à l'individu qui ne se reconnaît pas dans les schémas classiques de trouver son équilibre, de tracer son propre chemin. Il faut en finir avec le système des deux moules : celui du scientifique et celui du littéraire. Cela ne veut rien dire. Chaque enfant a des qualités propres, et la mission de l'Education nationale est d'aider ces enfants à les révéler. Ni plus ni moins. L'enfant ne doit plus être au service de l'Education nationale. C'est l'Education nationale qui doit servir l'enfant. « Une réforme, monsieur le Président ? Non, une révolution ! »

On en arrive au curieux mariage entre le sport et la politique. Lorsque l'on sait que nous sommes gouvernés à 95 pour cent par des énarques, on comprend mieux pourquoi le sport a une place aussi faible dans notre société. Avec l'ENA, nous avons l'exemple type du moule de pensée. Cette école élitiste forme nos esprits soi-disant les plus brillants. On leur apprend un mode de fonctionnement unique et très vite on les déconnecte de la société, de la base, de la réalité. Puisque là prédomine l'intellect sur le physique, il n'est pas surprenant que les énarques, parvenus au pouvoir, mettent leurs priorités ailleurs.

Prenons le simple exemple du budget du ministère de la Jeunesse et des Sports : près de trois milliards et demi de francs. La somme peut paraître énorme mais elle est d'un montant bien dérisoire au regard de toutes les missions à mener. Cela impose donc des choix. Ainsi, le ministère de Marie-George Buffet a choisi de concentrer ses efforts et son action sur deux axes principaux : les femmes et le sport, d'une part, la lutte contre le dopage, d'autre part. Je trouve ça très bien. La lutte contre le dopage me passionne, et je suis assez fier que notre nation refuse cette dérive dangereuse du sport de haut niveau. Toutefois, la faiblesse des moyens empêche de mener d'autres combats. C'est dommage. Marie-George Buffet, tout comme ses prédécesseurs d'ailleurs, est obligée de faire des choix.

Je crois que le budget des sports en France est à la hauteur de la considération que notre élite politique a pour lui. Dans notre beau pays, la culture dispose d'un budget d'environ 1 pour cent du budget total de l'Etat. L'Education nationale engloutit plus d'un quart du budget français. Et le sport ? Moins de 0,3 pour cent ! Une goutte d'eau. Encore une fois, ce n'est pas en multipliant le montant du portefeuille de la Jeunesse et des Sports par dix que tout va s'arranger. Les obstacles culturels malheureusement demeurent. L'état d'esprit doit changer. Il faut en finir avec cette ségrégation ridicule.

Se pose également le problème des hommes et des femmes politiques qui sont appelés à mener la petite barque de la Jeunesse et des Sports. Je crois que la plupart de ces hommes et de ces femmes sont compétents. Ils ont des qualités qui leur permettent de remplir leurs missions. Malheureusement, on leur conseille avant tout de satisfaire le plus grand nombre afin de ne pas entacher la cote de popularité du gouvernement. Les mesures réformatrices sont donc rares, le plus important étant de laisser une trace. Sa trace ! Avec si possible une loi portant son nom, inscrite en gros sur les dossiers de presse. OK. Pourquoi pas ? Tout cela a généralement demandé deux à trois ans de travail et de l'argent. La mise en place effective du projet va encore nécessiter un à deux ans. Mais là où les choses se gâtent, c'est pour les dossiers ou les chantiers mis en place par le prédécesseur qui se retrouvent dans d'immenses armoires au sous-sol du ministère et tombent dans l'oubli. A chaque changement de ministère, tout est remis en cause. On ne cherche pas à construire dans la continuité. Jamais. C'est assez navrant. Chaque ministre en place veut pouvoir dire : « Voilà ce que j'ai fait pendant ces deux, trois ou cinq années passées au ministère. »

Les mesures engagées par le prédécesseur ont coûté de l'argent à la France (donc à vous et à moi), mais elles ne verront jamais le jour. C'est le jeu politique qui veut ça. L'orgueil est immense, mais les actions concrètes sont vite freinées par les durées de vie de plus en plus courtes des gouvernements.

Pourtant, le sport devrait être complètement apolitique. A partir des années 60, il a servi, par exemple, la cause de l'idéologie communiste dans les pays d'Europe de l'Est. On a vu les conséquences terribles de tout cela : un certain nombre de sportifs dopés à leur insu et à forte dose, pour satisfaire les exigences d'un parti. Beaucoup ont fini malades et complètement abandonnés. D'autres n'ont pas encore développé de maladies particulières mais ont donné naissance à des enfants anormaux. Le sport ne doit plus revivre ces horreurs. A mes yeux, il n'a pas de frontière et il n'aurait jamais dû en avoir. Le sport est un échange, un épanouissement, une connaissance. Il devrait donc être à l'écart du petit jeu hypocrite de la politique et des politiciens. Lors de la présentation du dernier budget français des sports à l'Assemblée nationale, fin 2000, un député a lancé à Marie-George Buffet : « *Je veux dire tout le mal que je pense de votre budget et tout le bien que je pense de vos ambitions.* »

C'est souvent ça, la politique : on peut se lancer de bons mots sans s'occuper véritablement des maux... En l'occurrence, le sport français a un problème de moyens et d'identité, mais on continue à s'affronter avec des épées mouchetées. C'est assez incroyable. Le temps passe. Le temps presse.

Malgré tout, certaines mesures ont marqué les quinze dernières années. C'est la preuve que le sport réussit tout de même à avancer, même si le processus politique et administratif le freine fortement. La loi Edwige Avice a ainsi permis à des athlètes de haut niveau d'intégrer le monde professionnel grâce à des horaires aménagés. Le ministère a aidé les entreprises qui avaient recruté ces athlètes. Ces derniers étaient embauchés à mi-temps mais disposaient d'un salaire à plein temps grâce à l'aide financière fournie aux entreprises par le ministère.

Le ministère de la Jeunesse et des Sports a également permis, sous l'égide de Frédérique Bredin, la mise en place d'équipements de proximité (comme le street basket, le basket de rue). Depuis le début des années 70, une sorte de gouffre s'est installé entre les jeunes et le monde des adultes. Et je crois que ces équipements ont permis, en partie, à ces jeunes de se sentir un peu moins isolés. Autre initiative intéressante : celle de Guy Drut avec son opération VVV (Ville Vie Vacances) qui a offert à des adolescents de banlieue de partir en vacances et de côtoyer d'autres univers.

Il y a donc bien eu des mesures (je ne peux pas toutes les citer) qui ont eu des effets concrets et je ne peux que m'en réjouir. Trop peu, malheureusement, ont eu la chance d'être menées à bien.

Je me demande souvent s'il existe une personne idéale pour prendre en main le ministère de la Jeunesse et des Sports et son bien maigre budget. J'essaie parfois d'établir son portrait-robot. Je crois que cette personne devrait d'abord être apolitique. Ce serait la première condition. Dès le départ, on touche au domaine de la science-fiction. Car toute personne acceptant le portefeuille des Sports doit forcément adhérer, à la base, au projet global du gouvernement mis en place. La politique est ainsi faite. Rêver d'un ministre des Sports apolitique est donc un doux songe mais constitue, en réalité, une terrible utopie. Cela étant, ce serait l'idéal. Cet homme ou cette femme arriverait avec une mission très simple : développer le sport en France. Pour le reste, cette divine personne demeurerait étrangère à toute décision gouvernementale. Elle ne se mêlerait de rien d'autre. Elle ne travaillerait que pour le bien du sport. Tout le sport.

Par ailleurs, je crois qu'il serait bon que ce ministre idéal ait déjà pratiqué le sport, au moins à un bon niveau. Lorsqu'on a pratiqué le sport à un certain niveau, on comprend mieux, par exemple, l'importance que peuvent avoir les relations entre un athlète et son coach. Ce n'est pas en offrant le meilleur technicien du monde au meilleur athlète du monde que les résultats seront forcément les meilleurs. Le sport est une alchimie physique et humaine finalement très complexe. Si on ne l'a pas « vécu », il est très difficile de ressentir tout cela. On ne peut pas anticiper les problèmes. En tout cas, il faut du temps, et généralement, en politique, le temps est compté.

Enfin, je crois que ce ministre idéal doit avoir une formidable capacité d'ouverture. Le sport ne doit surtout pas se gérer avec des œillères. On a vu qu'en politique les idéologies ne voulaient plus dire grand-chose. Désormais, chaque gouvernement fait plus ou moins la même politique, à quelques détails près. Seul le paquet cadeau n'est pas de la même couleur. Il ne faut plus rentrer dans des querelles partisanes et accepter les bonnes idées de gauche comme de droite. Le sport a besoin de gens compétents, connaisseurs et très ouverts. Bonjour, l'utopie !...

Au bout du compte, on nous fait de belles phrases. On

nous annonce de grandes choses mais rien ne change. Prenons l'exemple des banlieues. Bien des responsables ont vanté les mérites du sport pour favoriser l'insertion dans la société. Très bien. C'est banal et évident mais c'est très bien. Or, sur le terrain, il ne se passe rien ou presque. Tout simplement parce que les banlieues ne rapportent rien. On considère les zones sensibles comme un très lourd investissement. Le coût est élevé (si l'on veut vraiment installer des moyens en matériel et en hommes) mais les dividendes sont trop faibles pour que les politiques se lancent franchement dans l'aventure. En bulletins de vote, cela ne rapportera rien. Il y a désormais un trop gros décalage. Résultat : on ne procède qu'à de légers saupoudrages. Histoire de calmer les ardeurs et de bien dormir la nuit en se disant qu'on a fait ce qu'il y avait à faire.

C'est dommage car je suis convaincu que la pratique d'activités aussi bien sportives qu'artistiques peut calmer la violence de certains. On l'a bien vu avec le rap. C'est une forme d'expression qui permet à des jeunes de dire des choses, de faire passer un message. C'est malheureusement, pour l'instant, la seule façon d'exprimer le mal des banlieues. Le sport constitue également une forme d'expression que l'on nie complètement. Une fois encore, les hommes politiques considèrent, sans l'avouer, que c'est un investissement sans retour. Les populations des banlieues coûtent assez d'argent en cotisations sociales, et je crois que nos responsables politiques n'ont pas envie d'en faire plus. La situation actuelle leur convient. Nos élus vivent dans une société figée qui les rassure. Elle correspond à l'image du pays qu'ils ont apprise. Il y a les élites (c'est-à-dire eux), en dessous, on retrouve la masse dont on s'occupe surtout en période électorale (les promesses font alors rêver !), et, enfin, il y a cette dernière catégorie que notre élite dirigeante considère comme des exclus. Ces exclus, vivant en zones sensibles, qui n'ont généralement pas les moyens de réussir sur le plan scolaire et qui ne présentent donc pas un grand « intérêt ».

J'ai eu l'occasion de faire un travail très intéressant à

la prison de Fleury-Mérogis. J'y suis allé une première fois pour rencontrer les éducateurs sportifs du centre pénitencier et discuter avec eux des vertus du sport. Cette première expérience ne m'a pas véritablement confronté au milieu carcéral puisque je n'ai rencontré, ce jour-là, que des éducateurs, et nous étions dans une annexe de la prison. Je n'ai donc pas pu mesurer toute la dimension terrifiante de l'enfermement. Cela étant, j'ai découvert des hommes confrontés quotidiennement à des prisonniers souvent brisés psychologiquement, dont le sentiment est d'avoir été littéralement rejetés par l'ensemble de la société. C'était vraiment très intéressant de discuter avec ces éducateurs. J'ai pu comprendre la place primordiale que pouvait occuper le sport dans la vie de nos détenus. Il leur permet souvent d'éviter les fortes déprimes, voire de glisser progressivement dans la folie. Le sport étant avant tout fondé sur les rapports humains, il permet aux détenus de rester en contact avec « l'humanité ». Cet échange avec les éducateurs m'a beaucoup touché. J'ai pu leur faire part de mon expérience et ce fut pour moi très valorisant. Il est bon aussi de donner.

Quelque temps plus tard, je suis retourné à Fleury-Mérogis, cette fois-ci, à la demande de détenus. Le service vidéo de l'administration pénitentiaire française souhaitait réaliser un film sur les mérites du sport en milieu carcéral, et j'ai donc été amené à côtoyer, ce jour-là, le milieu de la prison. Le vrai. Je crois que j'en garderai le souvenir toute ma vie. Les formalités d'admission furent très longues et cela nécessita de nombreux contrôles. Puis la valse des lourdes portes blindées commença. Il y avait des barreaux partout. Le sol était plat et l'éclairage, bien que normal, me donnait l'impression de pénétrer dans une sorte de gorge sombre et profonde. D'un seul coup, j'avais changé de monde, de planète. J'étais ailleurs. Ailleurs et nulle part à la fois. Quand enfin j'ai pu atteindre le studio de fortune qui avait été installé dans une salle près d'une cellule, j'ai retrouvé un médecin qui devait participer au film avec moi, et surtout des détenus. Ils m'ont posé des tas de questions. Sur le dopage, sur l'hygiène de vie, sur l'entraînement... Je pense avoir répondu à toutes leurs interrogations. C'était très fort. Très intense. J'ai rencontré, ce jour-là, des êtres humains pour qui le sport était un moyen de « survivre ». En prison, la société de consommation n'existe plus. Le sport, pour ceux qui, bien évidemment, le souhaitent, permet de garder le contact avec soi-même. Grâce au sport, on existe alors que la société a fait temporairement une croix sur vous. Il est pratiqué avec plaisir et est ressenti comme un besoin. Il permet de continuer à vivre et à se « sentir ». Cette expérience m'a beaucoup troublé. Précédemment, j'avais regretté que l'Etat français et l'école ne considèrent pas le sport à sa juste valeur. Là, j'ai découvert que le sport faisait partie intégrante de la culture carcérale.

Si l'Etat est en cause, les familles le sont également. Beaucoup trop de parents ont baissé les bras. Ils ont littéralement démissionné. Si l'on veut redonner au sport sa juste place, il faudra aussi remettre en marche toute une société qui semble aujourd'hui manquer de repères. Le mode d'éducation est à revoir. Et pour tout le monde ! Les moyens financiers ne sont pas forcément en cause.

Le sport est un formidable moyen d'insertion. J'en suis l'exemple type. Je suis un modèle d'intégration par l'athlétisme. Si je n'ai pas trouvé ma voie dans le système classique de l'Education nationale, comme on l'a vu, c'est le sport pourtant qui m'a appris ma vie d'homme. Il m'a offert tous les repères dont chaque être humain a besoin pour vivre et pour se réaliser en société. Mais je crois que certains parents ne sont pas partisans du développement du sport en France à cause de la croyance dont nous avons parlé précédemment. On en revient au moule de pensée unique. Beaucoup de parents estiment, à partir de leur propre éducation probablement, qu'une filière sportive n'est pas une solution d'avenir. « Tu es doué pour le 400 mètres haies ? Tu veux t'épanouir dans l'athlétisme ? Apprends plutôt un métier. Avec ça au moins, tu iras quelque part ! Un métier, c'est du solide. Et l'avenir est une chose trop sérieuse pour qu'on la gâche avec des chimères passagères ! »

Un autre bémol à apporter à l'idée que le sport est un moyen d'insertion : les risques de récupération. Le sport est un outil formidable d'épanouissement, mais les fruits du travail ne vont pas toujours à ceux qui se battent pour ça. Chaque fois qu'un athlète triomphe dans un Championnat d'Europe ou aux jeux Olympiques, il a droit à une véritable pluie de télégrammes élogieux. Le président de la République, le Premier ministre, le ministre des Sports... En 1986, après ma victoire aux Championnats d'Europe, j'ai ainsi reçu les miens. Le plus prestigieux était signé François Mitterrand, alors président de la République. J'ai été touché que le premier homme de France s'intéresse à moi. Avec le recul et l'expérience, j'ai compris que les télégrammes n'étaient pas écrits par ceux qui signaient au bas de la page. Je pense même que les nombreux assistants utilisent des formules toutes prêtes. Il suffit d'y insérer le nom du champion ou de la championne couronnés et le tour est joué. Le télégramme peut partir dès la course terminée, sans oublier bien sûr d'en laisser une copie à l'AFP afin que le nom du responsable politique soit bien accolé au triomphe sportif du jour. C'est de la pure récupération. Même s'il y a sûrement une part de sincérité chez certains, il est assez terrible de voir des gens essayer de profiter des résultats de nos champions alors qu'en amont ils n'ont pas fait tout ce qui fallait pour le développement du sport.

En dépit de tout cela, j'ai envie d'y croire. L'homme est un animal intelligent, et j'ose penser qu'il va finir par réagir. Comprendre enfin que l'être humain n'a pas qu'une tête. Il a aussi un cœur et un corps.

En athlétisme, on parle, comme je l'ai déjà dit, des « fondamentaux », ces fameux gestes techniques qui sont la base de chaque discipline. Je crois que la société a perdu ses propres fondamentaux et qu'elle doit les retrouver. Le sport peut aider notre société à se redécouvrir à travers les règles, l'échange, la communication, la compréhension de l'autre...

L'individualisme lié à un modèle unique est en train de nous tuer. Il faut briser cette bulle qui nous menace tous. Nous sommes des êtres infiniment complexes et différents. C'est cette complexité qui fait la richesse de l'homme. Il faut donc la comprendre et l'intégrer pour pouvoir l'enseigner. Ce n'est pas avec un mode de pensée unique ou un mode d'éducation uniforme que nous arriverons à prendre en compte toutes ces richesses. La culture judéo-chrétienne nous enseigne qu'il faut souffrir pour être heureux. Je pense tout le contraire : il y a urgence à se faire du bien ! Voilà une arme fantastique contre toutes les dérives. Un être humain bien dans sa tête et dans son corps a toutes les chances d'éviter les pièges de la vie. Un athlète tout aussi équilibré évitera de tomber dans l'engrenage du dopage...

5

La seringue magique au pays des innocents

« *Florence Griffith fait sourire. Il ne faut pas se voiler la face : elle a beau s'entraîner avec son mari qui mesure 1,90 m, s'être adaptée à sa foulée d'homme, [...] musculairement, ce qu'elle est devenue n'est pas normal. Cela dit, elle est blanche comme neige, puisqu'elle a été contrôlée et qu'elle n'a pas été déclarée positive.* »

Cette déclaration est de moi. Elle date de février 1989. Neuf ans plus tard, Florence Griffith-Joyner mourait d'une crise cardiaque. Le 22 septembre 1998. Elle n'avait que trente-huit ans ! Pour quelqu'un qui entretenait un corps sain, c'est une fin plutôt précoce. J'ai croisé Florence Griffith-Joyner pour la première fois en 1983 à l'occasion des premiers Championnats du Monde de l'Histoire, à Helsinki, en Finlande. Griffith-Joyner était alors la fiancée de Greg Foster, l'un de mes rivaux sur le 110 mètres haies. A cette époque, c'était une athlète parfaitement normale. J'ai même envie de dire qu'elle était complètement banale sur un plan sportif alors que sa féminité, en revanche, ne pouvait pas laisser indifférent. Son physique d'athlète n'avait vraiment rien d'extraordinaire et elle était alors largement surclassée par Marita Koch ou Evelyn Ashford, les stars féminines du sprint du moment. Sur un plan musculaire, Griffith se trouvait loin derrière. Les muscles de ses cuisses n'étaient, par exemple, pas du tout dessinés. Sa foulée ne dépareillait pas. Florence n'était qu'une anonyme. Elle n'avait pas le niveau d'une finale olympique et à peine celui d'une demi-finale. Mais tout cela, c'était avant la transformation, la véritable métamorphose. Car cinq ans plus tard, à l'occasion des jeux Olympiques de Séoul, la petite Florence ne ressemblait plus du tout aux autres athlètes de la piste. Elle était devenue très sèche avec des muscles très développés et très puissants. Tout son corps avait changé. Il y avait du Goldorak en elle. Ce n'était pas une wonder woman mais un surhomme ! Son record du monde sur le 200 mètres (21,33 secondes) la qualifierait presque aujourd'hui pour la finale messieurs des Championnats de France ! En 1988, Griffith-Joyner s'est ainsi couverte d'or (triplé olympique sur le 100, le 200 mètres et le 4 fois 100 mètres, sans oublier sa médaille d'argent sur le 4 fois 400 mètres) et... de doutes. Dix ans avant de mourir !

Au moment de son décès, je me trouvais en vacances en Corse et je n'étais pas joignable. De retour chez moi, mon répondeur débordait de messages. De nombreux journalistes savaient que le dopage représentait à mes yeux un combat capital. Or, une grande figure de l'athlétisme mondial venait de disparaître dans des circonstances pour le moins douteuses, et ils souhaitaient bien évidemment connaître ma réaction. Même si la nouvelle ne m'a pas vraiment surpris, elle m'a secoué. Comme pour beaucoup, ce fut un gros choc. La mort d'une crise cardiaque à trente-huit ans pour une sportive de haut niveau met forcément mal à l'aise. Pour ma part, j'ai simplement répondu à la presse que certains athlètes risquaient de mal dormir à la pensée de savoir s'ils allaient se réveiller le lendemain. C'est une triste évidence : beaucoup ont suivi le programme d'entraînement de Griffith-Joyner. Je suis obligé d'utiliser le terme de « programme d'entraînement » car si j'ai le malheur de parler de dopage je risque un procès pour diffamation. Une athlète de haut niveau double (voire triple) son volume musculaire, réalise des temps incroyables et finit par décéder, à trente-huit ans, sans raison, et il ne faut rien dire ! Griffith-Joyner n'a jamais été contrôlée positive. C'est donc que son corps a fini par faire un rejet mortel de la pulpe d'oranges (biologiques de préférence !).

On réagit toujours a posteriori. Lorsque le mal est déjà fait. Ainsi, le grand public n'a pris conscience du dopage dans l'athlétisme qu'en 1988 avec l'affaire Ben Johnson. Auparavant, le monde du sport en général et le milieu de l'athlétisme en particulier reconnaissaient très clairement que les champions des pays du bloc de l'Est étaient dopés, mais personne n'osait l'affirmer, faute de preuves. C'était une évidence mais on préférait se taire. On encaissait. On ne voulait pas faire de vagues. L'affaire Ben Johnson a donc été une révélation pour le public, mais certainement pas pour le milieu de l'athlétisme. Depuis bien longtemps on savait, par exemple, que la RDA dopait sciemment et dangereusement ses athlètes pour qu'ils rapportent des médailles à cette grande et belle République « démocratique ». Mais le public n'a eu l'information que bien plus tard. Bien après l'affaire Johnson. Le Canadien a payé pour tous les autres. On en a fait un exemple à ne pas suivre. L'ex-héros du 100 mètres de Séoul avait triché et on a voulu faire croire qu'il constituait un cas isolé. Une malheureuse exception. Le méchant et bégayant Ben Johnson a permis à une caste entière de se sentir dédouanée. Avec son exclusion sous les sifflets d'une foule arrogante, on a pu passer l'éponge sur tout un passé dramatique. Mais il ne faut pas se voiler la face : l'athlétisme est en train de vivre aujourd'hui ce que le cyclisme a vécu il y a trente ou cinquante ans. Je n'ai pas envie que des athlètes meurent, demain, sans raison, à moins de quarante ans. Malheureusement, tout s'explique. Si on ne fait rien, on risque de décimer plusieurs générations d'athlètes de haut niveau. Ce serait absurde. Et surtout fou ! Tandis que l'espérance de vie ne cesse d'augmenter dans la société, elle est en train de régresser dans le milieu du sport de haut niveau. Est-ce cela le progrès ? Est-ce cela le sport ?

A mon avis, le sport véhicule une part de rêve. C'est le culte du surhomme avec cette dimension à la fois magique et réelle du dépassement de soi. On essaie constamment de repousser ses propres limites. Mais, avec le dopage, où est la part de rêve ? Où est la magie ? Le dopage me choque. Il me blesse violemment. Durant de nombreuses années, j'ai suivi à la télé le Tour de France cycliste. J'avais les yeux d'un enfant émerveillé. Ce que je voyais était véritablement féerique. C'était Disneyland. Puis, progressivement, je me suis informé sur la réalité de ce sport. Les Merlin du vélo ont alors cessé de m'enchanter. Il y avait des potions diaboliques dans les bidons et surtout dans les seringues. Ma passion a disparu. Ce sport-là ne me fait plus rêver. Il ment. Il est dangereux et hypocrite. Et pourtant, il progresse. Le dopage avance. Il faut le combattre. Je veux le combattre.

Le dopage avance mais, heureusement, la lutte aussi. En tout cas, dans notre pays. C'est déjà une grande chance. Nous faisons partie des quatre ou cinq pays qui disposent d'une loi antidopage. Quatre ou cinq pays... dans le monde ! Lorsque l'on sait que les jeux Olympiques accueillent environ deux cents pays, on comprend que la France fait partie d'un club très fermé : celui des « illuminés » qui ont choisi de refuser la grande dérive du dopage. Tout cela me rassure. Je préfère l'attitude de la France à celle de la Chine ou de Cuba en 1992 qui n'avaient même pas signé la charte olympique. A cette époque, vous ne pouviez pas faire de contrôles inopinés dans ces deux pays ! Le dopage existait-il en Chine et à Cuba ? Peut-être. Peut-être pas. Quoi qu'il en soit, ces deux nations ont aligné leurs athlètes aux jeux Olympiques en toute légalité. Les nageuses chinoises ressemblaient aux *wunder mädchen* est-allemandes de la natation des années 70-80, mais on a applaudi des deux mains. C'est hallucinant. Le business et la diplomatie bienséante ont pris le pas sur toutes les règles dictées par la déontologie. Les intérêts en jeu sont devenus trop énormes. Résultat : beaucoup de pays se sont laissé dépasser par des considérations qui n'ont plus rien à voir avec le sport. On prend de petites mesures pour se donner bonne conscience avant de trouver toutes les solutions pour les contourner discrètement.

L'année passée, les seuls exemples de Merlène Ottey et de Javier Sotomayor m'ont profondément déçu. La Jamaïcaine et le Cubain ont finalement pu évoluer dans les plus grands meetings, continuer à amasser des fortunes colossales alors que des examens les avaient convaincus de dopage. Il faut savoir que je vouais une très grande admiration au Cubain Sotomayor. Je le considérais comme le « Bubka » du saut en hauteur. L'annonce de son contrôle positif fut pour moi une grande désillusion. Convaincu de dopage à la cocaïne en juillet 1999 et suspendu pour deux ans, il n'aurait jamais dû participer aux jeux Olympiques de Sydney. Or, un mois avant le début du rendez-vous australien, la Fédération internationale d'athlétisme amateur a décidé de réduire sa peine de moitié. Pire que tout : le sauteur cubain a fait sa rentrée dans un meeting... français ! Sur l'antenne d'Eurosport, je ne me suis pas privé pour dire qu'il était regrettable que la France, à la pointe de la lutte contre le dopage, accueille le retour à la compétition d'un athlète gracié sans qu'on ait pu établir son innocence. L'organisateur de la manifestation (à Montauban) n'a, paraît-il, pas apprécié mes paroles, mais il n'est jamais venu me le dire en face. L'hypocrisie est flagrante. La présence de Sotomayor a fait une grande publicité à son meeting et cela a probablement suffi à son bonheur. Quant à la réintégration du sauteur, elle n'est sans doute rien d'autre qu'une décision politique a l'égard de Cuba. Dans le même cas de figure, un sauteur du Sri Lanka n'aurait peut-être jamais été gracié à un mois des Jeux. Il aurait dû purger ses deux ans de suspension pour consommation de cocaïne. Pas de pitié pour les petits mais grand respect pour les puissants !

C'est un peu la même histoire pour la sprinteuse Merlène Ottey chez qui on avait détecté de la nandrolone, une hormone de croissance. Je n'ai jamais éprouvé de fascination pour la Jamaïcaine. Je ne l'ai jamais vue ressentir la moindre émotion. Jamais un sourire. Un comportement toujours mécanique. On ne savait jamais ce qu'elle éprouvait. Même après des victoires. Le tennisman Bjorn Borg a développé un tempérament de glace durant toute sa carrière. C'était sa grande force, car ainsi il déroutait l'adversaire. Mais lorsqu'il s'imposait en finale de l'Open de Wimbledon ou de Roland-Garros, « Ice » Borg explosait. La neige fondait. Il y avait une vraie et belle émotion. Le Suédois exprimait sa joie. Alors que chez Ottey, rien. C'était à se demander si elle prenait du plaisir à faire ce qu'elle faisait. Quoi qu'il en soit, condamnée elle aussi à deux ans de suspension, elle a été graciée à l'approche du grand rendez-vous australien. Bienvenue à Sydney !

Qui l'emporte dans toute cette histoire ? Le sport ? Quel sport ? Face à tout cela, je ne peux plus vivre l'athlétisme comme avant. La tricherie est devenue une institution. Encore une fois : où est le rêve ?

Pourtant, je veux continuer à y croire. En 1986, je suis devenu champion d'Europe du 110 mètres haies sans me doper. C'était donc possible et ça l'est toujours. En 1995, Stéphane Diagana a battu le record d'Europe du 400 mètres haies en 47,37 secondes. C'est la preuve que l'on peut y arriver.

En France, nous disposons du fameux « suivi longitudinal ». A trois reprises au cours de l'année (les dates sont pratiquement connues dès le départ), chaque athlète de haut niveau répertorié sur les listes ministérielles se soumet à un examen sanguin complet. Jusque-là, rien à dire si ce n'est que le fait de connaître les dates à l'avance permet à un éventuel tricheur de préparer le rendez-vous afin d'être « propre » le jour du test. Mais bon, c'est déjà mieux que rien. De toute façon, il faut un début à tout.

Cela dit, il ne faut pas confondre suivi longitudinal et contrôle antidopage. Le suivi longitudinal n'est qu'un bilan biologique. Il permet de déceler d'éventuelles anomalies. Ces anomalies peuvent être liées à des entraînements trop intenses comme, par exemple, un taux très important de déchets fabriqués par l'organisme (tel le fameux CPK, CréatinePhosphoKinase), à une anémie, ou bien tout simplement à l'utilisation de produits dopants. Mais d'abord, le suivi longitudinal a un rôle médical. Il n'est pas là pour traquer les tricheurs. Ce n'est pas sa mission première. Il ne donne qu'une sorte de carte d'identité sanguine. Sur le moyen terme (deux ans au minimum), il permet de définir le vrai profil sanguin d'un athlète en fonction de ses périodes d'entraînement et de compétition. Ainsi, lorsqu'une même anomalie se retrouve systématiquement à une même époque dans les contrôles sanguins du même individu, on peut la lier à l'intensité de l'entraînement. Le suivi longitudinal se limite à ça. Je crois donc qu'il serait utile de développer de véritables contrôles antidopage (urinaires, sanguins ou même capillaires) en même temps que ce suivi. L'athlète subirait ainsi un test antidopage complet en parallèle à des analyses liées au suivi. Ce serait tout simplement complémentaire. Il faudrait également continuer à multiplier les contrôles inopinés (à l'entraînement et en compétition). Ce serait la seule manière de faire disparaître les doutes bien légitimes du grand public. Réduire les chances d'éviter un contrôle, c'est faire reculer le dopage. Mais le veut-on vraiment ?

Dans l'état actuel des choses, le suivi longitudinal est une bonne initiative, mais le secret médical qui l'entoure et le vide juridique qui l'accompagne sont des freins considérables à la transparence. Ainsi, le médecin, en charge de ce suivi, n'a pas le pouvoir d'arrêter un athlète comme peut le faire un médecin du travail dans une entreprise. L'athlète, n'ayant pas de statut pro (alors que certains sont considérés comme tel !), est assimilé à un amateur contre qui les recours sont maigres.

Je n'ai aucun doute sur la fiabilité des contrôles liés au suivi longitudinal, mais je me demande quelles suites réelles sont données aux dossiers litigieux (anomalies inexpliquées...). Y a-t-il enquête, audition... ? Je crois que nous atteignons ici la limite du système. Il y a péril en la demeure, d'autant plus qu'une grande hypocrisie règne. La valeur marchande et politique de l'athlète passe avant toute autre considération. On ne peut pas se permettre de reconnaître le dopage. Si l'on veut vraiment faire le ménage, les conséquences risquent d'être terribles. On va retourner dix, quinze, vingt ans en arrière. Le niveau va fortement régresser alors que celui des autres pays restera le même. Conséquence : les médias vont s'en aller et avec eux les sponsors. Ce serait un retour à l'âge de pierre. Un retour impossible. On ne peut plus (on ne veut plus ?) faire marche arrière.

Conséquence : les valeurs véhiculées par le sport sont aujourd'hui complètement dépassées. Le sport lui-même est dépassé. On ne fait plus du sport mais du business. Le dopage amène les résultats qui vont permettre de « faire du fric ». Le sport a perdu sa richesse propre. Certains responsables profitent trop de ce système pour en accepter la remise en cause. Ils ont le pouvoir. C'est ainsi et c'est grave. Avec le dopage, c'est Halloween tous les jours. C'est une tricherie déguisée. On ne fait que jouer un rôle. La santé des athlètes passe au dernier plan. C'est tout simplement abject.

Il y a ensuite la panoplie des sanctions pour ceux qui se font prendre. Pendant très longtemps, l'athlétisme était très dissuasif dans ce domaine puisque la Fédération internationale d'athlétisme amateur (IAAF) excluait tout dopé durant quatre ans. Rien à voir avec les deux semaines d'arrêt de travail dans le cyclisme professionnel. Aujourd'hui, malheureusement, la sanction a été réduite à deux ans. Je me demande bien pourquoi. A mes yeux, il s'agit là d'une régression.

De toute façon, deux ou quatre ans ne suffisent pas si rien ne vient accompagner cette période de suspension. Tout d'abord, si un athlète est contrôlé positif lors d'un meeting, sa prime devrait être confisquée et reversée à l'AMA (Agence Mondiale Antidopage). Cela me semblerait logique. Ensuite, durant sa suspension de deux ans, l'athlète devrait montrer que, désormais, il accepte les règles. Ainsi, une fois par mois, et ce durant toute la durée de sa suspension, il devrait subir, à ses frais, un contrôle antidopage inopiné. Il justifierait alors de sa bonne foi et du caractère « accidentel » de son contrôle positif, et signerait ainsi sa réintégration. Le temps n'efface pas tout. Le refus du dopage est un comportement. On joue le jeu ou on ne le joue pas. Au choix.

Maintenant, ne sanctionner que le champion incriminé est souvent d'une grande injustice. Il est assez rare qu'un athlète décide tout seul de recourir au dopage et prenne de lui-même des produits interdits. Il y a souvent un médecin dans le coup. Voire un entraîneur. Heureusement, la loi française prévoit des sanctions pour les médecins ou les entraîneurs s'il peut être prouvé qu'ils ont joué un rôle dans le dopage de l'athlète. C'est un progrès énorme. Désormais, un médecin qui aide un sportif à se « charger » risque l'exclusion de l'ordre des médecins. Un entraîneur peut perdre son droit d'exercer. Tout cela est même assorti de sanctions pénales. J'approuve totalement cette attitude. On ne doit pas être laxiste face à un fléau aussi grave que le dopage. La loi française est sévère à ce sujet et je m'en réjouis. Deux hic viennent tout de même perturber mon bonheur : lorsqu'un athlète est contrôlé positif, il nie dans 99 pour cent des cas. Il clame haut et fort son innocence. Il crie à la machination et réclame généralement de nouvelles expertises dans un laboratoire différent. Il a du mal à avouer et il ne mettra jamais son entourage en cause. Il faut le comprendre : le produit interdit s'est retrouvé, comme par miracle, dans son sang ou ses urines ! Le pauvre petit... Pendant ce temps-là, son médecin dort tranquille. Tant qu'aucune preuve n'existe contre lui, il n'est pas inquiété. C'est la fameuse loi du silence. Deuxième hic : une loi antidopage existe en France mais nous nous sentons un peu seuls sur terre. Car, pour d'autres nations, lutter contre le dopage relève d'une conduite suicidaire... Résultat : on est peut-être beaucoup moins regardant afin de conserver intactes les chances de médailles.

Bizarrement, quand on dit tout ça, on passe presque pour un salaud. Le vilain petit canard qui vient troubler le calme de la basse-cour. On l'a bien vu dans le milieu du rugby avec Pierre Berbizier. Il a pourtant une grande expérience du milieu dans lequel il évolue, et je ne peux pas croire que ses accusations ne soient pas fondées. Mais la grande famille du rugby préfère se boucher les oreilles. Le dopage n'existe pas dans le rugby ! Alors on s'insurge contre les déclarations sans preuves de Pierre Berbizier. Mais pourquoi fallait-il qu'il vienne troubler la belle quiétude du rugby français ? « Mais que diable allait-il faire dans cette galère ? »

En 1999, durant les Championnats du Monde de Séville, je suis devenu, à mon tour, ce méchant petit canard par l'intermédiaire d'une interview accordée au quotidien *Aujourd'hui/Le Parisien*. Cet entretien s'est fait sans enregistrement audio. Le journaliste a simplement pris des notes manuscrites. Au bout du compte, il m'a fait dire qu'une bonne partie de l'équipe de France était dopée alors que je n'avais jamais dit cela. L'article a fait grand bruit. J'ai simplement déclaré que le dopage touchait probablement de 30 à 80 pour cent du monde du sport et qu'on était loin des 3 à 5 pour cent annoncés par le ministère de la Jeunesse et des Sports. Pour finir, j'ai ajouté que l'athlétisme n'échappait certainement pas à la règle. De toute façon, même si mes propos avaient été correctement retranscrits, ils auraient fait scandale. Les chiffres dérangent. Tant que les contrôles positifs ne sont pas bien réels, on refuse tous les messages d'alerte. Tout va pour le mieux dans le meilleur des mondes ! C'est la comédie du bonheur. Alors, évidemment, tout événement de nature à troubler la quiétude de ce monde idéal est très mal perçu. Il faudrait arrêter de se foutre de la gueule des gens ! Lorsque j'ai déclaré, il y a quinze ans, que 99 pour cent des coureurs cyclistes étaient dopés, on m'a traité de fou. J'avais même ajouté que, parmi ces coureurs à la seringue folle, un certain nombre se dopaient pour simplement suivre le rythme infernal du peloton. Pour ne pas être « anormaux » ! A l'époque, de nombreux coureurs ne supportaient pas mes critiques. Erwan Menthéour en tête. Puis, un jour, ce dernier est allé voir l'un de ses coéquipiers à l'hôpital. Le coéquipier en question pesait moins de quarante kilos. Après avoir accueilli le dopage à bras ouverts, il attendait la mort avec angoisse. C'est ce qui a fait réagir

Menthéour. Un peu comme un électrochoc. Il a tout plaqué du jour au lendemain. Il a publié un livre (*Secret défonce*) où il a raconté tout ce qui se passait dans son ex-milieu. La lecture de cet ouvrage fait froid dans le dos. Je le recommande à tout passionné de vélo. J'ai eu la chance de rencontrer Erwan en 1999. Nous participions tous les deux à un débat sur le dopage. Je pensais qu'il m'en voudrait encore d'avoir été si virulent envers le milieu du cyclisme. Bien au contraire. Il m'a remercié ! Il m'a même dédicacé son livre avec ces quelques mots : « *Merci de garder cette même flamme, cette même candeur. Tu es un exemple et un espoir pour tous. Excuse-moi de t'avoir mal jugé. Bien amicalement. Erwan Menthéour.* »

Aujourd'hui, les affaires de dopage dans le monde du cyclisme sont presque banalisées et les coupables, pratiquement des héros nationaux. Où est la justice dans toutes ces affaires ? Où est la valeur d'exemple, messieurs les hommes de loi ? Pourquoi notre beau pays s'escrime-t-il à faire voter des lois pour en arriver à de telles parodies de justice sportive ? Comment peut-on croire encore à un sport propre devant de tels événements ? Le comble à mes yeux fut l'affaire Festina. On y a vu un coureur qui s'était ouvertement moqué de la planète entière durant deux ans (avec un livre confession à la clé sur le fait qu'il ne s'était jamais dopé. Croix de bois, croix de fer, si je mens...) se faire passer d'un seul coup pour le pauvre Calimero. Durant les deux années de son mensonge, il a touché quelque quatre cent cinquante mille francs mensuels grâce au soutien peu scrupuleux d'une formation cycliste sponsorisée par une marque d'aspirateurs italiens. Gain estimé durant ces deux saisons : dix millions de francs ! Et, au procès, l'ex-chouchou des Français osait pleurer sur son sort, juste parce qu'il risquait neuf mois de suspension. Riche et obligé de faire une parenthèse de neuf mois. Quelle affreuse histoire ! Il est assez terrible de noter qu'un sportif de haut niveau se sent rarement responsable de tout ce qui lui arrive. Ce sont toujours les autres. Image, argent, orgueil, ego... Il n'est responsable de rien.

J'évolue dans le milieu de l'athlétisme depuis vingt-sept ans. J'ai vu, je vois des choses. Je n'ai, certes, pas de preuves écrites, mais je n'hésite pas à dénoncer tout ce que je vois et entends. Je n'ai pas envie que l'athlétisme français perde son âme. Or, quand je parle, je fais peur aux gens qui évoluent dans ce milieu. Ils craignent que leur petit monde ne finisse un jour par s'effondrer sous le poids de la vérité. Et, donc, ils me critiquent. Mais ne rien dire, c'est laisser faire. A ce rythme-là, on risque de se retrouver dans dix ans avec davantage d'athlètes dopés que d'athlètes sains. Est-ce cela que nous voulons ? Au nom du grand spectacle ? Du big show ? Ce n'est pas ça, le sport...

J'ai beau me battre avec virulence contre la monstruosité du dopage, je suis en désaccord avec certains extrémistes qui prônent l'exclusion à vie d'un athlète si ce dernier se fait contrôler positif. Ils croient que cela dissuadera les autres de suivre le même chemin. Tout d'abord, ce n'est pas vrai. On a bien vu que la peine de mort n'avait jamais dissuadé quiconque de commettre des atrocités. Par ailleurs, je crois que l'erreur est humaine. A la base, le dopage est un problème d'éducation et aussi un problème de société. Si un athlète n'a pas eu la chance d'être correctement informé, il me semble injuste de le condamner à vie. Si on coupait les mains de tous ceux qui ont volé, la terre serait remplie de manchots ! C'est la même chose avec le sport. Chacun doit avoir droit à une seconde chance. Le monde du sport doit pouvoir et doit savoir pardonner. Maintenant, si un athlète, contrôlé positif une première fois, récidive après sa période d'exclusion, je reconnais qu'on ne peut plus rien faire, en effet. Et là, je suis favorable à une exclusion à vie. Tant pis pour les idiots. Le monde du sport doit être sans pitié.

Toujours au chapitre des sanctions, on parle souvent de condamner les nations dont les athlètes ont été contrôlés positifs. Une amende financière viendrait pénaliser un Etat dont l'équipe d'athlètes ou de tennismen renfermerait des dopés. A priori, l'idée paraît séduisante. Il s'agirait de responsabiliser à la fois l'athlète et son pays qui, à l'avenir, tâcherait d'être plus vigilant. Cela étant, je doute de l'effet dissuasif d'une telle mesure sur une grande nation qui n'aurait pas trop de mal à payer cent mille ou même cinq cent mille francs d'amende. Est-ce que cette goutte d'eau pousserait le pays à se comporter avec plus de vigilance ? Seule une sanction comme l'exclusion de tous les sélectionnés d'une nation aux jeux Olympiques serait de nature à faire réagir les Etats. Mais là, nous replongeons en pleine science-fiction. Qui prendrait le risque d'exclure des pays comme les Etats-Unis, la Chine ou la Russie ? Les intérêts financiers sont devenus bien trop importants.

L'hypocrisie est telle qu'on voit aujourd'hui des sportifs contourner la loi avec les certificats médicaux les plus sincères. On joue avec la législation. Ainsi, le monde de l'athlétisme (tout comme celui du cyclisme d'ailleurs) connaît une progression incroyable du nombre d'asthmatiques dans ses rangs. Cela ne semble pas surprendre grand monde. L'asthme se développe sans raison dans le milieu du sport alors qu'il a tendance à stagner dans la société civile. Entre les JO d'Atlanta et ceux de Sydney, le pourcentage d'athlètes sélectionnés (tous sports confondus) souffrant d'asthme a doublé ! Progression pour le moins anormale en quatre ans. A croire que nous sommes confrontés, ici, à des certificats médicaux de complaisance. Je n'ose le penser, mais j'avoue que les doutes m'assaillent. Dans tous les sports d'aérobie (sport nécessitant une grande consommation d'oxygène pour répondre à l'effort), l'utilisation de la Ventoline (médicament prescrit dans le cas de crise d'asthme) va apporter un plus. Ce médicament va augmenter la capacité d'absorption de l'oxygène dans le système respiratoire ainsi que son transport dans le sang. Ce sera une tricherie déguisée. Un médecin — qui a oublié quelques règles élémentaires de déontologie — aura accepté de rédiger un certificat truqué afin que son patient puisse avaler un tel produit. C'est ce qui explique que les asthmatiques se soient miraculeusement (et dangereusement !) développés dans le monde du sport. Cela permet, certes, de détourner les règles, mais cela empêche-t-il les doutes ? Je ne le crois pas.

Le pire dans tout cela, c'est qu'il est faux de croire que le dopage ne touche que le sport de haut niveau. Le grand public a tendance à penser aujourd'hui que tous les sportifs sont copieusement « chargés ». Tout d'abord, ce n'est pas vrai. Il existe encore des gens sains, et il est important de le souligner. Par ailleurs, le dopage est partout. La tricherie n'est pas forcément l'apanage du sport de haut niveau. Le dimanche, des cinquantenaires se dopent pour gagner de petites courses réservées aux vétérans. Il faut arrêter de mentir. De se mentir. Le dopage est partout, et il ne faut surtout pas chercher à le minimiser. Je suis ainsi en désaccord avec ceux qui estiment que le cannabis n'est pas un produit dopant. Le cannabis est sur la liste des produits interdits et ce n'est pas un hasard. Il est vrai qu'il ne constitue peut-être pas une drogue dangereuse pour la société civile, mais il peut aider un sportif. Si le cannabis permet à ce dernier d'évacuer le stress, il va entrer sur la piste ou sur le terrain avec un avantage considérable. Le cannabis constitue donc un dopant indéniable. Même si un athlète ne fume pas forcément du cannabis dans le but de se doper, il ne peut pas nier les possibles effets sur son comportement et donc sur ses performances. Je dois reconnaître que les cas de dopage au cannabis sont plus souvent le fait d'une consommation personnelle (lors de soirées entre copains ou juste pour le plaisir de se rouler un petit pétard) que de l'envie de fumer un « tarpé » pour être moins stressé lors d'une compétition. Il y a pourtant une règle incontournable : le cannabis se trouve sur la liste des produits interdits. Il faut donc jouer le jeu.

Le développement du dopage est tel aujourd'hui qu'il y a de sérieuses raisons d'avoir peur. L'avancée des techniques est impressionnante. Le dopage ne fait que profiter des progrès médicaux. Chaque jour, la médecine permet de faire reculer la vieillesse, la souffrance et la maladie. C'est louable. Le problème, c'est que quelques individus, scientifiques ou non, viennent détourner ces progrès au profit du dopage. On l'a bien vu avec l'EPO qui permettait à la base de soigner des anémies. Donner ce produit à un sportif hors normes et en forme ne peut qu'améliorer encore un peu plus son rendement. Voire beaucoup plus. Désormais, un athlète peut se doper tout au long de l'année et être déclaré négatif durant ces mêmes douze mois. C'est la magie du dopage. Il suffit simplement de trouver la bonne méthodologie. L'athlète va sûrement éveiller des soupçons, mais les examens le disculperont totalement. Son médecin aura trouvé la bonne parade. La tricherie est acceptée dans toutes sortes de compétitions... tant que vous n'êtes pas pris ! Ainsi, pendant de nombreuses années, l'EPO, alors indécelable, a permis à des pelotons entiers de se shooter en toute légalité. Autre « dopage » totalement sans trace : les transfusions sanguines. Le principe est tout simple. Vous allez faire un stage d'oxygénation en altitude et au bout d'un mois, lorsque votre sang est devenu riche en globules rouges (qui transportent l'oxygène par l'intermédiaire de leur hémoglobine), on vous fait plusieurs prises de sang. On stocke tout cela bien sagement au frais. Et si deux mois plus tard, revenu dans la plaine, vous vous sentez un peu moins bien, pas de panique ! La seringue magique est là. On vous injecte alors un peu de votre sang prélevé dans la montagne et vous allez, de nouveau, pouvoir voler. Tout cela en toute légalité puisque votre sang ne comprend... que votre propre sang !

Le dopage a toujours un train d'avance. Dès qu'un produit devient décelable, il faut savoir que la parade existe et que, généralement, un nouveau produit, indécelable lui, circule depuis au moins six mois.

Se pose également le problème de la normalisation des produits selon le pays. Un médicament interdit en France peut très bien être autorisé aux Etats-Unis et commercialisé. Si l'on peut envisager une harmonisation au niveau européen, il sera beaucoup plus difficile d'y arriver à l'échelle de la planète. Les règles ne sont pas les mêmes pour tout le monde. Dès le départ, il y a donc un gros problème. Par ailleurs, la législation française, pourtant sévère, a des failles qui offrent la possibilité de contourner la loi en toute tranquillité. Un exemple tout simple : la créatine. Ce produit associé à une hormone de croissance permet d'accroître la capacité musculaire d'un athlète. On ne connaît absolument pas les effets secondaires de cet étrange breuvage. La créatine est interdite à la vente en France, et c'est une excellente chose. En revanche, sa consommation n'est pas proscrite. Conclusion : importez vos pots de créatine via Internet et doublez de volume sans soucis. Effet garanti sous trente jours mais risque inconnu dans vingt ans. A vous de voir ! La législation doit évoluer dans ce domaine. En tant qu'éducateurs, nous avons simplement reçu des informations des ministères de la Santé et de la Jeunesse et des Sports précisant que la créatine pouvait engendrer des séquelles (et notamment de graves problèmes rénaux). Malheureusement, ce produit ne figure toujours pas sur la liste des produits dopants. C'est très grave. Même s'il n'est pas prouvé que ce produit soit dopant, son association avec une hormone de croissance fait des miracles... dévastateurs à plus ou moins long terme !

L'évolution du dopage m'inquiète. J'ai l'impression que l'on se dirige vers de véritables compétitions de « robots ». Même la presse commence à s'y habituer et à nous préparer à l'idée de ce changement. Au tout début de l'année 2001, *L'Equipe* a ainsi consacré trois de ses éditions au « sportif » du futur. Ces dossiers reviennent régulièrement dans les journaux. Le premier article sur le sujet remonte à 1986, juste avant les Championnats d'Europe de Stuttgart. Une athlète allemande, Birgit Dressel, était morte, et on avait découvert que son décès était la conséquence d'une médication excessive avec notamment l'usage d'or (!!). Après enquête, on a appris que cette jeune heptathlonienne avait été dopée à très fortes doses et que des produits à base d'or avaient permis de masquer ce dopage. L'or s'était retrouvé dans les reins et avait fini par déclencher de graves insuffisances. Quelque temps plus tard, elle était morte... Le journaliste qui avait rédigé cet article s'était projeté quatorze ans plus tard. Il avait essayé d'imaginer le monde de l'athlétisme en l'an 2000. Il avait ainsi parlé d'une femme bionique, détentrice du record du monde du 200 mètres (hommes et femmes confondus), et capable de faire un bond de vingt mètres au départ de sa course. Tout cela était bien sûr de la science-fiction. Quinze ans plus tard, les femmes bioniques n'existent pas. Enfin... j'espère !

Quoi qu'il en soit, ces enquêtes reviennent régulièrement dans les journaux et, au fil du temps, on peut noter que la médecine progresse à pas de géant. Ce qui semblait être de la science-fiction en 1986 ne l'est plus vraiment aujourd'hui. Ainsi, la thérapie cellulaire est pratiquement au point. D'ici quelques années, on pourra régénérer des fibres musculaires ou des tendons. En un mot, on pourra rendre sa jeunesse à une partie usée du corps. A moyen terme, des généticiens pensent également pouvoir intervenir sur les gènes humains afin d'améliorer les performances. Enfin, l'homme bionique n'est plus une sympathique fiction américaine des années 70. Alors que les différentes prothèses sont de plus en plus sophistiquées, certains chercheurs travaillent activement sur la possibilité d'introduire des microprocesseurs dans le cerveau afin d'atteindre une véritable perfection dans les différents gestes de l'homme. Tout cela devrait voir le jour au cours de ce nouveau millénaire. A la fin du XXe siècle, on a connu le sportif suppliant son médecin de lui faire une infiltration pour qu'il ne ressente plus la douleur. C'était déjà très inquiétant car, souvent, si ces infiltrations permettaient à l'athlète de courir sans douleur, la blessure, elle, s'aggravait. Demain, le XXIe siècle verra l'athlète génétiquement modifié demander à son mécanicien de lui remplacer une pièce défaillante. Le tout se fera dans un atelier ultrasophistiqué. Avec une telle évolution, le pauvre capitaine Kirk ressemblera bien vite à un homme des cavernes.

Face à ces différentes dérives, on peut craindre un certain découragement chez les athlètes qui veulent conserver un corps sain. Avec une telle évolution, il devient légitime qu'ils se demandent s'ils vont encore avoir leur place dans le sport moderne. Je ressens bien leur inquiétude et j'espère simplement que nous demeurerons suffisamment nombreux à leur dire qu'il est possible de faire autrement. Il faut continuer à se battre pour faire circuler cette idée, cette conviction intime.

Car si l'on finit, un jour, par baisser les bras, ce sera la fin du sport comme je le vis et surtout comme je le rêve. Baisser les bras, c'est accepter la légalisation du dopage. Je sais que certains y songent sérieusement. Ceux-là bien sûr ne sont pas des sportifs de haut niveau. Ils n'ont jamais eu à se doper. Ils ne font que profiter du sport à travers le business et l'argent qu'ils en retirent. Comme leur santé personnelle n'est pas en danger, ils verraient d'un très bon œil la « légalisation » du dopage à outrance afin de pouvoir proposer des spectacles « d'extraterrestres ». Heureusement, j'ose penser qu'il n'y a aucune chance pour que nous en arrivions là un jour. Le dopage est un problème de santé publique. On ne peut pas autoriser les gens à se détruire, à se droguer. C'est un délit. Je ne peux pas croire que la santé du portefeuille puisse battre, un jour, la santé du corps. Même si certains champions sont prêts à risquer leur vie pour gagner des courses et remplir ainsi leur comptes en banque, les responsables politiques ne pourront jamais accepter la légalisation du dopage. La politique n'aurait plus de sens. La société perdrait tous ses repères. Il n'y aurait tout simplement plus de règles. Tout ce qui m'a permis de me structurer, de me sociabiliser, de me définir en tant qu'homme au sein de la société se trouve bafoué par cette notion de dopage. C'est le libre cours à l'anarchie, au désordre, au chaos. Il n'est pas possible de laisser faire ça. La connerie humaine ne peut pas nous emmener aussi bas. Nous allons forcément nous réveiller avant. Enfin... j'espère !

Je le répète : j'ai encore envie d'y croire. La lutte contre le dopage est un combat difficile mais il ne faut pas baisser les bras. Tout doit commencer par un discours préventif fréquent. Je fais régulièrement le point avec les athlètes du groupe dont je m'occupe afin de les responsabiliser au maximum. Ils ne peuvent pas prendre impunément des médicaments pour se soigner. Ce sont des adultes responsables. Ils ont pris volontairement une licence auprès de la Fédération française d'athlétisme et ils connaissent les règles du jeu. Les contrôles étant fréquents, ils ne peuvent plus s'automédicamenter aveuglément. Je prends toujours l'exemple de certaines pastilles pour la gorge. Leur absorption peut rendre un contrôle positif lors d'une analyse. C'est peut-être idiot mais c'est comme ça. Il faut l'accepter. C'est un état d'esprit. Même les détails comptent.

Il faut avoir la foi. Oser ne pas suivre bêtement le mouvement. Certains Français ne vont plus voter car ils pensent que leurs votes ne changeront rien. Et donc ils subissent. Ils se plaignent alors qu'ils ne prennent même plus la peine de participer à la vie démocratique du pays. C'est une forme de dérive. Comme pour le dopage. On finit par le tolérer, presque l'excuser. On va plaindre un coureur cycliste parce qu'il s'est dopé « à l'insu de son plein gré » et que les institutions le privent d'une participation au Tour de France ! Face à tout cela, il faut continuer à croire. Lutter contre le dopage, c'est presque être dans l'illégalité ! Le courage, c'est oser dire que l'on n'est pas d'accord avec tout ce qui se fait. Il faut savoir prendre position.

Revenons à l'exemple du Cubain Sotomayor, réintégré après seulement quelques mois de suspension. Si j'avais été sauteur en hauteur français, j'aurais tout simplement refusé de participer à un concours avec lui. Il est important de manifester publiquement son refus devant de telles « magouilles ». C'est aussi ça, lutter contre le dopage. Il faut trancher. Je crois même que certains sponsors auraient beaucoup à gagner à prendre position clairement en faveur des athlètes « propres ». Dire non aux athlètes « miraculeusement graciés » ne peut que rassurer le public.

Certes, prendre parti a des conséquences. On passe pour des rebelles et ce n'est pas toujours simple. Ce discours n'a pourtant rien de révolutionnaire : on montre seulement qu'il est possible de gagner en empruntant d'autres chemins. Il est nécessaire d'alerter l'opinion sur les dangers existants. Nous sommes évidemment une minorité et nous sommes obligés de nous battre avec nos modestes moyens. Nous sommes des éducateurs, des journalistes, des hommes de loi, et nous menons une campagne contre ces abus intolérables. Je dois avouer que ce n'est pas facile, car accepter de mener ce combat, c'est se mettre au ban de sa propre « famille ». Du jour au lendemain, vous devenez l'emmerdeur de la bande. L'illuminé. La vérité n'est jamais bonne à dire. On l'a bien vu avec Christophe Bassons dans le cyclisme. Il a eu le courage de révéler des faits importants sur les pratiques effroyables de son milieu et c'est finalement lui qu'on a montré du doigt. Le leader du peloton, victime quelque temps plus tôt d'un cancer d'un testicule, est venu lui demander en personne de fermer sa gueule ou de quitter cette grande et belle famille de la petite reine. C'était le comble. Bassons a vécu une mini-déprime parce que les autres coureurs du peloton le rejetaient. Pour vivre heureux, vivons dopés ! Bassons n'était pas d'accord, et aujourd'hui, une bonne partie du peloton ne lui adresse plus la parole. C'est beau, la famille !

Heureusement que notre monde n'est pas uniquement composé d'êtres humains dévorés par l'envie de gagner au mépris des règles et de l'éthique. Il y a encore des gens honnêtes. Même s'ils ne s'engagent pas forcément dans le combat comme moi ou d'autres, leur soutien est important. Grâce à eux, nous nous sentons moins seuls. Le fait que certains viennent me dire simplement : « C'est bien ce que tu fais ! » me pousse à continuer. Si, lors des nombreux séminaires contre le dopage auxquels je participe, j'arrive à convaincre ne serait-ce qu'une seule personne, ce sera une grande victoire. Celle-ci cherchera peut-être ensuite à en convaincre à son tour une autre, et on peut espérer un effet boule de neige. Le dopage n'est pas une fatalité et il ne faut pas avoir peur de le dire.

Je voudrais rappeler une courageuse initiative qui n'aura malheureusement pas connu le succès. En 1991, plusieurs sportifs français avaient souhaité que la procédure de contrôle antidopage sanguin soit mise en place à l'occasion des jeux Olympiques d'hiver de 1992 à Albertville. Cette demande a été refusée pour deux raisons essentielles : atteinte à la liberté individuelle et problèmes religieux engendrés par une telle décision. Restons zen...

Je sais qu'un certain entraîneur français demande aux deux athlètes de son maigre groupe de lui signer un engagement sur l'honneur précisant par écrit qu'ils ne se doperont pas. Si, par malheur, l'une de ces deux personnes venait à être contrôlée positive, le vénérable coach pourrait se servir du papier signé pour se disculper de toute responsabilité dans l'affaire. Il conserverait le beau rôle. Comme toujours. J'avoue ne pas être en accord avec cette méthode. Un entraîneur doit savoir également assumer ses responsabilités. Aussi bien dans la victoire... que dans la défaite ! On ne peut pas se désolidariser d'un événement alors que l'on y a joué un rôle. Je n'ai jamais demandé de tels engagements signés aux athlètes de mon groupe. Je préfère la confiance et le dialogue. C'est beaucoup plus fort. Plus humain. Plus responsabilisant aussi. Et si demain j'apprenais qu'un de mes athlètes était dopé, je le vivrais très mal. Cela démontrerait que mon discours n'est pas passé et que je n'ai pas été suffisamment clair et dissuasif. En conclusion, cela voudrait dire que je n'aurais pas fait mon travail correctement. Je serais alors amené à me remettre profondément en cause, quitte à envisager une démission de mon poste d'entraîneur s'il s'avérait que l'athlète incriminé s'est dopé sciemment et non accidentellement.

Heureusement, cette terrible mésaventure ne m'est pas arrivée, et je me bats quotidiennement pour que les athlètes du groupe que j'entraîne s'épanouissent à l'écart du dopage. Je suis là pour les mettre en confiance. Mes athlètes doivent être forts, compétitifs. Même les athlètes sauvagement dopés ne sont pas à l'abri du doute, d'une défaillance, d'une blessure. Et, ce jour-là, les autres (non dopés) devront savoir saisir l'opportunité qui se présente... et gagner ! Encore une fois : rien n'est jamais figé. Tout est possible.

En 1986, aux Championnats d'Europe, j'ai affronté des athlètes dopés. En séries, en demi-finales et en finale. Et j'ai gagné contre ces gens-là, devenant même le meilleur performer mondial de l'année. Ce qui était possible en 1986 l'est encore aujourd'hui. Il est faux de croire que l'avancée des techniques du dopage rend l'exploit de plus en plus impossible. Surtout dans les disciplines qui demandent une grosse maîtrise technique.

Prenons l'exemple de ma discipline, le 110 mètres haies. En 1983, le record du monde sur la distance était de 12,93 secondes. A l'heure où j'écris ces lignes, il est de 12,91 secondes. Les performances restent donc à peu près les mêmes. Si les athlètes se dopent de plus en plus, la spécificité technique les empêche de réaliser des temps hors du commun. Tout cela est plutôt encourageant. C'est la preuve que le dopage ne fait pas tout. S'il peut offrir de la force et de la résistance, il ne pourra jamais donner des qualités techniques. Maintenant, pour les disciplines qui demandent moins de maîtrise technique, là, je reconnais qu'il y a de quoi s'inquiéter et se décourager. Un haltérophile qui carbure au jus de pamplemousse et à l'entraînement classique sera irrémédiablement relégué dans les profondeurs du classement. La sanction sera la même pour un marathonien, un coureur cycliste ou un lanceur de poids. C'est pour tous ces gens-là qu'il faut intensifier la lutte.

Pour ce faire, l'Agence Mondiale Antidopage (AMA) a

été créée le 10 novembre 1999. J'ose espérer que c'est une bonne chose. Là aussi, j'ai envie d'y croire. J'y vois la chance d'une harmonisation à l'échelle mondiale des règles et des procédures. Ainsi avec l'AMA, nous aurons peut-être l'occasion d'arriver à des listes similaires de produits interdits dans tous les pays et à des sanctions applicables partout. Nous n'y sommes pas encore, mais c'est une possibilité très intéressante. L'AMA peut également devenir un outil majeur dans les domaines des contrôles et de la recherche. Pour cela, elle devra cultiver son indépendance. Mais là... ce n'est pas gagné. Jusqu'à la fin de l'année 2001, le budget de l'AMA est assuré par le CIO. Avouez que ça pose problème. Dans le comité exécutif de cette Agence, on retrouve des personnes aussi diverses que le président de l'UCI (Hein Verbruggen, président de l'Union Cycliste Internationale, s'est signalé en l'an 2000 en demandant la destruction d'échantillons congelés et litigieux sur le Tour de France !), le ministre de la Culture finlandaise ou bien encore le ministre pour la Justice et les Douanes australiennes (!!!). J'espère que toutes ces personnes ont une volonté sincère et du temps à donner dans la lutte effective contre le dopage. Si tout ce beau petit monde révèle un jour que le sport est dopé à 99 pour cent, j'ai bien peur que les différentes instances ou pays appelés à financer l'Agence ne lui demandent de calmer ses ardeurs. C'est un risque évident. Comme l'Agence mondiale antidopage n'a pas de fonds propres, son pouvoir peut bien vite se limiter à quelques actions de « nettoyage » sans valeur réelle. Il faut donc qu'il y ait une volonté commune et sans faille. Alors qu'en novembre 2000, à Oslo, les différents Etats discutaient du financement futur de l'Agence, Marie-George Buffet avait déclaré fort justement : « *Il n'existera pas de lutte internationale tant qu'au plan national les pays ne se doteront pas d'une législation forte et adaptée.* »

Cette déclaration toute simple et pleine de bons sens n'a pas été du goût de tous. Quelques heures plus tard, l'Afrique du Sud, l'Australie et les Pays-Bas, entre autres, ont demandé à revoir le texte définissant les missions exactes de l'AMA. A croire qu'une lutte virtuelle est préférable à une lutte réelle. L'engagement ne semble pas être le même pour tous. Cela étant, là encore, j'y crois. C'est peut-être même notre dernière chance d'endiguer le dopage. Seul un mouvement planétaire pourra agir avec des effets concrets. Il faut s'y atteler. Vite...

Nous avons tous des rêves. Moi le premier. Je suis obligé d'en avoir. Je ne veux pas qu'ils s'écroulent. Je veux croire en un sport propre. Je m'accroche à cette chimère. Ma propre réussite sans dopage nourrit mon rêve. En 1992, dans la finale olympique du 400 mètres haies, l'Américain Kevin Young a réalisé un exploit insensé. Avant la course, son record était de 47,62 secondes. A Barcelone, il a réussi 46,78 secondes. Il a presque gagné une seconde ! C'était tout simplement énorme. Passé la ligne, Young nous a même gratifiés d'un salto arrière. Je venais de terminer ma course et il était alors impossible de me demander un tel geste. J'en étais complètement incapable. Le dopage a tellement gangrené le sport qu'un tel événement est devenu louche. C'est dommage. On oublie que l'homme est capable de se surpasser sans l'apport de produits dopants. Il a le pouvoir de se dépasser, de repousser ses propres limites. On le voit bien dans la vie de tous les jours. Des femmes parviennent à courir à des vitesses incroyables pour empêcher leurs enfants de se faire écraser sur la route. Une volonté extrême leur permet de réaliser, à ce moment-là, un acte « extraordinaire ». Bien que leur physique n'y soit pas préparé, elles le font quand même. Le lendemain, elles souffrent généralement de nombreuses contractures musculaires, mais l'exploit est là : l'enfant est sain et sauf. Je crois que le potentiel humain est énorme. Le dopage ne peut rien contre l'homme.

Il faut bien comprendre que je ne cherche pas à m'ériger en juge. Je n'ai pas pour ambition d'être le grand justicier du monde du sport, mais il est urgent de faire un grand ménage. Tous les gens concernés doivent y participer. Je crois aux vertus d'un sport propre et je me battrai pour cela. L'homme vaut mieux que ça...

Je vais terminer par un aveu terrible : je suis en quelque sorte dopé ! J'ai, en effet, recours à deux formes de dopage : le plaisir et la passion. Ce sont deux formidables stimulants. Il serait bon de vanter leurs mérites respectifs. Cela ne ferait pas de mal à notre société qui n'a plus la main sur le cœur... mais sur le portefeuille !

6

Parlez-moi dollar !

« *Is this love ? Is this love ? Is this love ?...* » chantaient avec un succès considérable Bob Marley and the Wailers au beau milieu des années 70. Le « Flower power » battait alors son plein. Aujourd'hui, près de vingt-cinq ans plus tard, le monde du sport aurait tendance à scander : « *I don't want a lover, I just need money !* » (« *Je ne veux pas un amant ; j'ai juste besoin d'argent.* ») Depuis le milieu des années 80, le billet vert est, en effet, devenu incontournable. Il fait la loi. Sa loi. Désormais, dans le palmarès d'un champion, on cite ses plus grandes victoires ainsi que l'ensemble de ses gains amassés depuis le début de sa carrière. C'est devenu une référence. Etrange référence ? Je ne sais pas. Quoi qu'il en soit, on ne semble plus capable de faire autrement. Le pouvoir de l'argent est de plus en plus important. La *love generation* a été complètement submergée.

A l'aube du XXIe siècle, la progression de l'argent est telle que mon histoire en 1986 va certainement faire sourire le dixième ou le quinzième athlète français actuel. Au début de cette année 1986, mon palmarès comprenait déjà un titre de champion du monde en salle sur le 60 mètres haies (1985) et une place de finaliste olympique sur le 110 mètres haies (1984). J'étais le jeune leader de l'athlétisme français. Le grand espoir. Les sponsors commençaient à peine à s'intéresser à l'athlétisme. Je dirais que c'était la fin de l'âge de pierre. Adidas, mon équipementier depuis 1984, m'offrait alors deux mille francs par mois en guise de partenariat. J'étais bien évidemment ravi. Tout allait ainsi pour le mieux jusqu'au jour où Nike, un nouveau concurrent d'Adidas, m'a contacté. Je venais de réaliser un début de saison tonitruant (avec notamment, en mai 1986, un chrono manuel de 13 secondes qui correspondait à un record d'Europe). La firme américaine voulait investir sur moi et sur mon potentiel. A leurs yeux, je représentais une valeur d'avenir, et ils m'ont très vite proposé un contrat financier diablement intéressant pour l'époque. Je l'ai étudié avec minutie puis, par correction, j'ai prévenu Adidas qu'un autre équipementier souhaitait travailler avec moi. J'ai préféré ne pas leur indiquer le montant du contrat proposé par Nike. Je n'ai pas voulu jouer les commissaires-priseurs dans une vente aux enchères. Pour moi, l'argent n'était pas une priorité. Je m'en fichais. Je n'ai jamais su ou voulu négocier ma valeur marchande. Quoi qu'il en soit, les responsables d'Adidas ont fait une nouvelle estimation de cette fameuse valeur. Fin mai, ils m'ont, à leur tour, proposé un nouveau contrat dont le montant atteignait à peine la moitié de l'offre faite par Nike. Mon choix fut donc rapide. Le contrat que j'avais avec Adidas prenait fin le 31 août 1986 et, à partir du 1er septembre, je me suis retrouvé dans « l'écurie » des athlètes Nike. Il est amusant de noter qu'Adidas (qui n'avait pas voulu surenchérir, et c'était d'ailleurs tout à fait son droit) m'a vu décrocher un titre européen en août de cette même année puis les quitter aussitôt pour partir courir en partenariat avec un autre équipementier. Au bout du compte, c'est Nike qui aura profité de l'effet médaille d'or alors que j'étais devenu champion d'Europe avec la marque aux trois bandes. Je pense qu'à cette époque l'équipementier allemand a commis de graves erreurs marketing. En sous-estimant l'impact qu'allait prendre l'athlétisme, il a laissé des concurrents s'installer et s'octroyer des parts de marché conséquentes. Adidas jouissait d'un véritable monopole en Europe et a fini par le perdre.

Quant à moi, je n'ai aucun regret. J'ai accepté une proposition de la part d'un groupe qui m'est resté fidèle tout au long de ma carrière. Je me souviendrai longtemps de ce jour d'août 1986 où je me suis rendu à leur siège de Cergy-Pontoise. Comme mon contrat démarrait en septembre et que j'avais des meetings prévus dès le début de ce mois, il fallait qu'ils me fournissent tout le matériel et l'équipement nécessaires. Et c'est ce qu'ils ont fait. On m'a d'abord amené deux énormes sacs vides. Puis, on m'a invité au magasin. Là, j'ai pu remplir les sacs à ma guise. Je n'avais que l'embarras du choix. C'était insensé. Il y avait également une salle consacrée aux prototypes. Il s'agissait de modèles uniques, et là aussi j'ai eu droit à quelques primeurs ! Ce jour-là, j'ai vraiment eu l'impression d'être une « big » star. J'étais choyé, bichonné. On ne m'a rien refusé. Absolument rien. C'était incroyable. Nike avait investi sur moi, avait cru en moi et ne souhaitait pas se montrer tatillon. L'équipementier n'a pas regardé à la dépense. C'était Noël avant l'heure. Il n'y avait pratiquement pas de limites. Ce fut un moment grisant. Cerise sur le gâteau : il n'y a jamais eu de réveil difficile. Car, par la suite, le comportement de Nike avec moi a toujours été exemplaire. Sa fidélité a été incontestable. Je crois que les responsables de la firme ont senti que c'était réciproque. Je ne me suis jamais comporté comme un mercenaire. Certains athlètes passent leur temps à se vendre au plus offrant. Je n'ai jamais eu envie d'agir comme eux. J'ai besoin d'une relation de confiance. Si je me sens écouté et respecté, je suis fidèle. Je crois que cela a plu à mon équipementier qui est resté à mes côtés... même dans les moments les plus difficiles et incertains. Il leur a fallu un certain courage et ils l'ont eu.

Depuis que j'ai mis un terme à ma carrière en 1997, Nike continue de me fournir de temps en temps une paire de chaussures ou un survêtement. Nous n'avons plus de contrat ensemble mais ils sont toujours là. Même si, aujourd'hui, je ne leur dois plus rien, je reste attaché à cette marque. Je dois d'ailleurs être l'un des rares cadres techniques fédéraux à porter ces couleurs (il faut savoir que la Fédération française, sponsorisée par Adidas, fournit une fois par an à chacun de ses cadres techniques un survêtement ainsi qu'une paire de trainings frappés de la marque aux trois bandes). Nike a participé à mon aventure.

Comme je l'ai dit précédemment, l'argent a déferlé sur l'athlétisme dans les années 80. A l'initiative de Primo Nebiolo, le président de la Fédération internationale d'athlétisme amateur (IAAF), 1985 a vu la création des Grands Prix. A l'instar du tennis ou de la Formule 1, on a assisté à la mise en place d'un véritable calendrier de meetings avec des règles identiques pour tout le monde. Avant cela, chaque organisateur de meeting pouvait faire un peu ce qu'il voulait (tant au niveau de la date que du contenu de la compétition). La Fédération internationale a contribué à structurer le circuit et on a assisté à l'avènement de l'athlétisme dans les médias. L'argent a bien évidemment suivi le mouvement. Cette politique de Primo Nebiolo a donné naissance à « l'athletisme business ». Le bébé a vite grandi. En l'espace d'une saison, l'athlétisme international a changé de planète. L'amateurisme a pratiquement disparu. L'ère moderne a tout balayé sur son passage.

J'ai connu le sommet de ma carrière au tout début de cette ère. Ainsi, en 1986, j'ai touché la rondelette somme de quatre-vingt-dix mille francs. La Fédération, grâce à l'aide de ses différents sponsors, s'était engagée à verser des primes aux athlètes français en cas de résultats significatifs. Ainsi, un titre européen rapportait cinquante mille francs et un record d'Europe battu lors des Championnats d'Europe permettait de gagner quarante mille francs (seulement vingt mille si le record était établi en dehors de ces championnats). Ma médaille d'or sur le 110 mètres haies de Stuttgart m'a donc rapporté cinquante mille francs. Auxquels il a fallu ajouter quarante mille francs correspondant à mon record d'Europe (en signant le temps de 13,20 secondes, j'avais détrôné Guy Drut et ses 13,28 secondes). A l'époque, ce gain exceptionnel a fait du bruit. L'argent faisait ses premiers pas dans l'athlétisme et j'étais l'un des premiers Français à en bénéficier à un tel niveau (au même titre que le demi-fondeur Joseph Mahmoud, toujours recordman d'Europe du 3 000 mètres steeple depuis 1984, ou que les perchistes Thierry Vigneron et Pierre Quinon, derniers recordmen du monde avant l'ère Bubka). A quoi m'a servi ce merveilleux jackpot réalisé en une seule course ? A faire des cadeaux à l'ensemble de ma famille. Le Père Noël fut très généreux le 25 décembre 1986. Aujourd'hui, je n'ai aucun regret. Après tout, on ne vit qu'une fois...

Je crois avoir été l'un des premiers Français à vivre véritablement de l'athlétisme. Comme je l'ai déjà dit, j'avais une certaine valeur marchande. La BNP, qui m'avait recruté dans le cadre des accords avec le ministère de la Jeunesse et des Sports, a pu ainsi utiliser mon image. Pendant très longtemps, j'ai hanté les murs des différentes agences de la banque grâce à une photo qui me représentait en costume et cravate en train de sauter une haie, un dossier BNP sous le bras. A cette époque, un athlète pouvait « monnayer » son talent. Mon équipementier Nike me versait environ douze mille francs par mois, et même si la somme paraît dérisoire au regard des salaires de certains aujourd'hui, j'étais une sorte de « professionnel ». J'avais un contrat qui reposait sur trois clauses essentielles : d'abord l'obligation de porter la marque à l'entraînement et en compétition, ensuite participer à des opérations de marketing ponctuelles, enfin, Nike pouvait utiliser mon image comme il le souhaitait. En échange de tout cela, je recevais tous les mois une somme d'argent fixée à l'avance et éventuellement des primes en cas de victoires particulières ou de records. J'étais ainsi devenu plus qu'un athlète. Je sortais du cadre classique du sportif qui se cantonnait à son entraînement et à ses compétitions. J'étais une sorte de « représentant de commerce ». Certes, les sommes étaient encore modestes, mais cette période symbolise vraiment l'arrivée de l'argent dans l'athlétisme. Nous étions en plein boom. D'autres disciplines comme le football ou le tennis avaient déjà connu cet essor plusieurs années auparavant. L'écart demeurait encore énorme.

En septembre 1986, j'ai rencontré Yannick Noah, pour la première fois, à l'occasion des Olympiades de Biarritz organisées par Serge Blanco. Un bon feeling s'est installé entre nous. Quelque temps plus tard, il m'a convié à participer à un disque pour l'organisation humanitaire Care France. J'ai toujours beaucoup aimé Noah. Durant l'enregistrement de ce disque, nous avons eu l'occasion de discuter assez longuement. Il m'avait demandé de lui parler un peu de moi. Je lui ai donc appris que j'étais le numéro un mondial de ma discipline et que l'athlétisme avait beaucoup de retard par rapport au tennis : je n'avais pas vraiment une vie de millionnaire. Yannick a eu du mal à y croire. Ce jour-là, je l'ai tout simplement fait rire. Il a découvert un autre monde. Le tennis n'avait absolument rien à voir avec l'athlétisme. Surtout l'athlétisme français ! Très gentiment, il m'a conseillé d'aller voir son beau-frère, l'ancien tennisman Patrick Proisy qui travaillait chez McCormack, une société spécialisée dans le management sportif. Pour le finaliste de Roland-Garros qui gagnait magnifiquement bien sa vie grâce au tennis, il était incroyable que l'on ne puisse pas faire fructifier un nom qui était le numéro un mondial dans son sport. J'ai donc rencontré Patrick Proisy qui s'est déclaré intéressé. Et c'est ainsi que je suis probablement devenu le premier athlète français à qui l'on a fait signer des contrats de sponsoring (en dehors des équipementiers). Je disposais donc d'un agent publicitaire. Ironie de l'histoire du sport : après les jeux Olympiques de 1976, Guy Drut avait été exclu pour professionnalisme. On l'avait accusé d'avoir touché de l'argent pour courir dans un meeting ! En moins de dix ans, les choses avaient bien changé. L'argent était tout simplement parvenu à se faire une place.

Cette place a pris rapidement beaucoup d'importance. J'ai pu le noter en 1990. Je revenais à la compétition après pratiquement deux ans d'arrêt (vingt et un mois au total) suite à une pubalgie apparue lors des jeux Olympiques de Séoul. En juin de cette année 1990, j'ai fait un meeting de rentrée à Pau. Les organisateurs m'ont annoncé qu'ils allaient me proposer une somme d'argent classique. Je n'ai pas posé plus de questions car je m'en fichais complètement. Lorsque j'ai reçu le chèque (d'un montant d'environ treize mille francs), j'ai eu un moment d'arrêt. Je n'avais jamais touché une telle somme pour courir dans une réunion nationale. Même en 1986 alors que j'étais le numéro un mondial ! Heureusement, cette inflation permanente s'est un peu ralentie dans les années 90. On a assisté à une certaine stagnation des prix et à l'établissement de règles implicites quant aux différentes primes offertes aux athlètes. Après la folie des grandeurs des années 80 qui avaient vu des organisateurs renchérir en permanence pour s'offrir les meilleurs athlètes (ou proposer des sommes incroyables dans l'hypothèse d'un record du monde), les organisateurs ont choisi de travailler ensemble pour mettre fin à cette montée vertigineuse et dangereuse des prix.

Mais si les prix sont aujourd'hui stables, ils demeurent très élevés. On a littéralement assisté à une « professionnalisation » de l'athlétisme. Désormais, l'athlète de premier plan a un agent. On ne peut donc plus communiquer directement avec lui. Il faut d'abord passer par ces fameux agents. La donne a changé. Contre une certaine somme d'argent (fixe ou variable en fonction des gains ou des résultats de l'athlète), le sportif s'en remet à cette personne chargée de négocier pour lui sa présence dans les meetings ou dans les médias. Le business est roi. Dans cette faune, il y a les agents reconnus officiellement par la Fédération et ceux qui ne le sont pas. Tout ce petit monde cohabite tant bien que mal. Ce système moderne déclenche parfois des pleurs lorsqu'un agent se révèle truand, mais il faut « aussi » savoir perdre. C'est un peu la nouvelle loi du sport. L'aspect business est devenu tellement important qu'il est impératif de s'entourer des bonnes personnes. Avoir un agent compétent, c'est s'assurer une place dans les meetings.

L'image de l'athlète se vend désormais comme tous les autres produits de grande consommation. Il s'agit de marketing à un haut niveau. Il faut savoir s'y adapter.

C'est peut-être d'ailleurs ce qui est reproché à certaines Fédérations et, en particulier, à la Fédération française d'athlétisme. Certains estiment qu'elle n'a pas su évoluer dans ce sens et qu'elle se contente de se consacrer à l'athlétisme pur et simple. Il est vrai que la différence avec la Fédération française de football est grande. Certes, les moyens ne sont pas les mêmes (le football a un budget colossal), mais les structures en place permettent de faire fructifier les différentes victoires de l'équipe de France (le droit à l'image est très sévèrement négocié). En athlétisme, rien n'a été anticipé pour promouvoir les succès de Pérec ou d'autres athlètes comme Galfione, Diagana, Arron, et d'en tirer un bénéfice quelconque. C'est dommage. L'athlétisme français n'ose pas assez.

Il n'y a que l'athlète qui ose. On se rappelle tous de cette image de Marie-José Pérec qui, lors d'une interview télévisée, cherchait absolument à faire apparaître à l'antenne le logo de son équipementier. Ça peut sembler grotesque, mais l'athlète a le mérite de jouer le jeu. Il a compris que sa carrière était courte et qu'il devait la faire fructifier. Pour cela, il signe des contrats avec différents sponsors et cherche assez logiquement à ce que ceux-ci bénéficient d'un retour médiatique. Cela n'a rien de choquant. Ainsi fonctionne le sport moderne. Il faut accepter cet état de fait. Le sportif est devenu un véritable panneau publicitaire. J'en parlerai plus longuement dans le chapitre suivant, mais je trouve dommage que les médias essaient de masquer au maximum les partenaires des athlètes tout en matraquant de la publicité à longueur de journée dans leurs propres programmes. Chacun vit de la pub aujourd'hui. L'athlète se nourrit grâce aux sponsors. Si ces derniers n'ont plus d'exposition médiatique, l'athlète peut les perdre et perdre, par là même, son indépendance financière, et encore, sans elle, être obligé d'abandonner. Or, sans athlète...

On ne peut plus se permettre de nier l'importance du sport business aujourd'hui. Le nier, c'est avoir tout faux. A tous les niveaux, il faut le prendre en considération.

Même à ma modeste place d'entraîneur sur le Pôle France de l'INSEP. Puisque désormais les sponsors des meetings réclament les têtes d'affiches aux organisateurs, il devient très difficile de faire courir des athlètes de moindre niveau ou en devenir. Il y a encore quinze ans, vous pouviez établir un calendrier avec un programme de compétitions précis. Aujourd'hui, seuls les championnats régionaux et nationaux sont ouverts à tous. L'entraîneur se voit donc contraint de travailler en étroite collaboration avec l'agent afin que ce dernier trouve les meilleurs engagements et surtout les plus cohérents avec la préparation du moment. L'accès à ces meetings constitue un passage obligé pour préparer les grands rendez-vous européens ou mondiaux de la saison. Pour un athlète, il me semble difficile d'arriver au top niveau dans un Championnat du Monde ou d'Europe s'il n'a pas eu la chance de pouvoir affronter précédemment les meilleurs de sa discipline dans des réunions. C'est d'ailleurs pourquoi les athlètes français ont autant de mal à être compétitifs dans les grands championnats internationaux. Comme ils n'ont souvent pas accès aux principaux meetings dans lesquels ils peuvent se confronter aux meilleurs, ils ont le plus grand mal à hausser leurs niveaux de performances. Très peu d'athlètes français disposent de billets d'entrée pour ces meetings de renommée internationale : Pérec, Diagana, Galfione, Arron, Baala et quelques autres. Excepté ces grands leaders, il est quasiment impossible de décrocher une place. Résultat : un athlète français passe souvent d'un Championnat de France aux jeux Olympiques sans la moindre transition. C'est alors le saut dans l'inconnu. Tant au niveau de l'adversaire qu'il n'a jamais eu l'occasion d'affronter que de la pression qui est immense et qui n'a absolument rien à voir avec celle d'une compétition nationale. Cela étant, il ne s'agit pas ici d'un mal uniquement français. Tous les autres pays d'Europe souffrent de cette douloureuse réalité. Le sport business a développé un athlétisme à deux vitesses. Les stars s'affrontent régulièrement sous l'œil des caméras. Quant aux seconds couteaux, ils doivent se battre pour ramasser les rares miettes.

Face à cette terrible vérité, le rôle du coach est forcément devenu plus complexe. Je ne sais pas si l'entraîneur doit être formé aux métiers du marketing mais, en tout cas, il doit y être ouvert. Il ne peut plus se permettre de ne se consacrer qu'au simple entraînement sur la piste. Le coach doit avoir une dimension polyvalente. Car désormais il se bat pour que ses athlètes aient une chance d'exister sur la scène internationale. Le chrono n'est plus l'unique facteur déterminant. L'athlétisme de haut niveau est devenu un management d'équipe, et je pense que le coach en constitue l'un des rouages principaux. L'entraîneur a pour mission première d'entraîner, mais il doit également permettre à l'athlète de se sentir guidé, épaulé dans ses différentes missions. Pour cela, il doit savoir déléguer son pouvoir dans les domaines médicaux ou financiers, entre autres. Mais là encore, tout en déléguant une partie de son pouvoir, il doit être en mesure de dialoguer avec ses différents partenaires afin que l'ensemble des actions se réalise logiquement et harmonieusement. Le sport business est finalement assez subtil. Le management d'hommes demande une vraie capacité de dialogue, avec des convictions. Aujourd'hui, le coach est avant tout un gestionnaire. Il gère une équipe réduite dans laquelle évoluent non seulement les athlètes mais également un médecin, un kinésithérapeute, des agents, des avocats, les responsables de la Fédération... Cette gestion doit bien évidemment être optimale si l'on veut que l'athlète puisse s'épanouir. Tout cela devient très compliqué. Surtout pour un entraîneur bénévole qui n'a pas toujours la formation adéquate et qui est parfois dépassé par de tels systèmes de fonctionnement. Je crois donc sincèrement que l'entraîneur doit devenir professionnel (au moins dans son comportement) s'il veut continuer à être performant dans le monde du sport moderne.

Dans le domaine financier, l'athlétisme américain a une certaine avance sur l'athlétisme français. Je ne suis pourtant pas certain qu'il génère plus d'argent. Cela étant, aux Etats-Unis, il y a une démarche professionnelle que l'on ne retrouve pas en France. Outre-Atlantique, il n'y a pas de honte à gagner de l'argent, ce n'est pas un tabou, au contraire. Les Américains sont souvent très fiers d'annoncer le montant de leur salaire annuel. En ce qui concerne l'athlétisme, je ne pense pas que les athlètes aient un train de vie très supérieur à celui des athlètes français ou italiens (je parle, ici, de l'ensemble des athlètes américains et non des grands leaders comme Marion Jones ou Maurice Greene). Là-bas aussi, il est difficile de faire vivre des compétitions à cause de la concurrence de sports plus populaires comme le football américain, le basket, le base-ball ou le hockey sur glace. La seule différence avec nous, c'est que les Américains ont su créer de véritables équipes professionnelles d'athlètes (comme le HSI dirigé par John Smith à Los Angeles). Le but est très clair : faire du fric. Dès le départ, les ambitions sont affichées. Dans ces conditions, la structure a pour mission d'être performante à tous les niveaux (sportif, médical, juridique...). L'athlète doit être dans la meilleure forme possible afin d'atteindre ses objectifs et de rapporter de solides poignées de dollars au groupe. Tout le monde a donc intérêt à donner le meilleur de lui-même. Il est vrai que c'est une solution franchement extrême. Surtout pour un pays comme la France qui ne partage pas du tout ces valeurs d'indépendance farouche. Aux yeux d'un athlète français habitué à un certain petit confort fédéral, l'Amérique peut ressembler à une jungle hostile. Avantage tout de même du système de l'Oncle Sam : un athlète modeste a souvent sa place dans les grands meetings. Pourquoi ? Tout simplement parce que l'agent d'une star (comme Johnson ou Greene) va exiger de l'organisateur d'un meeting qu'il prenne le « package ». « *Vous voulez Michaël Johnson au départ du 200 mètres ? Très bien mais à une seule condition : dans la même réunion, vous allez faire courir cinq athlètes de son groupe d'entraînement.* » L'organisateur n'a pas d'autre choix que d'accepter l'offre, sinon, la star ne viendra pas.

Quant aux compagnons d'entraînements de Johnson, ils ne sont pas systématiquement payés pour se produire mais ils ont au moins la chance de pouvoir se confronter à la crème de l'athlétisme mondial. Pendant ce temps-là, l'athlète européen de moindre niveau allume des cierges...

Nous avons là deux systèmes diamétralement opposés. D'un côté, les Etats-Unis avec une professionnalisation poussée à son paroxysme. De l'autre, la France où le statut professionnel n'existe même pas ! Si un footballeur français peut jouir d'un statut pro avec tous les avantages sociaux que cela comporte, l'athlète français, lui, n'y a pas droit. C'est un vide juridique. Même si certains athlètes (essentiellement les meilleurs, c'est-à-dire une petite vingtaine d'éléments) ont un fonctionnement et des revenus de professionnels, ils ne peuvent pas l'être officiellement aux yeux de la loi française. L'athlétisme étant considéré comme un sport amateur, un champion qui amasse des sommes importantes lors de meetings ne pourra pas utiliser une partie de cet argent pour cotiser aux différentes caisses sociales existantes. Le coureur cycliste peut le faire. Le footballeur également. Mais pas l'athlète. Ses gains ne lui permettent pas de se préparer une retraite, de cotiser au chômage ou à la Sécurité sociale. Il s'agit là d'un très gros handicap. Si aujourd'hui une petite dizaine d'athlètes vivent royalement de l'athlétisme (avec des revenus avoisinant les cinquante mille francs par mois), cela ne leur ouvre pas pour autant les portes d'une véritable couverture sociale. C'est l'aberration du système. L'un des nœuds du problème. Le ministère de la Jeunesse et des Sports en est bien conscient, mais les solutions semblent difficiles à trouver. Certains voudraient faire évoluer le statut des athlètes vers celui des intermittents du spectacle ou bien encore vers celui des artisans. L'Etat français se penche sur le dossier mais c'est extrêmement complexe. Car il y a une énorme différence entre le numéro un français dont les revenus dépassent allègrement les cent mille francs mensuels et un modeste athlète de haut niveau dont les aides fédérales lui offrent tout juste de quoi finir ses mois. Il faut donc élaborer un statut qui permette à chacun d'y trouver son compte. La législation française doit vite s'adapter au sport moderne. En outre, il y a aujourd'hui un décalage énorme entre le sport amateur et le sport professionnel. Les sportifs amateurs qui gagnent beaucoup d'argent (avouez que la remarque est amusante puisque, dans la définition, l'amateur pratique un sport sans recevoir de rémunération directe !) sont complètement lésés. Ils n'ont aucune reconnaissance sociale.

Par ailleurs, l'athlétisme a l'avantage et le désavantage d'être le sport olympique numéro un. L'avantage est assez évident : étant la discipline olympique reine, l'athlétisme jouit d'une renommée à l'échelle planétaire. Parfait. Le désavantage est plus subtil : ce titre de numéro un (finalement bien symbolique puisqu'il n'est effectif que quinze jours tous les quatre ans) a tendance à faire tourner la tête d'une bonne partie de ses responsables français. Le milieu croit tout simplement que l'athlétisme est un sport aussi important que les autres disciplines majeures dans l'Hexagone. Il exagère complètement en donnant à l'athlé un rang qu'il n'a tout simplement jamais occupé. Si l'athlétisme est un sport de base (pour ne pas dire « le » sport de base), il n'est certainement pas le sport numéro un dans notre pays. C'est peut-être dommage (injuste, incompréhensible, ce que vous voulez), mais c'est une réalité qu'il faut accepter. Le sport français repose sur le football. Point final. De son côté, l'athlétisme a tout de même la chance d'être privilégié par rapport aux autres sports mineurs (les différents ministres des Sports ont toujours soutenu la discipline car elle symbolisait l'Olympisme avec un grand O) mais cela ne fait malheureusement qu'entretenir l'illusion d'un athlétisme français souverain. Il y a un énorme décalage entre les fantasmes de certains responsables et la réalité au quotidien.

A Sydney, l'athlétisme français est retombé à sa vraie place. Nos quelques stars, pour des raisons aussi diverses que variées, n'étaient pas au rendez-vous, et nous avons donc retrouvé notre juste niveau : celui d'une nation malheureusement moyenne. Certains ne l'ont pas supporté. Les effets de la gueule de bois ont mis du temps à se dissiper. Il faut pourtant bien accepter cet état de fait. Nous devons vite faire évoluer nos mentalités. Car il y a une réalité incontournable : l'athlétisme est un sport mineur. Reconnaître cette évidence permettrait de mieux vivre les problèmes rencontrés et donc, pourquoi pas, de les résoudre. Nous devons redescendre sur terre. L'humilité doit être notre règle. Cessons de nous croire tout-puissants, supérieurs. A Sydney, le jour du départ pour le vol retour vers Paris, chaque sélectionné (toutes disciplines confondues) a porté son sac jusqu'au car. Le judoka Douillet, le basketteur Bilba, le boxeur Asloum... Tous les plus grands ont joué le jeu... sauf les athlètes français ! Les dirigeants de la Fédération se sont chargés des bagages. Ils ont joué les porteurs d'un jour ! C'est extrêmement grave. Les autres médaillés olympiques sont restés simples alors que les athlètes (auteurs d'un zéro pointé tristement historique en Australie) continuaient à vivre avec cette image de sportifs au-dessus du lot.

Certains dirigeants ou entraîneurs n'encouragent pas les athlètes à retrouver le chemin de la modestie. Redevenons humbles et tâchons de donner progressivement de l'importance à l'athlétisme. Voilà un sport qui a la chance d'être télévisé et télévisuel ; c'est un point de départ excellent. Après quoi se pose le problème des moyens financiers. Je crois qu'il faut chercher à diversifier les ressources de l'athlétisme français pour qu'il puisse se développer correctement (aussi bien au niveau structurel qu'au niveau marketing). Car, dans la situation actuelle, on ne peut plus espérer exister sur la scène internationale. Il est important de se réconcilier avec l'argent tout en cessant de faire ce dangereux complexe de supériorité. De grâce : redescendons sur la piste !

Pendant que les acteurs principaux de l'athlétisme (les athlètes) attendent un statut légitime, les nombreux sponsors continuent à générer de l'argent grâce à ce sport. Il ne faut pas croire que l'argent n'existe pas dans l'athlétisme français et que c'est pour ça que les athlètes demeurent des amateurs aux yeux de la loi. Les sponsors se portent très bien. Merci pour eux. Il s'agit même d'une inévitable réalité : les sponsors ont pris le pouvoir dans le sport. On ne peut aujourd'hui plus s'en passer puisqu'ils ont pratiquement tout acheté. Si quelqu'un veut modifier les règles, il peut voir les sponsors s'en aller et c'est trop risqué. Je ne pense pas que l'on puisse modifier la donne. C'est le sponsor qui crée l'événement. Il fait la pluie et le beau temps. Il fait ce qu'il veut. C'est en cela que son pouvoir est énorme et c'est pour cela qu'il faut rester extrêmement vigilant. Le sport restera intéressant tant que demeurera une inconnue s'agissant du résultat. Il ne faut pas transformer le sport en un simple spectacle au scénario préécrit. Si l'athlétisme devient du catch, on risque de « tuer » l'argent dans tout ce qu'il a de bénéfique, de positif. En tuant cette incertitude du résultat, on tuera le sport. Il faut faire très attention.

On a souvent tendance à présenter l'argent comme un élément qui a gangrené le sport. Un élément qui l'a complètement dénaturé, déstructuré. Il faut cependant relativiser cette croyance. Les Carl Lewis sont rares. Un tel palmarès également : neuf titres olympiques remportés sur quatre olympiades consécutives ! Aux JO de Los Angeles en 1984, le sprinter américain a décroché pas moins de quatre médailles d'or (100 mètres, 200 mètres, 4 fois 100 mètres et longueur) ! Avec un bilan aussi incroyable, la star du Santa Monica Track Club a été extrêmement médiatisée. Ses différents exploits lui ont permis d'amasser une fortune colossale. Les partenaires sous contrat avec Carl Lewis ont également pu bénéficier des formidables succès de l'Américain. A ce jour, Lewis constitue la grande référence en matière de réussite aussi bien sportive que commerciale. Mais il faut bien l'avouer : Carl Lewis est une exception. La grande moyenne des athlètes ne gagne pas des sommes aussi importantes, et je ne vois absolument rien de choquant au fait de vivre convenablement du sport. J'ai été l'un des premiers à bénéficier de rentrées d'argent conséquentes dans l'athlétisme français et je m'en réjouis. Aujourd'hui, devenu entraîneur, je coache des athlètes qui touchent parfois des sommes bien supérieures. Puisque j'étais athlète il y a quelques années à peine, je connais assez bien la situation. Cela ne me choque pas, mais j'imagine que d'autres entraîneurs, qui n'ont pas forcément un passé d'athlète de haut niveau, peuvent souffrir de cette forme d'injustice. Ils sont de modestes fonctionnaires pendant que leurs « poulains » (lorsqu'ils font partie des meilleurs) négocient, via leurs agents, des cachets importants pour apparaître dans les meetings. L'athlète est roi et son entraîneur n'est plus qu'un faire-valoir. Lui non plus n'a pas de statut véritable, et comme le plus souvent il est très peu médiatique, il a du mal à survivre.

Ce phénomène n'est pas propre à l'athlétisme. Il caractérise, en fait, toutes les disciplines dites « mineures » aux yeux des sponsors et des médias.

Prenons l'exemple du judo. Toute la France connaît David Douillet. Il est devenu, avec Zinedine Zidane, le sportif français le plus connu et surtout le plus apprécié. C'est une grande et belle histoire d'amour. A chaque olympiade, ses exploits ont fasciné le pays. Mais qui pourrait me dire le nom de son entraîneur ? Douillet est l'un des sportifs les plus cotés, et les Français sont bien incapables de donner le nom de celui qui le préparait ! En revanche, citer le coach de l'équipe de France de football, du Paris-Saint-Germain ou de l'Olympique de Marseille, c'est un jeu d'enfant. Encore une fois : le football est roi dans notre pays. Les sports mineurs passent au second plan. L'athlétisme n'échappe pas à la règle. Les structures et un management déficient l'empêchent de jouir des mêmes retombées médiatiques que le football. A méditer...

Parmi les aspects négatifs de l'argent dans le sport, il y a le fait indéniable que l'argent n'a pas toujours les mêmes valeurs que le sport. Je m'explique : le meilleur n'est pas forcément celui qui va ramasser le plus gros chèque. On le voit très clairement dans le tennis féminin avec la Russe Anna Kournikova qui est la joueuse la plus demandée par les publicitaires alors que son palmarès demeure bien maigre. Kournikova gagne plus d'argent que la Suissesse Hingis qui collectionne pourtant les victoires en tournoi et les semaines passées à la place de numéro un mondiale ! L'argent n'a pas les mêmes repères. On verra dans le chapitre suivant que l'argent a fortement besoin des médias. C'est un couple magique. L'image est devenue capitale. Aujourd'hui, l'athlète doit bien courir, avoir un beau corps et s'exprimer facilement devant un micro. Courir vite ne suffit plus. Le bec de lièvre est éliminatoire ! Heureusement, certains refusent encore et toujours cette dictature du sport business. Par exemple, les organisateurs du tournoi de tennis de Wimbledon s'opposent à ce que leur court soit ceinturé de panneaux publicitaires comme à Roland-Garros ou à Flushing Meadow. Les Londoniens ont imposé leur unicité, leur style, et cela ne les empêche pas de faire autant de chiffre d'affaires que les autres compétitions du Grand Chelem. C'est la preuve que l'on peut gagner de l'argent sans renier une certaine philosophie du sport. Les organisateurs de la Coupe d'Europe d'athlétisme devraient s'en inspirer, eux qui ont supprimé l'épreuve du 10 000 mètres sous prétexte que les diffuseurs la trouvaient trop longue ! Il faut des garde-fous si l'on ne veut pas que les incohérences du type Kournikova se développent.

Par ailleurs, avec l'argent, nous sommes en train de développer en France un athlétisme à plusieurs vitesses. C'est un peu comme le cyclisme à la fin des années 70. Une petite poignée vit très bien de la pratique de ce sport. Une grande majorité vivote, et tous les autres ne parviennent tout simplement pas à joindre les deux bouts. C'est pourquoi je répète qu'il est important de changer les statuts de l'athlète. Ce dernier doit devenir professionnel. Même si ceux qui ne sont pas têtes d'affiche peuvent bénéficier d'aides publiques (collectivités territoriales, etc.) pour continuer ainsi à vivre leur passion, il faut avoir le courage de décortiquer le problème et de mettre en place un système juste et efficace pour tous. Il faut oser.

Autre point délicat lié à l'argent dans le sport : la fiscalité française. On a bien vu dans le football que les dispositifs fiscaux de certains autres pays européens amenaient nos meilleurs joueurs à s'expatrier. Je n'ose croire qu'ils quittent tous la France pour la simple envie de découvrir un championnat étranger. L'aspect financier est prédominant. Un salaire plus important et surtout net d'impôt attire forcément. L'Europe n'est pas encore parvenue à une harmonisation fiscale, et notre pays en souffre. Nous assistons à la fuite des talents sportifs. C'est dommage. Là aussi, il s'agit d'un gros chantier qu'il va vite falloir entamer car nous risquons de nous retrouver bien seuls dans quelques années.

Certaines personnes réclament souvent un régime particulier pour les sportifs. J'ai peur que le grand public ne comprenne pas une telle mesure. Pourquoi les sportifs (qui gagnent parfois des sommes considérables) seraient-ils moins imposés qu'un cadre moyen ? Le citoyen que je suis a tendance à être opposé à une telle réforme. Maintenant, si on prend en compte le fait qu'une carrière sportive est généralement très courte (cinq à quinze ans environ), on peut estimer qu'il est préférable d'exercer une pression fiscale moins forte afin de permettre au sportif de préparer sa période de reconversion. Dans l'ensemble, il est extrêmement rare qu'un athlète puisse capitaliser suffisamment durant toute sa carrière et vivre ainsi de ses rentes par la suite. Dans l'athlétisme français des années 90, seuls Pérec, Galfione et Diagana ont dû rentrer dans ce cas de figure. Pour tous les autres, il est nécessaire d'envisager une reconversion professionnelle. Cela demande parfois beaucoup de temps. Si rien n'a été anticipé, un athlète peut se retrouver sans revenus durant quelques années, le temps d'acquérir la formation qui va lui permettre de rebondir professionnellement. C'est vrai qu'il peut être judicieux, dans ce cas, de lui offrir des conditions fiscales particulières afin de lui permettre de préparer l'avenir. Malheureusement, dans l'état actuel des choses, il me semble difficile de développer une fiscalité performante pour le monde du sport tant qu'un footballeur gagnera dix fois plus qu'un athlète. La route est encore bien longue...

Les dollars amassés par les meilleurs athlètes du monde font rêver. Je peux en témoigner. Un jour, des jeunes m'ont ainsi confié qu'ils voulaient pratiquer l'athlétisme dans le simple but de « faire » du fric. Je leur ai répondu que, dans ces conditions, l'athlétisme constituait sûrement le plus mauvais des choix. Avant de « faire » du fric, ils vont devoir travailler comme des damnés pendant dix ou quinze ans. Sans garantie de résultats. L'investissement physique est affreusement lourd. Malheureusement, je doute d'être parvenu à convaincre mon jeune auditoire. Aujourd'hui, le sport fait rêver une partie des adolescents car il véhicule l'image de l'argent. Selon certains sondages réalisés auprès de jeunes universitaires américains, près de 70 pour cent des personnes interrogées seraient prêtes à prendre tous les risques liés au dopage afin de devenir un sportif célèbre et de gagner beaucoup d'argent. L'esprit du sport a changé. Nous sommes désormais sous le règne du sport spectacle. Dans ce contexte, l'argent dicte tout. Rendez-vous compte que les footballeurs de l'équipe de France ont gagné plus d'argent pour leur victoire à l'Euro 2000 qu'au Mondial 1998, épreuve reine par excellence ! Tout est démesuré. La plus-value est phénoménale. Tout va très vite, trop vite. D'une certaine façon, le sportif semble avoir remplacé l'acteur ou l'actrice dans le cœur des gens. J'en veux pour preuve l'invitation de certains joueurs de l'équipe de France de football au Festival de Cannes. Leur visite a déclenché des bousculades comme à la grande époque de Brigitte Bardot ou de Marcello Mastroianni. C'est une évidence : le sportif fait rêver. Sa vie fascine. Il gagne parfois en un seul mois ce que certains salariés ne gagneront jamais en une longue vie active. Le sportif est devenu une véritable star que l'on vénère pour l'argent. C'est la valeur maîtresse, celle qui passe au premier plan. Elle décide de tout. Si demain « l'argent » estime que les golfeuses professionnelles doivent jouer en maillots de bain afin de mettre en valeur leur plastique, le golf féminin s'inclinera. Et celles qui refuseront ce nouveau règlement quelque peu aguicheur perdront tout simplement leurs places sur le circuit. Je tiens tout de même à préciser que l'idée des golfeuses en maillots de bain est une pure invention. Le projet n'existe pas. Jusqu'à ce que certains sponsors très influents dans le milieu des greens lisent peut-être ces lignes. Allez savoir...

Pour l'athlète, l'argent peut également représenter un grand danger. Il n'est généralement pas préparé à ce changement brutal. Du jour au lendemain, son train de vie s'accélère. Les amis (surtout les nouveaux) affluent. Le sportif découvre alors un autre monde. Souvent « piégeant ». J'ai tendance à ne pas trop apprécier l'exemple américain mais je dois avouer que, dans ce domaine bien précis, la prévention est assez bien faite. Chaque année, lorsqu'un joueur universitaire intègre le monde professionnel (lors des fameuses « drafts », sorte de marchés géants où les clubs font leurs achats et leurs ventes de jeunes talents), il est convoqué avec tous les autres « rookies » (surnom donné aux débutants) pour une importante séance de mise au point. Le président de la fédération concernée leur annonce que désormais ils n'auront plus d'autres amis que ceux qu'ils avaient avant de devenir pros. Puisque, à partir de l'instant où ils deviennent professionnels, ils vont gagner beaucoup d'argent, on les met bien en garde contre tous les vautours qui risquent de planer au-dessus de leurs têtes et surtout de leurs intérêts financiers. Cela n'empêche pas certains jeunes de faire confiance à des escrocs mais, au moins, ils ont été informés dès le départ. Ils agissent en connaissance de cause. Les données du problème sont inscrites noir sur blanc dans le contrat de base.

En France, ce n'est pas le cas. Certains footballeurs français se retrouvent à dix-huit ans avec des salaires mensuels de cinq cent mille ou un million de francs sans aucune information ni formation préalables. Si l'entourage est solide et responsable, tant mieux. Sinon... catastrophe !

L'athlétisme français n'en est pas encore là mais pourrait très bien y arriver d'ici dix ou vingt ans. Heureusement, les quelques athlètes qui ont gagné des sommes importantes et que j'ai la chance de côtoyer ont bien su gérer leur carrière et leur argent. J'avoue que c'est rassurant. Mais si demain l'athlétisme français devient complètement professionnel, la dérive sera peut-être la même que dans le football. Il y aura alors beaucoup de vautours dans le ciel de l'INSEP. A nous d'être vigilants.

Les vautours ne représentent pas le seul danger pour un athlète confronté à de grosses sommes d'argent. Cet argent n'est pas là par hasard. Il est très souvent la conséquence de résultats particuliers. L'athlète est généralement au-dessus du lot. Il réalise des exploits « extraordinaires ». Cela veut donc dire que, du jour au lendemain, il passe de l'anonymat au star-system. Il faisait partie de la minorité des sportifs, et d'un seul coup il devient un exemple pour la société tout entière. C'est un rôle parfois difficile à assumer et il y a de quoi littéralement péter les plombs. Si l'encadrement n'est pas suffisamment fort, le risque de dérive psychologique est grand. D'un seul coup, la tête enfle. L'athlète perd toute notion de la réalité. Il voit sa propre image à la télévision. On le reconnaît dans la rue. Il est la « référence ». Cette nouvelle célébrité n'est pas facile à vivre ! Et, bien évidemment, plus la discipline pratiquée est médiatique, plus le risque est grand. L'inverse est également vrai. Ainsi, pour le moment, le champion de France du marteau est beaucoup moins perturbé par la notoriété due à son titre que le champion de France du 100 mètres. L'argent est parfois cruel...

Autre dérive liée à l'argent : son développement semble freiner la lutte contre le dopage. Je crois sincèrement que l'argent a permis au dopage de se développer au cours des vingt dernières années. Avant, on se dopait pour le simple privilège de gagner. Aujourd'hui, on se dope pour le privilège financier. Comme l'argent s'est imposé, le dopage s'est développé. L'un est intimement lié à l'autre. C'est presque un mariage de raison. Conclusion : reconnaître le dopage, c'est risquer de faire fuir les sponsors et c'est donc aller à l'encontre de cette logique économique qui règne dans le sport. Bienvenue dans cette partie de Monopoly à l'échelle planétaire ! Dans ce jeu nouvelle formule, on refuse le retour à la case départ. Alors on fait absolument tout pour passer l'éponge. Pas de marche arrière. L'Italien Primo Nebiolo, président de l'IAAF (Fédération internationale d'athlétisme amateur), a eu un train de vie de chef d'Etat tout au long de sa présidence. Voyages en première classe. Suite présidentielle dans les plus beaux hôtels du globe. Il faut dire que le circuit de compétitions qu'il a mis en place a amené l'argent dans l'athlétisme. Avec lui, on est passé à l'ère du sport business. Il a permis à l'athlétisme d'avoir une reconnaissance mondiale. Tout le monde en a profité, et lui le premier. En 1999, il a déclaré vouloir développer les contrôles antidopage. L'intention était louable. Mais, dans la réalité, qu'est-ce qu'on a fait ? Rappelez-vous Merlène Ottey et Javier Sotomayor en l'an 2000 ! Comme il est suicidaire de vouloir scier la branche sur laquelle on est assis, on fait tout pour éviter une vilaine chute.

L'argent a tout simplement changé les valeurs. Pas seulement dans le sport. Dans toute la société. Avec du « fric » aujourd'hui, vous pouvez tout faire. Vous existez. Vous avez un rôle. Le sport n'a fait que suivre la tendance. Il est devenu l'esclave du fric. C'est assez violent à dire, mais je pense que nous assistons, en ce moment, à la mort du sport tel que l'entendait Pierre de Coubertin. Aujourd'hui, on ne participe plus à une épreuve. Non. On court le cachet. Un exemple révélateur : en 1992, j'étais finaliste olympique sur le 400 mètres haies et je me suis classé septième. Juste après ces Jeux de Barcelone, un circuit de meetings était organisé et devait réunir les différents finalistes olympiques ainsi que les meilleurs mondiaux de chaque discipline. Ce circuit commençait par Monaco, deux jours seulement après la fin des JO. J'étais officiellement invité pour cette grande tournée. Or, étant très fatigué tant physiquement que nerveusement, j'ai préféré renoncer au premier rendez-vous post-olympique à Monaco. Par respect pour le public et pour le patron du meeting Herculis (que je connaissais bien), je me devais de déclarer forfait. Je ne suis donc pas allé à Monaco. La suite ? Je n'ai plus jamais réussi à réintégrer ce circuit ! Pourquoi ? Tout simplement parce que l'athlète (David Patrick, un Américain) qui avait terminé huitième des JO de Barcelone et qui avait pris ma place à Monaco m'empêchait de revenir. Ses temps étaient pourtant médiocres. Durant tous les meetings post-JO, il a couru le 400 mètres haies en 50, 51, voire même en 52 secondes. A Barcelone, j'avais réalisé 48,86 secondes ! Mais comme il avait accepté de tenir ma place à Monaco et qu'il appartenait à un team américain dont l'agent savait bien négocier les contrats, il encaissait un gros chèque à chaque meeting tout en terminant dernier. C'est le business dans toute sa splendeur. L'athlète est parfois payé pour courir. Pas toujours pour donner le meilleur de lui-même.

Comme j'étais ulcéré de ne pouvoir participer à ce circuit de meetings, j'ai appelé Claude Buffault, l'agent de la Fédération française d'athlétisme, pour une petite mise au point. Je lui ai dit que j'étais prêt à laisser la prime de participation à David Patrick si ce dernier me laissait simplement courir à sa place. Cet entretien téléphonique s'est tenu juste avant le meeting de Zurich. Buffault a alors pris contact avec l'organisateur suisse et l'a informé de ma grogne. L'athlète incriminé a reçu un ultimatum : s'il ne courait pas le soir même en moins de 50 secondes, il perdrait sa place dans le circuit. Je pourrais alors être réintégré. Bizarrement, la forme lui est miraculeusement revenue. L'Américain a réalisé le chrono demandé en Suisse et je n'ai donc pas retrouvé ma place dans ce circuit prestigieux. J'ai dû attendre trois semaines pour obtenir un engagement dans un meeting allemand puis à Bruxelles. Si j'avais accepté d'aller à Monaco dès la fin des Jeux et de courir en 50 ou en 51 secondes, je n'aurais jamais connu cette mésaventure. Comme quoi, l'honnêteté ne paie pas forcément.

Je suis né en 1964. Je n'ai donc connu que les balbutiements de l'argent dans le sport. Si j'étais venu au monde dix ans plus tard, mon compte en banque aurait sûrement vécu des fins de mois plus mémorables. Cela étant, je n'ai aucun regret. J'ai eu la chance de rencontrer des partenaires fidèles et cela m'a suffi. J'ai vécu des moments fantastiques grâce au sport, et mon envie première n'a jamais été de faire du « fric ». J'ai couru pour autre chose : l'athlétisme m'a nourri intérieurement, et ce cadeau-là est inestimable. Si c'était à refaire, je demanderais surtout à ne pas rencontrer certaines personnes. L'argent ne m'intéresse absolument pas. La dimension humaine est plus importante que la dimension financière. Je ne regrette pas mon époque car la vraie richesse est tout simplement ailleurs. *« I wanna love you every day and every night.* » Oui. Bob Marley avait raison. La vie d'un athlète devrait passer avant ses résultats ou son image. Sauf que Bob Marley n'est plus et que l'image, aujourd'hui, est primordiale !

7

Télégénie obligée

« Souriez, vous êtes filmé ! »

Si j'ai connu l'arrivée en force de l'argent dans l'athlétisme, j'ai également assisté au développement parallèle des médias : chaînes de télévision, radios, presse écrite... et même Internet tout récemment. Les quinze dernières années furent très riches (et pour cause !) dans ce domaine. Au tout début de cette profonde transformation du paysage audiovisuel français, je ne connaissais qu'un seul côté de la barrière. Ma vie était rythmée par mon programme d'entraînement, mes stages et mes compétitions. J'étais filmé, interviewé, photographié... Ma place dans les médias était clairement définie : je n'étais pas derrière la caméra mais bien devant. En 1992, le hasard m'a amené à franchir cette fameuse barrière. J'utilise le mot hasard car, si j'avais pu courir le circuit des meetings après les jeux Olympiques de Barcelone, tout cela ne serait peut-être jamais arrivé. Il se trouve qu'à ce moment-là Pierre-André Lacout, alors journaliste à Canal +, recherchait un consultant pour l'accompagner dans le commentaire des manifestations d'athlétisme diffusées sur la chaîne cryptée. Pierre-André me connaissait bien et m'a donc proposé le poste. Je ne pouvais pas disputer ces épreuves, comme on vient de le voir, puisque l'Américain Patrick, par sa présence, m'en « empêchait » ; j'ai accepté l'offre de Canal +. Dans l'incapacité de retrouver une place bien méritée sur la piste, j'étais ravi que l'on m'invite... au moins en tribune !

C'est ainsi que tout a commencé. Je me suis retrouvé avec un casque sur les oreilles et un micro à la main pendant que mes principaux rivaux disputaient sous mes yeux le 400 mètres haies. C'était une sensation assez particulière. Excitante aussi. Je n'étais plus l'observé mais l'observateur ! A vrai dire, l'exercice ne s'est pas révélé trop difficile car j'avais toujours eu une approche technique et critique de mon sport. Essayer de savoir pourquoi un athlète gagnait ou pourquoi il ne gagnait pas m'intéressait déjà beaucoup et j'y réfléchissais énormément. Devoir l'expliquer dans un micro ne m'a donc pas trop déboussolé, d'autant que je ne souffrais pas du « stress de l'antenne ». Si le départ d'un 110 ou d'un 400 mètres haies pouvait faire monter en moi une bonne dose d'adrénaline, l'épreuve du direct télé ne me paniquait pas outre mesure. Aucun trac, aucune inquiétude particulière. Je connaissais la plupart des athlètes qui évoluaient sur la piste. Je pratiquais cette discipline depuis une dizaine d'années au plus haut niveau et j'avais donc toutes les connaissances nécessaires pour répondre aux différentes questions du journaliste installé à mes côtés. J'étais, par ailleurs, ravi de pouvoir expliquer aux téléspectateurs à la fois la complexité et la simplicité de l'athlétisme. Sans oublier l'extrême beauté de ce sport !

Ce jour-là, j'ai vu que le sport s'exerçait aussi bien sur le terrain que dans la tribune de presse. Pierre-André avait soigneusement préparé ses petites fiches, avait répété son introduction plusieurs fois. Bref, il était concentré sur les deux heures de direct qui l'attendaient, et plus rien d'autre ne comptait pour lui. Il se retrouvait momentanément et volontairement isolé du reste du monde. Le comportement professionnel de certains journalistes ressemble parfois à celui de certains athlètes. A chacun ses compétitions finalement ! Après Zurich, j'ai enchaîné avec le meeting de Berlin. Il faut croire que Canal + a apprécié mon travail puisque notre collaboration a duré... deux ans !

Après quoi, Denis Brogniart, qui travaillait alors sur Eurosport France, une chaîne du câble et du satellite, m'a proposé de le rejoindre pour faire le même travail. Comme j'appréciais également ce journaliste, j'ai accepté son offre, et je dois dire que j'ai beaucoup appris à son contact. Notre duo a fonctionné durant près de trois ans. Denis est ensuite parti sur Europe 1 et l'équipe d'Eurosport m'a gardé. Mon travail s'est intensifié puisque l'on m'a demandé de couvrir ponctuellement la saison d'athlétisme en salle (la saison d'hiver). Aujourd'hui, Eurosport constitue un rendez-vous régulier pour moi, et je dois avouer que ce travail de consultant me plaît énormément.

Cela étant, je n'ai jamais éprouvé le besoin de dépasser ce rôle. On me pose souvent la question et je réponds systématiquement que, pour le moment, je n'ai pas envie de devenir journaliste. J'ai encore beaucoup de choses à apprendre et de connaissances à transmettre comme entraîneur avant de peut-être, un jour, songer à changer de domaine d'activité. Un athlète comme l'ancien perchiste Jean-Michel Bellot a réussi sa reconversion avec succès puisqu'il officie aujourd'hui sur une grande chaîne hertzienne (TF1), mais ce métier ne m'a tout simplement pas encore convaincu. Je suis, pour le moment, un entraîneur heureux, et je suis loin d'avoir terminé ma « mission ». Le monde des médias demeure un univers que j'observe de l'intérieur en spectateur privilégié. Je n'ai pas d'ambition particulière à son égard.

Cela dit, je dois reconnaître qu'en l'espace de vingt ans les médias ont pris une place considérable dans la vie des gens. Désormais, leur notoriété est devenue aussi forte que celle des stars de la piste. Je me demande même qui, aujourd'hui, est la vraie star du sport...

Il faut bien avouer que les médias sont devenus incontournables. Lorsqu'un organisateur veut développer ou organiser une compétition, il doit impérativement tenir compte de la presse. C'est le premier facteur déterminant dans l'avenir de l'épreuve. Si la presse n'est pas associée à l'événement, la compétition aura très peu de retombées, et en l'absence de ces retombées il est difficile, voire impossible d'envisager une quelconque « survie » financière. Il est clair que, sans la presse, le sport ne pourrait pas exister sous sa forme actuelle. Le sport moderne vit avant tout grâce à la présence des médias. Les grandes chaînes de télévision dépensent souvent des sommes colossales pour s'assurer l'exclusivité de la retransmission des jeux Olympiques, de la saison de Formule 1 ou de la Ligue des Champions de football. L'argent appelle l'argent. Les millions de dollars dépensés par ces chaînes pour retransmettre une manifestation quelconque vont déclencher l'intérêt des sponsors qui chercheront alors à être présents sur l'événement afin de bénéficier de la couverture médiatique annoncée. La boucle est bouclée. Les médias et les sponsors approvisionnent le sport en dollars. Sans ce couple nourricier, le sport s'écroule ou doit envisager une sérieuse baisse de son train de vie.

Un organisateur connaît la règle. Avant de penser sport, il doit réfléchir business. Il contacte en priorité les différents médias afin de leur présenter sa compétition. Après quoi, il peut démarcher les éventuels partenaires et leur fournir les garanties de bénéficier de deux heures de direct télé, d'un long résumé dans le journal du soir ou encore d'un sujet magazine dans un hebdomadaire spécialisé à gros tirage. S'il réussit à convaincre les médias puis les sponsors de le rejoindre dans son aventure, il peut enfin se consacrer à l'événement sportif proprement dit. Aujourd'hui, le sport professionnel n'a d'avenir que s'il est en mesure de générer de gros revenus.

Cela change quelque peu la donne dans la façon d'appréhender les compétitions. Car même l'athlète est appelé à se « vendre ». Il a des partenaires à titre individuel. Ces derniers cherchent bien évidemment à bénéficier médiatiquement des exploits du champion avec lequel ils sont sous contrat. Traduction : il est préférable de battre des records lorsque les caméras et les photographes sont là. L'impact d'une retransmission télévisée est tel qu'il est même fortement conseillé de donner le meilleur de soi-même dans ces moments-là. C'est en cela que les médias sont devenus plus importants que les athlètes et sont, aujourd'hui, les vraies stars du sport. Ils véhiculent l'image, et sans eux les étoiles de la piste ne sont plus rien. Heureusement, l'athlétisme comporte encore une grosse part d'incertitude. Même si un athlète se prépare pour une épreuve bien spécifique, on ne peut pas (pas encore ?) commander l'exploit. Les paramètres humains demeurent trop complexes pour pouvoir programmer avec exactitude un record de France, d'Europe ou du monde. Notre discipline garde une part de magie et c'est rassurant. Je crois également que médias et sponsors ont parfaitement compris qu'une grande émotion valait souvent mieux qu'un pur exploit chronométrique. Les retombées sont encore plus fortes.

En 1986, lorsque je suis devenu champion d'Europe du 110 mètres haies, j'ai signé l'excellent temps de 13,20 secondes. C'était le nouveau record d'Europe. Mais il est vrai que je me suis relâché sur la fin de la course. Après le passage de la dixième haie, j'ai senti que je disposais d'une avance confortable sur mes adversaires. J'ai alors « exulté ». On m'a vu hurler de bonheur tout en serrant les poings avec une rage libératrice. J'étais fou de joie de remporter ce titre européen. L'expression de cette joie m'a certainement coûté quelques centièmes de secondes. Il est très difficile de l'estimer avec précision, mais disons que si j'avais terminé cette course sans me relever de mon effort, j'aurais pu signer un chrono oscillant entre 13,10 secondes et 13,15 secondes. Je me serais alors approché un peu plus du record du monde (12,93 secondes à l'époque) mais c'est tout. Par ailleurs, l'émotion eut été différente. Certainement beaucoup moins forte. Beaucoup plus froide. Personne ne m'a jamais reproché de m'être relâché à la fin de cette course car cette image reste extrêmement marquante. J'explose littéralement. Mon visage exprime à cet instant quelque chose de très intense. Cette image me collera à la peau tout au long de ma vie. Le sport fait appel aux sens, et les médias l'ont parfaitement compris.

Si les médias sont devenus incontournables, ils ont également tendance à prendre le minimum de risques.

Cette remarque concerne essentiellement les grandes chaînes de télévision. En dehors du quatuor magique composé du roi football, du tennis, de la Formule 1 et du rugby, les coups de cœur sont plutôt rares. Les autres disciplines ont relativement peu de place sur les écrans. C'est l'Audimat qui décide si un sport mérite ou non d'être diffusé. Prenons l'exemple du badminton. Cette discipline intéresse un public ultraconfidentiel car sa partie compétition demeure méconnue du plus grand nombre. Pour beaucoup, le badminton se pratique en vacances entre amis. C'est juste un gentil sport de plage. Résultat : une chaîne de télévision ne prendra pas le risque d'investir dans la retransmission des Championnats du Monde. Encore moins des Championnats de France. L'Audimat ne serait pas au rendez-vous et, par conséquent, les annonceurs seraient trop peu nombreux. La règle est ainsi faite. C'est d'ailleurs dommage car j'ai assisté à certaines épreuves de badminton aux JO de Sydney et je dois avouer que j'en garde un souvenir particulier. Ce sport, pratiqué à un haut niveau, est vraiment spectaculaire. Malheureusement, si l'on veut faire autant d'audience que le tennis, il faudrait investir à perte durant de nombreuses années avant que cette discipline ne devienne populaire, et seul le temps permettrait à ses stars charismatiques de se révéler au grand public et de déclencher, par la même occasion, l'intérêt d'éventuels sponsors. Seulement alors, « l'opération » badminton serait rentable. Or, les médias sont aujourd'hui obligés de fonctionner à court terme. Le retour sur investissement doit se faire immédiatement. Les chaînes de télévision jouent donc la sécurité : football, tennis, rugby, Formule 1. Faites vos choix. Tout va bien !

L'athlétisme ne peut pas rivaliser avec ces quatre ténors. Mais nous n'avons pas trop à nous plaindre comparé au squash, au karaté ou au water-polo. A l'inverse de ces disciplines complètement snobées par le petit écran, l'athlétisme bénéficie d'une certaine présence dans les programmes télévisés. Les chaînes du satellite et du câble retransmettent de nombreux meetings en direct. On peut simplement regretter que France Télévision, sous contrat avec la Fédération française, ne diffuse certaines réunions du calendrier international qu'en différé (généralement en deuxième partie de soirée). C'est malheureusement la logique économique qui parle. Si, ces soirs-là, il y a un public devant le petit écran, il est souvent insuffisant pour amener France 2 ou France 3 à oser régulièrement le direct à 20 h 30 pour les grands rendez-vous de la saison. Seuls les Championnats de France bénéficient chaque année d'une couverture en direct. France Télévision diffuse, tout au long d'un week-end, les différentes épreuves de ces Championnats. Pour l'athlétisme, c'est déjà énorme. Quels sont les sports français qui ont la chance d'avoir leurs Championnats de France diffusés en direct sur une chaîne hertzienne ? Très peu ! L'athlétisme est donc relativement bien loti, eu égard à sa notoriété et à son potentiel médiatique. C'est peut-être terrible à avouer, mais l'on ne peut pas trop se plaindre.

Cela dit, les impératifs de retransmission obligent souvent l'athlète à se plier à certaines contraintes. Jamais la chaîne elle-même. Ainsi, la plupart des athlètes, pour qui les Championnats de France sont un passage déterminant (ils décident souvent des sélections françaises pour les grands rendez-vous internationaux de l'année en cours), se voient parfois contraints de pratiquer leur épreuve dans des conditions climatiques défavorables (sens du vent contraire...) parce que la télévision ne veut pas bouger ses caméras installées depuis la veille ou qu'il est impossible de faire des changements en plein direct !

Il y a également les dates des championnats que la Fédération choisit souvent en fonction de la grille des programmes du diffuseur et non en fonction d'une logique de pure performance sportive. Avant de s'intéresser à l'athlète, on recherche le meilleur créneau de diffusion et « d'exposition ». Il faut avant tout que la chaîne de télé y trouve son compte. Et tant pis si la date choisie ne correspond pas à une période optimale pour les athlètes... Ou quand les médias dictent leur loi !

Cette loi est d'ailleurs parfois très injuste. Je pense ici au champion Patrice Martin qui se bat depuis plusieurs décennies pour développer le ski nautique. Il possède l'un des palmarès les plus incroyables du sport français et même mondial (des titres de champion du monde, d'Europe et de France à ne plus savoir qu'en faire !) mais aucune chaîne de télévision ne va s'aventurer dans l'exercice périlleux d'une retransmission en direct. On recherche des valeurs sûres. Le risque est grand alors... on assure avec les disciplines traditionnelles ! La question n'est pas de savoir ce qui mérite une couverture mais de trouver l'événement qui va réunir le plus grand monde devant le petit écran. Il faut séduire. Pas forcément étonner.

En ce qui me concerne, j'ai été plutôt bien servi. A l'inverse du malheureux Patrice Martin qui n'a jamais eu la reconnaissance nationale et même internationale qu'il était en droit d'attendre, j'ai eu la chance de devenir champion d'Europe au cœur de l'été 1986. Il n'y avait pas grand-chose dans l'actualité sportive, et ma médaille d'or a donc eu un écho certain. Quinze ans plus tard, de nombreuses personnes croisées dans la rue viennent me reparler de ma finale gagnée. Je n'ai pas amassé une grosse fortune grâce à ce succès. Je suis très différent d'un Noah qui a pu vivre de son titre obtenu à Roland-Garros, mais j'ai gagné, à Stuttgart, une reconnaissance médiatique et populaire évidente. L'impact de ma victoire fut tel que, pour beaucoup, elle restera comme l'unique symbole de ma carrière. Caristan, c'est la médaille d'or européenne en 1986... et quelques blessures ! Les images ont une telle force qu'elles s'impriment dans les mémoires et contribuent à remplacer l'athlète. Avec le pouvoir de la télé, il n'est presque plus maître de son destin. C'est assez étrange.

Encore une fois : l'athlétisme n'est pas trop à plaindre quant à la façon dont il est traité par les médias. Il jouit d'une représentation relativement correcte. Comme pour le basket ou le handball, il est, certes, préférable d'être abonné à des chaînes spécialisées dans le sport pour suivre les temps forts de la saison, mais la présence de l'athlétisme à la télévision est bien réelle. C'est bien, mais reste la manière dont cette discipline est « racontée ». Là, il y a parfois des progrès à faire. Il est intéressant de noter qu'avec l'arrivée de chaînes thématiques, la qualité des retransmissions a progressé. Comme nous l'avons vu dans le chapitre consacré à l'argent, nous allons vers des structures de plus en plus spécialisées. Les médias n'y échappent pas. En tant que technicien, j'essaie, lors de mes commentaires, de faire en sorte que le téléspectateur puisse être séduit par la qualité des images et la prestation des protagonistes. En athlétisme, les réalisations techniques offrent généralement de superbes images, des ralentis sous des angles variés qui permettent à tous de bien comprendre les différents gestes des champions. C'est très impressionnant. J'ai beau être dans ce sport depuis plus de vingt-cinq ans, je ne m'en lasse pas. Il m'arrive moi aussi, lorsque je suis consultant, de crier mon émotion. Il ne s'agit jamais d'une quelconque mise en scène. Je vis simplement ce que je vois sur la piste.

Les médias ont tous les pouvoirs. Ils sont partout. Certains achètent des grands clubs de football pendant que d'autres se transforment en organisateurs de compétitions d'envergure. Ils deviennent juge et partie, et cela me gêne un peu. Comment peut-on observer honnêtement et objectivement un événement dont on est également l'organisateur, le financier, le maître d'œuvre ? Prenons l'exemple d'un combat qui me tient tout particulièrement à cœur : la lutte contre le dopage. Je ne peux pas croire qu'un organisateur qui injecte plusieurs millions de francs dans une grande manifestation cycliste puisse autoriser les journalistes du média qu'il dirige parallèlement à fouiller et à dévoiler les agissements qui perdurent depuis de très nombreuses années dans le milieu du vélo. Ce serait économiquement suicidaire. Or, il est aujourd'hui impossible de sortir de ce schéma médias / organisateur. On en arrive à des situations où la loi du silence est de rigueur. Cela ne veut pas dire que j'excuse les vrais responsables du dopage (directeurs d'équipes, médecins, coureurs...). Ils demeurent coupables, à mes yeux, d'un mal terrible. Cela étant, si certains médias avaient fait correctement leur travail, la dérive n'aurait peut-être pas eu le même impact. Trop peu de journalistes ont eu le courage de « nager » à contre-courant. Ceux-là n'ont d'ailleurs plus leur place dans le milieu du vélo. A croire qu'il y a des scoops propres... et d'autres, bien plus sales !

Pour toute manifestation sportive qui a besoin de relais médiatiques, il est plus facile d'être directement « dirigée » par un grand journal ou une grosse chaîne de télévision. C'est la garantie de bénéficier d'une couverture médiatique convenable. Le cross du *Figaro*, le meeting de *L'Humanité*, le Tour de France... Tous ces événements jouissent des retombées presse suffisantes pour garantir des bénéfices ou tout du moins l'équilibre financier. Médias, sponsors, rentabilité. Le trio fonctionne bien, trop peut-être. Il existe heureusement quelques doux rêveurs qui continuent à croire en des compétitions à l'esprit différent. Je me souviens de Thierry Sabine et des premières années du rallye automobile Paris-Dakar. C'était une épreuve à dimension humaine et une aventure véritable. Les gens comme Sabine sont rares mais ils ont le mérite d'offrir des répits de rêve dans un monde sportif gouverné par le fric. Peut-on aujourd'hui organiser de gros événements sportifs sans faire appel à la presse comme partenaire ? J'ai bien peur de devoir répondre non. Incontournables les médias sont. Incontournables ils demeurent.

Je l'ai dit et je le répète : l'athlétisme n'a pas trop à se plaindre de son traitement médiatique. Les chaînes de télévision aiment le spectacle qu'offre ce sport. Il y a un vrai scénario dramatique. Mais ce scénario doit pourtant s'adapter à la télévision. Pas l'inverse. L'athlétisme a pour consigne de se fondre dans le moule télévisuel. Sur un meeting, la priorité est donnée aux courses. On se focalise sur elles. Lors des temps morts entre deux épreuves très attendues, on patiente avec les sauts (ou avec des pages de publicité). De temps en temps, on visite l'aire de lancer du javelot. Et pour les autres disciplines, on oublie ! Un concours du disque fabuleux ? Euh... Pas vu. Et le marteau ? Euh... Le quoi ?

La télévision réclame tout simplement un beau scénario et des acteurs à la fois connus et charismatiques. Ainsi, le javelot féminin, où la « plastique » des lanceuses est plus avenante que dans les autres lancers, a eu la chance d'avoir la Norvégienne Trine Hattestadt, une lanceuse à la fois talentueuse (championne du monde en 1993 et 1995 ; championne olympique en 2000 et recordwoman du monde) et exubérante. *Idem* pour les messieurs qui comptent dans leurs rangs le Tchèque Jan Zelezny, un athlète certes moins exubérant mais au palmarès complètement fou (recordman du monde et champion olympique en 1992, 1996 et 2000 !). Conclusion : la télévision va s'intéresser quelques instants au javelot car il peut lui garantir quelques images fortes. Une lanceuse qui jubile ou un lanceur qui lance loin... Voilà ce que les médias recherchent. Aux différents athlètes de répondre aux attentes concrètes des caméras. Il faut être spectaculaire ! C'est, je crois, le grand drame du disque féminin. Les lanceuses sont souvent peu affriolantes. Le geste n'est pas forcément impressionnant même s'il est efficace. Paramètre terrible mais concret : l'image du disque féminin risque de faire baisser l'Audimat. Alors, pour empêcher le téléspectateur de zapper, on se consacre très rarement au concours du disque. Les athlètes connaissent maintenant la chanson...

Les médias dictent l'événement. Dans l'athlétisme, ils s'intéressent avant tout à celui ou à celle qui courra le plus vite. L'homme ou la femme le plus rapide du monde. Voilà un symbole très parlant pour le public. Honneur donc au 100 mètres. Puis au 200 mètres. Et ainsi de suite. Les conséquences de ce choix peuvent être graves pour les vrais acteurs de l'athlétisme, à savoir les athlètes. Un athlète aussi talentueux soit-il qui ne passe pas à la télé aura très peu de chances de trouver de généreux sponsors. Ces derniers préfèrent très clairement (et c'est une logique économique bien compréhensible) les athlètes qui passent souvent à la télé et surtout longtemps. Les sprinters et les demi-fondeurs ont ainsi plus de chances d'exister dans ce jeu médiatico-économique que les lanceurs. Un 800 mètres durant au minimum deux minutes (avec la présentation des athlètes), un sponsor a tout intérêt à jouer la carte d'un athlète engagé sur cette distance. En termes de retombées médiatiques, c'est le jackpot. Un lanceur de marteau et une championne du disque font peut-être le même métier qu'un sprinter, mais le couple médias/sponsors les traite différemment. Il y a les familles de disciplines phares et les familles qui sont d'ores et déjà condamnées. Ces dernières se retrouvent d'ailleurs très peu dans les compétitions en salle. Le circuit d'hiver est désormais très développé et il ne fait qu'accentuer le fossé entre les épreuves médiatiques et celles qui ne le sont pas.

Il y a un « moule » médiatique et, pour ceux qui s'y fondent, le rythme est devenu très soutenu. Les calendriers sont tellement développés aujourd'hui qu'ils demandent à une certaine catégorie d'athlètes d'être pratiquement toujours en compétition. Toujours au top. Cette exigence a des répercussions évidentes sur l'état de santé des champions. Jusqu'à nouvel ordre, ils ne sont pas des machines, et le fait de leur demander beaucoup en permanence ne fait qu'accroître le risque de blessure. Les fractures de fatigue se développent. Les claquages se multiplient. Les ruptures ligamentaires partielles ou totales menacent. Un athlète doit vivre avec ce risque. C'est le sport moderne qui l'impose.

Parallèlement à ce rythme de plus en plus éreintant, l'athlète est amené à développer des qualités de « showman ». Faire partie des dix meilleurs athlètes au monde sur le 100 mètres ne suffit plus. En plus du résultat, il faut désormais avoir un vrai charisme. C'est indispensable. Même si ce n'est pas avoué officiellement, les médias et les sponsors réclament des athlètes « vendeurs ». L'image d'un champion doit être intéressante avant, pendant et après la course. J'ai envie de dire qu'il doit en donner pour son argent. Les médias veulent plus que de bons athlètes. Ils veulent des stars ! Un champion comme le sprinter américain Maurice Greene sait faire le spectacle à lui tout seul. Il se met en scène magnifiquement. Le regard noir appuyé, un côté animal, des gestes amples, une certaine excentricité... Tout ce que les médias et le public attendent, Maurice Greene leur offre. Il a tout en magasin ! En 1993 déjà, les sprinters américains Jon Drummond (qui avait pris le départ du relais 4 fois 100 mètres avec un peigne coincé dans les cheveux) et Dennis Mitchell étaient de véritables acteurs sur la piste. La caméra appréciait. Il y avait alors plus que l'épreuve du 100 mètres dans le stade. C'était un grand show.

Le public est fasciné par l'aspect désormais théâtral du sport. Les médias l'ont habitué à ce phénomène et l'athlète a dû s'y adapter. Sinon, ça tourne très vite à l'indifférence. Voire au mépris. Rappelez-vous du Canadien Ben Johnson. Certes, il s'était dopé lors des jeux Olympiques de Séoul en 1988, mais son bégaiement et son côté renfermé ne sont jamais parvenus à mobiliser l'intérêt des médias comme a su le faire l'Américain Carl Lewis à la même époque. L'athlète doit être complet : sportif de haut niveau, acteur de premier plan et mannequin de préférence. Aujourd'hui, les plus grands athlètes au monde sont en perpétuelle représentation. On vient régulièrement les suivre à l'entraînement. On s'intéresse à leur vie privée. Dans les meetings, on les suit dès l'échauffement une heure avant la course et on reste avec eux longtemps après le passage de la ligne d'arrivée. L'athlète moderne doit passer par là pour être reconnu. Conséquence : il suit généralement des cours afin d'apprendre à s'exprimer correctement dans un micro ou devant une caméra. Dans ces cours, on lui explique également quels sont les gestes à faire et ceux à ne pas faire. C'est l'Actor's Studio adapté aux champions de la piste ! Pour l'instant, ce genre d'initiative est surtout très développé aux Etats-Unis, mais la France devrait suivre un jour ou l'autre. Le football tricolore a déjà inauguré des cours d'interviews pour certains membres de l'équipe de France. Je crois qu'il s'agit là des prémices d'une généralisation incontournable. L'athlète doit savoir s'exprimer avec charisme dans tous les domaines. Condition devenue sine qua non.

Les médias peuvent aussi se révéler dangereux pour celui qui n'y a pas été préparé. La presse a aujourd'hui le pouvoir de faire ou de défaire un champion sur un simple claquement de doigts. Le pouvoir de l'image est devenu phénoménal. Pour parachever le tout, la satire (parfois très sévère) qui, jadis, ne s'intéressait qu'aux hommes politiques ou aux vedettes de la chanson n'épargne plus désormais les sportifs. On l'a vu avec les « Guignols de l'Info » qui se sont jetés sur Papin, Virenque ou Pérec. Le monde du sport n'échappe pas à la moquerie. Tout travers de langage est décortiqué, analysé, et finit par devenir un gag à répétition. Les conséquences peuvent être terribles. Le monde du sport fait, en quelque sorte, partie du show business. C'est le Festival de Cannes. La montée des marches en permanence. Il faut suivre. Etre toujours prêt. Vigilant. Même si vous venez de courir un 1 500 mètres. La caméra est là. Elle vous attend. Le micro se tend immédiatement. Les médias cherchent à placer le téléspectateur au cœur de l'action. Ils veulent développer une certaine forme d'interactivité. Le public ne doit rien manquer. Il veut connaître la réaction du champion qui vient d'en finir avec son 1 500 ou son 800 mètres, et les médias doivent être en mesure de lui fournir cette interview immédiatement. L'athlète est essoufflé ? Il a besoin d'un peu de temps pour récupérer ? Désolé mais... nous sommes en direct !

L'athlète est obligé de s'exprimer alors qu'il vient de fournir un effort violent. Il n'a souvent pas le recul nécessaire pour parler de sa course avec objectivité. Il risque donc de dire des choses qui ne correspondent pas forcément à sa pensée ou à la réalité de la course... Mais on ne sait plus faire autrement. D'une certaine façon, cette pression médiatique peut amener l'athlète à perdre le contrôle de son image. Tout va tellement vite qu'il n'a plus le temps de réfléchir à ce qu'il veut faire ou dire. Les risques de dérapage sont grands. « Souriez ! Vous êtes en direct ! »

Les médias sont exclusifs. Je l'ai dit : ils peuvent faire et défaire un champion. Quand ils suivent un athlète qui domine sa discipline, la couverture est souvent excessive. On sort les superlatifs. Lorsque le numéro un perd une première fois, on cherche à savoir pourquoi il n'a pas gagné. La pression double alors d'intensité. Puis, si les défaites se répètent, on abandonne le champion pour se concentrer sur les nouveaux leaders. Les états d'âme n'existent pas. Les médias sont là pour vendre du rêve. Les athlètes retombés dans l'ombre n'intéressent plus les gens. L'oubli est rapide. Prenons le cas de Jean-Charles Trouabal. Il a fait partie du relais français champion d'Europe et recordman du monde du 4 fois 100 mètres en 1990 à Split. Durant plusieurs années, il a gardé l'image d'un élément très important du sprint tricolore. Il excellait sur le 200 mètres et constituait un leader du relais. Trouabal était donc très suivi par les médias. Puis il s'est gravement blessé à Göteborg en Suède en 1995 : rupture du tendon d'Achille en pleine course. L'image restera spectaculaire. On a vu ce jour-là une véritable gazelle fauchée en plein vol. La souffrance est également très vendeuse. On a eu droit à des dizaines de ralentis pour bien revivre le drame sous tous les angles. Quant à Jean-Charles, il lui a fallu deux ans pour revenir pratiquement à son meilleur niveau. Malheureusement, il n'a pas récupéré sa place dans le relais français, et ce retour est donc passé complètement inaperçu. Pourtant, il s'est battu comme un forcené pour retrouver un niveau digne de son talent. Cette épreuve fut certainement très éprouvante pour lui. Mais, en l'espace de deux ans, certains grands médias l'avaient tout simplement oublié. Il « n'existait » plus médiatiquement.

Il faut bien comprendre que les médias sont parfois cruels avec les athlètes. Seuls ceux qui figurent sous les feux de leurs projecteurs les intéressent. Traduction : recherche star au sommet ou traversant une phase très délicate de son existence. On l'a malheureusement vu avec Marie-José Pérec à Sydney. Celle qui demeure la grande vedette de l'athlétisme français et mondial avait lancé un défi incroyable à l'Australienne Cathy Freeman. La simple présence de Pérec à Sydney constituait un événement dans l'événement. On la savait compétitive (par les deux seuls meetings sur 200 puis sur 400 mètres auxquels elle avait participé durant l'été 2000), mais la presse se demandait si elle serait capable d'enchaîner dans un délai très court quatre courses sur 400 mètres. Il y avait une grande part de secret et de magie dans ce pari fou de la Guadeloupéenne. Les repères étaient bien maigres pour situer son niveau de forme réel. C'était la grande inconnue. De plus, Wolfgang Meier, son nouvel entraîneur d'origine est-allemande, véhiculait une image d'un autre temps. Je crois que la presse ne comprenait pas cette association. Lorsque Pérec a finalement décidé de tout plaquer quelques heures avant sa course, sa fuite est devenue le seul événement du jour. La piste du stade olympique australien a perdu de son intérêt. Tout le milieu journalistique ne s'intéressait plus qu'à l'abandon inexpliqué de « la » star. Le départ de Pérec marquera à tout jamais les jeux Olympiques de Sydney. De l'athlétisme à Sydney en 2000, reste avant tout « l'affaire » Pérec. La presse a trouvé là un drame au scénario rocambolesque : un pari insensé, une fuite dans le plus grand secret, une bagarre violente avec un cameraman australien à Singapour, une interpellation par la police locale, un retour sur Paris et, pour finir, une nouvelle fuite à l'aéroport de Roissy pour se cacher du monde extérieur. On se serait cru dans un film hollywoodien. La presse s'est régalée. Une partie de cette presse s'est même offert le luxe de dépasser les limites du sport. La championne mythique est devenue une bête traquée. L'image de la violente empoignade avec le journaliste australien à Singapour a été rediffusée plusieurs dizaines de fois. Etait-ce une information ? J'avoue ne pas le penser. Au nom du scoop, certains journalistes sont prêts à tout pour ramener une image qui fera d'eux les stars de leur petit milieu des médias. « Je suis le seul à avoir filmé Pérec montant dans son avion à Singapour pour rejoindre Paris. J'ai l'image, patron ! »

Ce jour-là, le cameraman australien est tombé sur un couple (Pérec et son compagnon) usé nerveusement. Au lieu de demander à ce couple s'il pouvait faire une image (le reporter se trouvait tout de même dans un lieu public nécessitant une autorisation de l'aéroport et des principaux intéressés !), il a préféré déclencher sa caméra et tourner quelques rushes sans grand intérêt montrant deux personnes en train de traverser un hall d'aéroport dans l'attente de leur correspondance. Malheureusement (ou heureusement ?) pour lui, cette présence a gêné Pérec et Maybank. La situation a vite dégénéré. Refusant de couper sa caméra car il prétextait qu'il ne faisait que son métier, le traqueur s'est retrouvé traqué. Maybank s'est bagarré avec le journaliste australien et tout cela s'est terminé au poste de police. Il a fallu faire intervenir la voie diplomatique pour permettre à Pérec et à son compagnon de rentrer à Paris. Cette affaire a pris des proportions incroyables. Pour Pérec. Pas pour le cameraman qui n'a jamais été inquiété par la police. Si ce dernier avait demandé à Pérec et à Maybank l'autorisation de tourner, la situation n'aurait certainement pas dégénéré de la sorte. Pérec aurait peut-être même accepté de répondre à quelques questions. On est en droit d'en douter vu son état nerveux à l'époque, mais l'attitude du journaliste m'eût semblé plus correcte.

Malheureusement, cette correction n'intéresse pas le public. On l'a trop habitué aux images volées. Aujourd'hui, il s'attend à voir du sensationnel sur son petit écran. C'est devenu son pain cathodique quotidien. Dans dix ans, lorsque vous demanderez aux gens quel souvenir ils gardent de Pérec en l'an 2000, ils vous répondront sans hésiter : la fuite de Sydney ! Une grande majorité aura oublié la longue interview confession accordée à Jérôme Bureau pour *L'Equipe* puis à Pierre Sled pour France Télévision. L'impact de ces deux entretiens vérité fut malheureusement moins important. Le sensationnel a duré cinq minutes à Singapour, et c'est cela qui restera pour la postérité. La presse people offre désormais aux stars du sport une large place. On les surprend sur une plage déserte en bonne compagnie. On se délecte de leurs moindres faux pas. Le sport, le vrai, est presque passé au second plan.

La presse ressemble à une immense machine que l'on ne peut plus arrêter. Avec les techniques modernes, les médias peuvent maintenant transmettre l'information en un temps record. On les juge même davantage sur la vitesse à réagir que sur un véritable contenu. Il faut aujourd'hui être performant dans l'instant. Tout doit être immédiat ou presque. Cela rend le métier difficile. Il n'y a souvent ni recul ni analyse. Ne généralisons pas toutefois. Certains journalistes font encore un travail exemplaire. Mais j'ai rencontré, pour ma part, des individus qui exercent ce beau métier en se fondant sur de simples échos. On attend trop souvent que le sujet soit brûlant pour lancer une enquête. A cette seule condition, l'investissement (c'est-à-dire le coût de l'enquête) peut vite rapporter en retour des ventes intéressantes. On n'a plus le temps de fouiller. Il faut un rendement immédiat de l'antenne ou de la parution papier. Je comprends très bien le principe de fonctionnement, mais je ne le défends pas pour autant. Le rapport qualité/prix décide de tout. On cherche à mettre le minimum de moyens tout en récoltant le maximum de rentabilité. Les journalistes n'ont donc pas toujours le temps de partir à la découverte des athlètes moins connus. On se concentre sur les stars. Point barre. Lorsqu'un second couteau domine une course, on assiste alors parfois à de petits instants de panique. Il m'est arrivé d'entendre des commentaires à la télévision sur un athlète alors qu'il n'était pas à l'image. Il n'était parfois même pas dans la course ! Le journaliste s'était tout simplement trompé. La précipitation et l'exigence de résultats rapides l'avaient empêché de fouiller ses dossiers. Prendre du temps, c'est parfois en gagner.

L'information a trop souvent tendance à devenir un produit de grande consommation. C'est l'événement qui doit s'adapter à l'information. Surtout pas l'inverse. On conseille fortement à certains marins engagés dans des courses prestigieuses de franchir la ligne d'arrivée pendant le Journal de 20 heures. Où est le sport dans tout cela ? Le pauvre marin doit souvent freiner son bateau au maximum afin de « coller » aux exigences des médias ! Plus vite, plus haut, plus fort ?

Nous sommes à l'ère du sport spectacle. Encore une fois, je tiens à répéter qu'il est important de mettre en place des garde-fous chargés de faire respecter la réglementation au niveau sportif et les limites à ne pas dépasser sur un plan médiatique. La presse audiovisuelle est incontournable, mais le sport doit rester du sport.

Il est important de garder les pieds sur terre car l'évolution des médias est faramineuse. Internet en constitue l'exemple récent le plus flagrant. En quelques années, le réseau des réseaux a pris une place incroyable dans la vie des gens. Internet est devenu une évidence. Avec lui, vous allez chercher l'information quand vous le décidez. Vous n'êtes plus spectateur mais acteur. L'interactivité est énorme. Cela amène les sportifs à développer leurs propres websites. Tous les champions ont généralement le leur : Pérec, Anelka, Abdul-Wahad, Mauresmo... Le principe est assez fantastique puisqu'il permet à un champion d'aller directement chez les gens sans passer par un intermédiaire qui risque de déformer le message. C'est plutôt positif. Le consommateur peut bénéficier de sources d'informations plus diverses. Il fait ainsi sa propre « revue » de presse. Quant au champion, il peut diffuser l'information qu'il veut voir diffuser. Certes, il y a des stars qui utilisent leurs websites pour éviter simplement de répondre à la presse. Elles communiquent uniquement par l'intermédiaire de l'Internet. C'est un peu extrême et surtout dangereux : l'athlète ou le footballeur risque alors de se déconnecter volontairement de la réalité. Maintenant, si le champion continue à jouer le jeu avec la presse, son website sera un complément utile à la fois pour ses admirateurs et pour les médias.

De plus en plus, les déclarations en ligne des athlètes ou des tennismen sont reprises par les médias traditionnels. Pourquoi ? Tout simplement parce qu'il s'agit souvent d'informations qui n'ont jamais été traitées auparavant. Avec son site personnel, un champion a la possibilité de se confier à cœur ouvert tout en contrôlant la manière dont l'information est diffusée. Il est évident que j'aurais aimé pouvoir jouir d'un tel outil en 1990. Si j'avais alors disposé d'un site Web personnel, j'aurais pu, moi aussi, donner ma version des faits quant à ma séparation d'avec mon entraîneur Jacques Piasenta. J'aurais eu la liberté de m'exprimer. Liberté que je n'ai pas eue à l'époque. Quant au public, il aurait pu disposer des deux versions de l'histoire.

J'ai eu l'occasion de participer à des *chats* (interviews en direct sur le net) pour le site d'information sportive Sport24.com, et je dois avouer que c'est très excitant. Ma première expérience a eu lieu en l'an 2000 juste avant mon départ pour l'Australie et les jeux Olympiques. J'étais en France, et cela me semblait alors relativement normal. Mais lorsque je me suis retrouvé à Sydney et que le site sportif en ligne m'a demandé de renouveler l'opération, j'ai pu mesurer toute la magie d'Internet : j'étais au bout du monde et je communiquais en direct avec des Internautes qui suivaient les JO depuis la France ! Il y avait quelque chose d'hallucinant à être ainsi relié à tous ces gens via un simple écran. J'ai pu répondre individuellement à chaque question posée, et je trouve que c'est un progrès fantastique. Grâce à Internet, les gens peuvent devenir actifs. Ils ne sont plus « victimes » de l'information. Désormais, ils peuvent intervenir. Je reste fasciné par un tel outil de communication. Il y a toujours des dérives possibles, mais le principe demeure magique. Internet a tendance à rendre les champions humains et accessibles. Ils ont beau réaliser des performances sportives souvent « extraordinaires », ils n'en sont pas moins hommes ou femmes. Internet permet de remettre les faits et les êtres à leur juste place.

Le sport existe grâce à la presse. La présence de cette dernière avec ses qualités et ses défauts symbolise une certaine liberté d'expression ; « certaine », car tout cela est finalement très complexe. Il est vrai que nous avons la chance de ne pas disposer d'une presse muselée par l'Etat comme dans certains pays où la démocratie n'existe pas. Pourtant, dans une nation comme la nôtre, peut-on dire ce que l'on veut ? Je ne parlerai que de la presse que je connais et que je côtoie : la presse sportive. Est-ce qu'un journaliste sportif a tout loisir de dire ce qu'il voit et entend ? A-t-il le droit de dénoncer ce qui le révolte ? J'ai, certes, croisé des journalistes courageux qui se battaient pour leurs idées. Mais ces gens-là représentent quoi ? Une majorité, une minorité ? A votre avis ?

D'où l'importance de ne plus être passif devant l'information. La vraie liberté, c'est celle que l'on se donne. Il faut rester en éveil. Toujours. Et c'est valable dans bien des domaines. Pour ma part, si j'avais réalisé plus tôt l'importance de cette liberté personnelle, j'aurais pu évoluer différemment dans ma carrière et connaître certainement moins de problèmes physiques. Peut-être est-ce grotesque, mais je suis convaincu qu'un athlète bien dans sa tête risque moins de se faire mal qu'un athlète malmené psychologiquement. Le hasard de la blessure est, en fait, un gros mensonge...

8

Les blessures ? pas de masochisme

J'évoquais dans le chapitre précédent l'image et son importance grandissante. A tel ou tel moment, les médias collent un cliché, une étiquette à un athlète, et elle ne le quitte plus. Puisque j'aborde maintenant le phénomène de la blessure, je dois avouer que ma réputation fut longtemps celle d'un champion... blessé ! Je vais peut-être faire sourire mais, même si j'ai fait partie des « références » dans ce domaine, je crois que cette image est quelque peu exagérée. Certes, ma carrière fut parsemée de blessures, mais je n'ai jamais connu de graves ennuis. J'ai tout simplement été surmédiatisé à une époque où mon physique flanchait régulièrement. Un cas unique, Caristan ? Pas vraiment. J'ai eu le quotidien d'un sportif de haut niveau comme les autres. Mon ancien entraîneur se faisait un plaisir de renseigner la presse sur mes moindres bobos physiques. Or, ce ne fut finalement jamais bien méchant. Cela étant, il est resté cette équation incontournable : Caristan + compétition = blessure.

On m'a même comparé à Yannick Noah. La presse parlait alors de ces champions talentueux mais terriblement fragiles. Il est vrai que nos cas faisaient rire de nombreux rugbymen que j'ai eu l'occasion de rencontrer. A leurs yeux, nous étions comme des voitures de Formule 1 qu'une défaillance de réglage obligeait à retourner aux stands pour d'importantes réparations. En face, ces solides gaillards qui enchaînaient les matchs physiques chaque dimanche ne connaissaient pas tous ces problèmes.

Encore une fois : mon carnet de santé ne révèle rien d'extraordinaire (pour un sportif de haut niveau bien évidemment !). C'est simplement l'accumulation des petits soucis sur une période très courte qui a pu laisser penser que je passais mon temps sur des béquilles ou au fond d'un lit d'hôpital.

Tout a véritablement commencé en 1987 lors des Championnats du Monde en salle à Indianapolis. En finale, alors que je me livrais à un étirement traditionnel, j'ai entendu un craquement dans mon genou droit. J'ai mis fin à mon échauffement, mais cela ne m'a pas empêché de courir pour autant. J'ai même remporté la médaille d'argent derrière l'Américain Campbell ! Quelques jours plus tard, de retour à Paris, j'ai consulté le Pr Saillant, à l'hôpital de la Pitié-Salpêtrière, dont le diagnostic fut sans appel : lésion au niveau du cartilage du plateau tibial et désinsertion du ménisque externe. Direction, donc, la table d'opération pour la première fois. Un mois et demi d'arrêt.

Quelques semaines passèrent avant que mon médecin traitant ne note que j'enchaînais les angines blanches à un rythme régulier depuis plus de deux ans. Il estimait que cela pouvait avoir des répercussions sur mes performances (fatigue, problème de récupération...). Il m'a donc conseillé de me faire enlever les amygdales. J'ai accepté l'opération en octobre 1987.

Très peu de temps après, je me suis fait arracher les dents de sagesse car cela pouvait également avoir une influence sur mon état de santé (il faut savoir que les problèmes dentaires pourraient avoir des répercussions sur les tendons, et favoriser les tendinites). Et de trois !

Désolé, mais ce n'est pas encore tout à fait terminé

J'ai ensuite commencé à souffrir du coude au départ des courses lorsque je me trouvais dans les starting-blocks. Mon coude ne me permettait pas de tendre le bras complètement. Après des examens poussés, il s'est avéré que de petits morceaux de cartilage étaient coincés dans l'articulation. Et donc... Me revoici sur le billard en décembre 1987 !

Ensuite, j'ai bénéficié de quelques semaines de « tranquillité ». J'ai même débuté la saison Indoor 1988 avec d'excellents chronos. Je me suis approché des temps réalisés l'année précédente où, lors des Championnats de France en salle à Liévin, j'avais réalisé 7,50 secondes sur le 60 mètres haies, soit alors la deuxième performance mondiale de tous les temps !

Mais, mais, mais... J'ai subitement ressenti des douleurs au ventre. Le Pr Saillant a vite décelé une pubalgie (très forte inflammation des insertions musculaires des abdominaux au niveau du pubis). Il a proposé deux solutions : trois mois de repos complet ou une opération. Dans les deux cas, la guérison n'était pas garantie à 100 pour cent. Comme il restait plusieurs mois avant les prochains jeux Olympiques (en septembre 1988 à Séoul), mon entraîneur et moi avons décidé d'opter pour l'opération qui nous semblait plus efficace. Le 16 février, j'ai subi une incision des deux côtés du bas-ventre afin de renforcer toute cette zone. Deux mois et demi de repos ont suivi.

Au total, j'ai subi cinq opérations plus ou moins lourdes en onze mois. De mars 1987 à février 1988, j'ai coûté cher à la Sécurité sociale, mais ma carrière de « gros » blessé s'est arrêtée là. Tout le reste n'aura été que du repos forcé. Il fallut attendre sept ans avant que ma route ne recroise celle d'un chirurgien. En 1994 puis en 1995, j'ai été de nouveau opéré des deux genoux. Je ressentais de nouvelles douleurs, mais il faut bien avouer que je n'étais plus au sommet de ma carrière. Le mois d'arrêt imposé pour l'intervention sur le genou droit puis les sept mois d'interruption liés à l'opération du genou gauche (qui avait entraîné quelques complications imprévues) n'ont pas eu le même impact sur moi que mes gros ennuis physiques à la fin des années 80.

Vous allez peut-être sourire, mais je crois que tout cela fut finalement très positif. Toutes ces petites galères physiques ont eu le mérite de m'apprendre à connaître mon corps. Un avantage non négligeable. J'ai passé beaucoup de temps dans les salles de kiné en rééducation, et j'ai appris, petit à petit, à me soigner. A me respecter.

Il est vrai qu'il y a un côté masochiste dans la pratique du sport de haut niveau car on est souvent confronté à la blessure. J'ai ainsi déclaré en mars 1988 au journal *L'Equipe* : « *Une course, c'est tellement magique ! Rien que pour ça, rien que pour cet instant, ça vaut le coup d'endurer les blessures.* »

Les athlètes rencontrent un grand nombre de problèmes physiques, et pourtant, ils n'ont tous qu'une envie : retourner sur le terrain et s'exposer alors à un nouveau risque de blessure plus ou moins grave ! De plus, ils précipitent souvent ce retour car ils ont l'impression que le repos forcé dû au problème en question va engendrer un trop gros retard dans la préparation et la progression. C'est alors le début d'une longue spirale...

Le côté masochiste a tout de même ses limites. On finit tous plus ou moins par évoluer. Par comprendre. Pour ma part, en 1990, j'ai ainsi choisi de passer du 110 au 400 mètres haies car je ne supportais plus d'enchaîner les petites blessures à un rythme si soutenu. Je passais alors mon temps à courir chez le Dr Bellot pour une séance de laser puis à foncer chez mon kinésithérapeute, à Aubervilliers, pour une longue séance de soins, voire à me rendre chez un ostéopathe installé à Saint-Maur pour un traitement spécifique. Je ne faisais plus du sport ; je faisais le tour des spécialistes ! J'en ai eu assez et j'ai opté pour une discipline moins traumatisante pour mon physique et une méthode d'entraînement moins « blessante » (sur le 400 mètres haies, les haies sont moins hautes que sur un 110 et demandent donc un travail de souplesse moins important au niveau des cuisses qui étaient, chez moi, la zone la plus fragile). Malheureusement, cela ne m'a pas empêché de connaître d'autres blessures. Le sport de haut niveau est ainsi : il rend la blessure incontournable...

Il y a une forme de logique à ce que la blessure fasse partie intégrante du sport moderne. On a tellement repoussé les limites de l'être humain que la performance sportive réclame aujourd'hui un entraînement intensif. La préparation d'un athlète est devenue quotidienne. Elle exige de nombreuses heures de « souffrance » tous les jours, et ce, sans pause véritable au cours de la saison. La machine humaine est constamment sollicitée et le risque de blessure grandit assez logiquement. Il y a pourtant des signaux d'alerte évidents comme une fatigue excessive, des petites contractures, des douleurs tendineuses... Mais comme on respecte de moins en moins ces signaux, on continue à demander beaucoup à l'athlète diminué qui déclenche alors des tendinites, des élongations, des claquages, des fractures de fatigue, voire même des ruptures partielles ou totales de certains tendons. Ce processus (destructeur, je le reconnais) s'explique par le fait que l'athlète n'ose plus se donner les plages de repos nécessaires à sa récupération ou à sa guérison. A ses yeux, le repos est synonyme de retard dans la préparation et amène un risque de régression dans sa performance. On préfère donc travailler avec une douleur à la cuisse ou au mollet en croisant les doigts pour que rien ne casse. Dans la plupart des cas, un athlète blessé a besoin d'une période d'inactivité pour retrouver la pleine possession de ses moyens. Malgré ses progrès, la médecine n'est pas en mesure d'accélérer la guérison d'un claquage ou d'une fracture. Le temps de repos est incompressible.

Malheureusement, l'athlétisme moderne ne l'entend pas de cette oreille et demande aux athlètes d'être au top tout au long de l'année. Pour répondre à cette exigence, ces derniers oublient donc les règles élémentaires de médecine et cherchent à compresser au maximum leurs temps de repos. C'est un engrenage sans fin. L'athlète revient souvent à la compétition trop tôt. Généralement, il se blesse à nouveau et finit même par développer des blessures bien plus graves. A force de trop tirer sur la ficelle, elle casse. Il n'est pas possible de faire du sport de haut niveau du 1er janvier au 31 décembre à 100 pour cent. La blessure est alors inévitable. Il y a une trentaine ou une quarantaine d'années, l'athlétisme de haut niveau demandait trois à cinq entraînements de deux heures par semaine. Aujourd'hui, la préparation est quotidienne, voire biquotidienne, et ce, à des cadences bien plus soutenues.

Prenons l'exemple assez parlant des demi-fondeurs et des fondeurs qui pratiquent une discipline allant du 800 mètres au marathon. Leur spécialité les oblige à « engranger » des kilomètres à pied chaque jour. Cela veut dire qu'ils font subir quotidiennement des milliers de microchocs à leurs tendons et à leurs articulations. En course à pied, chaque foulée correspond à un choc sur le sol. Tout le poids du corps repose alors violemment sur une seule jambe. A petite dose, cela n'a aucune incidence. Mais lorsque l'on enchaîne de longs footings tous les jours, toute l'année ou presque... Tout cela finit à un moment ou à un autre par avoir des répercussions.

Je ne pense pas que la machine humaine soit prévue pour être exploitée à une telle intensité et aussi longtemps. La blessure n'est donc pas une surprise. Elle n'est que la conséquence d'un sport qui a évolué vers des performances et un rendement accrus. Les suites de tout cela sont plus ou moins dangereuses. Soit on continue à respecter les règles de base, et les blessures sont relativement bénignes, soit on choisit de dépasser les limites supportables, et là, c'est la porte ouverte à toutes les dérives. Je fais bien sûr référence au dopage. Comme l'entraînement est la base de la réussite et que le dopage permet d'augmenter les doses d'entraînement sans ressentir une fatigue supplémentaire, la tentation de recourir à des produits miracles est grande. L'athlète pourra alors pousser la « machine » sans même s'en rendre compte tout en courant le risque à moyen terme de subir une blessure... fatale (infarctus, cancer, etc.) ! J'extrapole mais à peine.

L'athlète véhicule l'image de l'homme ou de la femme en parfaite santé. On le croit bien dans son corps. Dans la réalité, ce n'est pas toujours le cas. C'est peut-être bête à dire mais tout se paie. Lorsque vous n'êtes pas satisfait de votre « plastique » et que vous décidez d'avoir recours à la chirurgie esthétique, cela a un prix. Un coût bien sûr financier, mais également un prix personnel parfois très élevé. Si l'opération n'est pas réussie ou déclenche un problème quelconque, le patient doit en assumer les conséquences. Un dédommagement financier ne réparera pas les dégâts physiques. Pour le sport de haut niveau, c'est un peu la même chose. Il faut assumer les conséquences d'une pratique « excessive ». Un athlète ne fait pas du sport pour développer un beau corps mais pour être performant. La nuance est importante. Il est vrai que la pratique quotidienne de l'athlétisme amène la plupart d'entre nous à avoir de superbes plastiques. Mais il y a un revers à tout cela. La répétition, encore une fois « excessive », des entraînements va développer une usure physique avec blessures à la clé.

Il est d'ailleurs paradoxal de noter que, en dépit de cette usure physique de plus en plus grande chez l'athlète, sa carrière a tendance à s'allonger. L'apparition de l'argent dans le sport fait que l'athlète cherche à rentabiliser au maximum sa carrière. A l'approche de la quarantaine, des champions comme le Britannique Linford Christie ou la Jamaïcaine Merlène Ottey faisaient encore partie des meilleurs sprinters au monde. Pour tenir la « distance », ces « vétérans » se sont généralement économisés en faisant l'impasse sur la saison en salle et en se concentrant sur les grands meetings d'été (beaucoup plus rentables sur un plan strictement financier). Pour autant, il ne faut pas nier la réalité : l'allongement des carrières sportives a des répercussions évidentes. Les grands sportifs d'aujourd'hui seront sûrement les vilains vieux de demain.

Lorsqu'ils arrêtent, beaucoup d'athlètes sont littéralement « cassés », et le phénomène ne semble pas vouloir s'améliorer avec le temps et le développement du sport business. Je ne crois pas que ce soit lié uniquement à la répétitivité des blessures. Je me trompe peut-être mais, à mon avis, l'explication est ailleurs : le sportif de haut niveau a un certain tonus musculaire qui maintient l'organisme dans un état de fonctionnement optimal, et lorsqu'il arrête, il perd de ce tonus (généralement remplacé par une surcharge pondérale), et cela va engendrer une certaine laxité ligamentaire. Cette souplesse accrue de certaines zones de son corps déclenche généralement des douleurs plus ou moins importantes. Certaines articulations ou vertèbres ne sont plus soutenues avec la même vigueur musculaire et risquent de s'affaisser ou de se déplacer. Le sportif peut être également confronté à des problèmes d'arthrose précoce par hypersollicitation. C'est l'envers du décor.

J'ai pris conscience de tout cela en observant des athlètes de ma génération qui ont mis fin à leur carrière et qui ont alors cessé toute activité sportive. Ils se plaignent souvent de douleurs diverses et semblent souffrir davantage maintenant alors qu'ils ne sont plus en activité. En ce qui me concerne, j'ai la chance de pouvoir continuer à courir avec les athlètes que j'entraîne, et cela me permet de « sevrer » progressivement mon corps du sport de haut niveau et d'espérer pouvoir garder un physique relativement épargné par les douleurs.

Je ne tiens pas à noircir le tableau, mais je crois que le sport de haut niveau est tout simplement néfaste à la santé. Je le dis depuis de nombreuses années. Voilà une phrase choc, je sais, mais ce n'est en rien provocateur. C'est la stricte vérité : le sport en tant que compétition est nuisible à la santé alors que la pratique d'une activité physique en tant que loisir, en tant qu'entretien est, elle, très bénéfique à l'être humain. Le sport loisir permet d'entretenir son corps tout en le respectant alors que, dans le sport de haut niveau, on ne cherche qu'à développer la capacité physique d'un individu sans jamais prendre soin de son corps. Les conséquences se ressentent quelques dizaines d'années plus tard. Certains footballeurs, qui ont fait rêver les foules, ne sont alors plus capables de faire un simple footing. Des sauteurs en hauteur sont rongés par des douleurs au dos. D'anciens basketteurs souffrent de violentes crises d'arthrite.

Les vilains vieux existent bel et bien. Ils ont quarante ou quarante-cinq ans !

Avant de devenir un retraité perclus de maux divers et variés, un athlète connaît différentes périodes de blessure au cours de sa carrière. Généralement, l'athlète les vit très mal, et ce, pour diverses raisons. Tout d'abord, c'est pour lui un échec personnel. Chez un athlète, l'aspect psychologique est très important. Il va se demander pourquoi il s'est blessé. C'est une grande période de remise en question. De lui-même, de sa méthode d'entraînement, voire, pourquoi pas, de son entraîneur ou du milieu médical en charge de le suivre tout au long de l'année. L'inquiétude naît et peut aller jusqu'à l'angoisse, jusqu'au stress. Car n'oublions pas que, dans le même temps, l'adversaire direct continue à s'entraîner, à progresser, et cela ne fait qu'installer des doutes supplémentaires dans la tête d'un champion. C'est panique à bord. Il perd de sa confiance. Il sent qu'il prend du retard et cherche donc à réduire au minimum son temps de repos. Il peut même parfois prendre le risque de ne pas respecter les délais de guérison. Vous connaissez la suite...

Et puis, un athlète bien dans sa tête a souvent des temps de guérison plus courts qu'un athlète confronté à un certain malaise intérieur. C'est en cela que la médecine ne peut pas toujours garantir avec exactitude à un champion qu'il sera guéri pour tel ou tel rendez-vous. L'athlète est parfois en avance. Parfois en retard sur son plan de reprise de l'entraînement. Il va parfois même déclencher d'autres problèmes qui prolongeront son temps de repos. L'homme n'est pas une machine. C'est ce qui limite (pour le moment ?) le pouvoir de la médecine.

La blessure (même si j'y fus confronté souvent) n'a jamais développé en moi un blues particulier. Dans l'ensemble, je l'ai toujours bien vécue. Bien acceptée. L'athlétisme n'était qu'un formidable hobby que je pratiquais à 100 pour cent. Car, en parallèle, j'avais un emploi. J'ai travaillé au service communication de la BNP puis au service marketing de Mobidam, une petite entreprise familiale. Je crois que cette activité professionnelle m'a toujours empêché de m'appesantir sur mon sort. J'étais relié à la vie active et je considère cela comme une grande chance. N'ayant jamais « vécu » le sport à temps plein, j'ai pu garder une certaine distance, relativiser tous les bobos dont j'étais la victime. Certes, je n'affichais pas un sourire radieux à chaque nouveau pépin, mais il est vrai également que je ne les ai jamais mal pris. Les journalistes qui sont venus me voir au cours de mes différentes opérations entre 1987 et 1988 furent ainsi très étonnés de me découvrir aussi calme. A croire que j'étais une exception ! J'ai subi tout cela en sachant que j'allais revenir au plus haut niveau. Je n'ai jamais douté de moi. Je savais que la blessure faisait partie intégrante de l'entraînement. Une sorte d'épée de Damoclès au-dessus de nos têtes. J'ai toujours accepté cette possibilité. Je connaissais mes capacités et cela me permettait de m'exprimer sans jamais laisser la place à l'appréhension, au doute. Je savais positiver la blessure. La preuve avec cette confession accordée le 8 avril 1988 (à peine deux mois après mon opération au ventre pour une pubalgie) au journaliste Jean-Louis Pacull : « *Je me sens très bien dans ma peau. J'ai toujours eu des problèmes physiques et ces contretemps ont contribué à me rendre très fort psychologiquement. La compétition, c'est ma drogue. J'ai une envie dingue de courir, de gagner. Si je refais des haies, j'irai aux Jeux.* »

A la même époque, Françoise Inizan me demandait pour *L'Equipe* de réagir face à tous ceux qui disaient que j'étais fini. Ma réaction fut... directe : « *Je rigole... Je sais que 95 pour cent des gens ne croient plus en moi, mais ça me laisse froid. D'abord parce que je m'en fous. Ensuite parce que j'aurai d'autant plus de plaisir à leur prouver que je suis le plus fort !* »

Résultat : en août, pour la « sélection » aux JO, lors des Championnats de France, je réalisais le temps de 13,47 secondes, soit un des tout meilleurs chronos mondiaux de l'année. C'était ma première course de la saison ! Et j'ai ainsi obtenu mon billet pour Séoul.

La blessure ne m'a jamais fait peur. Elle symbolisait

un repos offert à mon corps. A mes yeux, ce repos allait rendre du « jus », de l'influx nerveux à mon physique.

Avec le développement de l'athlétisme « professionnel » et donc du risque de blessure, la relation entre l'athlète et son médecin est devenue très importante. Or, au niveau français, c'est un peu le système D qui prévaut. Lorsqu'un athlète se blesse, il sait que son compagnon d'entraînement (qui a eu le même problème quelques années auparavant) a été voir le Dr Untel. Stéphane Diagana a tel ostéopathe, Vincent Clarico connaît un bon podologue spécialisé dans la posturologie, etc. Et donc, par le biais du bouche à oreille, vous finissez par vous constituer un carnet d'adresses de spécialistes. Ainsi, j'ai pu bénéficier des soins du Pr Saillant parce que mon premier entraîneur le connaissait bien.

Sans passe-droit, il est très difficile d'être soigné efficacement, car l'athlétisme français ne dispose tout simplement pas d'une structure médicale officielle et permanente. Pourtant, chez un sportif, la blessure nécessite des soins urgents. Un mois d'arrêt peut remettre toute une saison en cause. Il est donc important de pouvoir disposer d'avis rapides et compétents. Au niveau fédéral, ce service n'existe pas. Un staff médical n'est en place qu'au moment des stages et des grandes réunions (du type Championnat d'Europe, du Monde ou les jeux Olympiques). Malheureusement, au quotidien, les moyens de l'athlétisme français (amateurisme relatif oblige) ne permettent pas de bénéficier de ce staff. Seuls les grands pôles ont la chance de disposer d'un centre médical à portée de main. Mais là non plus, ce n'est pas optimal. Ces centres ne sont pas assez performants. La dimension bureaucratique alourdit fortement leur fonctionnement.

Prenons l'exemple d'un athlète qui connaît déjà bien son corps et qui sent qu'il a besoin d'un massage parce qu'il vient de faire une grosse séance d'entraînement ou parce qu'il souffre d'une petite contracture musculaire. Il se présente donc au centre médical de son pôle qui est censé être là pour lui rendre service. Et là, on lui répond généralement : « Tu as pris rendez-vous ? » Le problème avec ce genre d'institution, c'est qu'il faut être en mesure d'anticiper la blessure… la veille ! Tout cela manque de souplesse. Dans une équipe professionnelle de football, un joueur qui signale une douleur à l'entraînement peut immédiatement bénéficier des soins d'un kiné ou d'un médecin. Ces derniers sont généralement sur le bord du terrain ! Là encore, les camps d'entraînement d'athlétisme aux Etats-Unis sont en avance car la structure mise en place a intégré toute une équipe médicale prête à intervenir à tout moment. A Los Angeles, Christine Arron a confié disposer d'un à deux kinésithérapeutes sur le bord de la piste à chacun de ses entraînements. C'est un plus évident.

Dans notre beau pays, nous devons nous contenter, pour l'instant, de nos propres carnets d'adresses. Cela dit, je dois reconnaître qu'une équipe personnelle constituée de médecins et de spécialistes peut s'avérer très efficace.

Pour en revenir à la simple relation athlète / médecin, je crois que c'est une relation privilégiée. Avec un athlète, le médecin doit souvent dépasser son rôle. Il est également un confident. Sa capacité d'écoute doit être très grande car il est là, avant tout, pour rassurer l'athlète, le guider vers la guérison. Avec le Dr Tania Bellot qui s'occupe de moi depuis de très nombreuses années, c'est tout à fait ce que j'ai vécu. Au fil du temps, j'ai développé une grande confiance en son diagnostic, en ses soins, mais j'ai également découvert… une amie ! Elle m'a même aidé lorsque j'ai été confronté à des problèmes extrasportifs. Ma mère et ma sœur ont souffert d'un grave cancer, et Tania Bellot m'a permis de surmonter les angoisses et les questions liées à la souffrance d'un proche. Aujourd'hui, en tant qu'entraîneur, je recommande aux athlètes (qui me le demandent) de consulter le Dr Bellot. Cette femme m'a beaucoup apporté. Elle a également soigné Philippe Candeloro ou encore l'athlète allemande Heike Dreschler, championne olympique du saut en longueur à Sydney. Tania

Bellot est une très grande dans son domaine. Et l'athlétisme français a besoin de travailler avec les plus grands !

L'athlète développe souvent une grande force mentale sur la piste, mais cela cache parfois une certaine fragilité personnelle. Son médecin est alors le premier rempart, le premier conseil. Le secret médical rassure. On se sent à l'abri des regards extérieurs. Par ailleurs, l'athlète a tendance à être nombriliste. Il pense d'abord à lui et il sait donc ce qui va être bon pour sa petite personne. Il juge et jauge un médecin sur sa capacité à lui apporter ce qu'il attend. Si le médecin n'est pas en mesure de rassurer l'athlète, ce dernier va très vite le sentir. Le milieu médical connaît cette réalité et tâche donc de prendre en compte toute la dimension psychologique. C'est une composante capitale dans la guérison de l'athlète.

Je l'ai dit, les performances demandées aujourd'hui à l'athlète favorisent les blessures, mais il faut analyser aussi le mental du champion. On a trop souvent tendance à présenter la blessure comme un événement lié au hasard. La blessure du corps arrive-t-elle par une opération du Saint-Esprit ? Je ne le pense pas. Je suis même convaincu que la blessure veut dire quelque chose. C'est d'abord un signal du corps. Un message. La blessure n'est qu'une conséquence. La cause de tout cela peut être psychologique. L'athlète cherche inconsciemment à aller contre un système qui l'étouffe. Il y a un problème non résolu. D'une certaine façon, le blessé a somatisé son mal pour diverses raisons : vie privée, relations familiales, problèmes avec l'entraîneur... Plus le mal intérieur est grand, plus la blessure est récurrente. Moi qui fus assez souvent blessé, j'ai forcément eu du mal à accepter cela.

La blessure est avant tout liée à un environnement. Premier au banc des accusés : le stress. Voilà un symptôme lié à l'avènement du sport moderne. Les équipementiers ainsi que les partenaires publicitaires attendent de l'athlète qu'il rentabilise leurs investissements. C'est la logique économique. Après quoi, les médias réclament des performances en rapport avec le statut de l'athlète. C'est la pression médiatique. Au bout du compte, l'athlète peut développer un stress important qui va favoriser la blessure. Il la somatise. S'il ne se sent pas en mesure d'atteindre les objectifs fixés, il peut craquer en enchaînant les blessures. Celles-ci sont réelles, mais souvent liées à une forme de pression psychologique. L'examen clinique atteste de la blessure physique mais sans pouvoir l'expliquer. Rien ne laissait présager une telle issue.

Deuxième accusé : un malaise intérieur. Pendant seize ans, j'ai vécu avec une pression psychologique éreintante sans même m'en rendre compte. En 1990, lorsque j'ai quitté mon entraîneur, j'ai senti que mon corps était en expansion. Comme si je rayonnais. En outre, j'ai connu, depuis lors, de petites blessures liées aux répétitions des entraînements, mais je n'ai plus jamais connu de gros ennuis comme par le passé. Détail encore plus révélateur : je suis entraîneur depuis 1997, et il m'arrive de participer à des exercices avec mes athlètes sans que je fasse un échauffement préalable. Or, je ne me suis jamais blessé au cours de ces exercices parfois très intenses ! En fait, je n'ai plus de pression. Je ne me sens pas de « limites » mentales. Je suis libre dans ma tête, et cela se ressent dans mon corps qui ne somatise plus. Entre 1986 et 1990, j'avais fini par tout refouler au plus profond de moi : sentiments, communication... Seul mon corps s'exprimait en réalisant des performances d'exception, mais aussi en se blessant gravement. Il faut évidemment du temps pour remettre son esprit en phase avec son corps. C'est un long travail personnel. Difficile mais passionnant. La liberté a un coût élevé... mais également un goût magique !

On ne peut pas changer le passé. Vivre avec des regrets ne sert à rien. Mais je suis convaincu que Caristan, athlète dans les années 80, entraîné par Caristan, entraîneur depuis 1997, aurait connu une carrière exceptionnelle. Je ne me serais jamais imposé toutes ces humiliations et tous ces entraînements intensifs sans le moindre repos. Coaché par un autre entraîneur, j'aurais peut-être connu des résultats différents. Mais une chose est sûre : avec Urtebise ou Schmid, je n'aurais jamais été victime d'un conditionnement mental inadmissible. Le respect de l'autre n'a pas de prix.

Aujourd'hui, je ne peux plus nier l'absence totale d'écoute de mon corps de la part de celui qui m'a entraîné durant seize longues années. J'avais alors un physique plutôt fragile (il ne l'est plus du tout aujourd'hui. Etonnant, non ?), mais cela n'empêchait pas mon coach de me demander d'être à mon maximum en permanence. Il n'a jamais tenu compte des incidences physiques que l'entraînement avait sur moi. Il voyait pourtant bien que j'étais souvent blessé, mais dès que je reprenais l'entraînement après une longue phase de repos, il exigeait de moi des séances très intenses. Avec lui, je devais être à 100 pour cent tout au long de l'année. Piasenta n'a jamais su s'adapter à la réalité du moment. Il avait un schéma. Son schéma. Et il fallait s'y conformer quoi qu'il arrive. En termes tennistiques, on parlera d'une double faute : psychologique — vous aurez maintenant compris pourquoi — et professionnelle — puisqu'il ne s'est jamais soucié de l'individu dont il avait la charge.

En tant qu'athlète, j'ai mis un certain temps à faire le lien entre le problème physique et son origine psychologique. C'est en regardant les autres que j'ai fini par comprendre. En 1989, Philippe Tourret appartenait au même groupe d'entraînement que moi. C'était un ami très proche. Il avait même fait de moi le parrain de sa fille. Aujourd'hui, je ne le côtoie plus puisqu'il a souhaité prendre le parti de mon ex-entraîneur lorsque j'ai quitté le groupe. Il n'a pas choisi la neutralité. Tant pis pour nous. Cela étant, en 1989 et 1990, des problèmes physiques m'ont placé en retrait et m'ont obligé à devenir un simple observateur. Philippe Tourret était alors l'étoile montante du 110 mètres haies français. L'attention de mon entraîneur s'est reportée sur lui. Soulagement pour moi... mais début de l'enfer pour Tourret ! Sous la pression, Philippe a commencé à déclencher de nombreuses blessures : tendinites d'Achille, pubalgie, et enfin un gros problème au mollet qui a fini par être opéré mais qui a mis un terme à sa carrière au début des années 90. Philippe Tourret aura eu une carrière très courte sans jamais avoir la chance d'être entraîné par quelqu'un de différent. Il avait un grand talent et le potentiel pour battre mon record de France sur le 110 mètres haies. C'est vraiment dommage car je crois que seuls le temps et l'expérience permettent de comprendre tout ce qui nous arrive.

En décembre 2000, le perchiste Jean Galfione a ainsi confié à Marc Ventouillac de *L'Equipe* : « *J'ai lu des trucs sur les blessures, comme quoi elles n'arrivent pas forcément par hasard. Soixante-dix pour cent des blessures sont provoquées par des problèmes psychologiques. Peut-être y avait-il à Sydney une volonté de mon corps...* »

Je ne pense pas que l'on puisse faire ce genre d'analyse lorsque l'on a vingt-deux ans. L'expérience et une certaine connaissance de soi ne peuvent venir qu'avec le temps. On touche d'ailleurs ici un grave problème propre à l'athlétisme : on ne transmet tout simplement pas l'expérience. Lorsqu'un entraîneur ou un athlète mettent un terme définitif à leur carrière, ils s'en vont avec tout leur savoir, leur vécu. Il ne reste rien de leur passage. Ceux qui viennent après partent généralement de zéro. Il leur faut alors attendre cinq, dix ou quinze ans avant de comprendre certains phénomènes liés à l'entraînement excessif, à la compétition, au stress ou à un malaise particulier. L'athlétisme français gagnerait à ce que les connaissances de chacun soient étudiées et offertes à tous. Ce serait un grand pas en avant, mais cela n'est possible qu'à partir du moment où les querelles de clocher cessent et où chacun accepte de travailler pour une seule cause : le bien de l'équipe de France et des athlètes français.

Il faut savoir partager pour mieux transmettre tout ce

que le sport et ce que l'athlétisme en particulier nous ont offert. Dans le groupe d'entraînement dont j'ai la charge, j'aimerais, par exemple, disposer d'un adjoint afin de pouvoir passer plus de temps à dialoguer avec les athlètes. Je veux essayer de les « enrichir » au maximum. C'est vraiment essentiel, et c'est ce qui a permis, je crois, à Patricia Girard de se relancer à mes côtés en 1999. Elle avait alors une trentaine d'années, disposait d'une solide expérience du haut niveau, mais elle ne comprenait pas tous les facteurs liés à la performance. Dans mon discours, j'ai essayé de lui faire prendre conscience que sa performance dépendait, certes, de son entraînement, mais également de nombreux éléments extérieurs. En comprenant tout cela, Patricia est parvenue à se remettre sur de bons rails.

Plus tôt l'athlète comprend ce phénomène, mieux il sera armé pour mener une carrière riche et dense. Il faut donc que nous osions partager notre savoir pour en faire bénéficier ceux qui le souhaitent. C'est peut-être une évidence mais il y a urgence !

Depuis quelques années, l'entourage paramédical de l'athlète s'est agrandi. On voit maintenant très souvent un champion s'offrir les services d'un préparateur mental, d'un psychologue, d'un spécialiste de la PNL (Préparation Neuro-Linguistique)... C'est sûrement un bien. Cela permet d'analyser la performance et tout ce qui va avec. Tout renseignement supplémentaire sur soi ne peut avoir qu'un effet bénéfique. Mais, premier bémol, il faut prendre garde aux éventuels charlatans qui cherchent à exploiter ce filon rémunérateur et qui n'apportent rien de bien concret aux athlètes. Ils peuvent même être nuisibles. Il faut donc rester vigilant. Oui aux spécialistes. Non aux profiteurs éhontés du système.

En tant qu'athlète, j'aurais aimé disposer, à mes côtés, d'un psychologue. A l'inverse du préparateur mental, le psychologue n'est pas uniquement axé sur la performance et la compétition. Son travail se concentre sur le comportement de l'individu. Il va chercher à l'expliquer en fonction du passé (petite enfance, milieu familial, cadre environnemental, etc.). Au bout du compte, le psychologue amène l'athlète à se comprendre mieux, à s'accepter et appréhender ainsi d'une autre manière les différents événements auxquels il peut être confronté. La présence de cette personne à mes côtés m'aurait été, j'en suis convaincu, d'une grande utilité. Parallèlement, un préparateur mental ne m'aurait rien apporté de vraiment particulier puisque j'ai toujours fait de la préparation mentale sans même le savoir. Cette capacité à positiver les différents événements de ma vie et à me préparer intérieurement pour les grandes échéances a toujours été naturelle chez moi. C'était ma grande force. Chaque athlète étant différent, une seule et même recette ne saurait donc s'appliquer à tout le monde. Il faudra méditer cela si un jour la Fédération décide de mettre en place un staff médical digne de ce nom au service des meilleurs athlètes français.

Second bémol, le nombre des « spécialistes » dans l'entourage de l'athlète : il ne faut pas que la multiplicité des avis finisse par « bloquer » le champion dans sa progression. Travailler sur le psychisme est une chose ; braquer l'athlète sur des microdétails en est une autre. Un exemple tout bête : le perchiste ukrainien Sergueï Bubka avait recours à un magnétothérapeute. Ce dernier lui avait expliqué que chaque être humain était entouré d'un champ de forces magnétiques. Résultat : Bubka ne serrait jamais la main de ses concurrents le jour des compétitions afin de ne pas transmettre ses ondes positives à ses adversaires. Tant mieux pour Bubka si cette croyance ne lui a jamais fait oublier l'essentiel : sa performance. Malheureusement, je connais d'autres athlètes qui se sont focalisés sur des détails de la sorte et qui ont oublié le plus important, à savoir la richesse de l'entraînement et la volonté de vaincre durant les compétitions. Il faut savoir rester « juste ». Ce que nous apportent les connaissances dans le domaine de la nutrition ne doit pas terroriser une athlète lorsqu'elle a fait un petit écart la veille au soir.

La médecine a fait d'énormes progrès. Désormais, on peut bénéficier des services de gens très calés dans des domaines bien précis. Tant mieux ! Mais que cela ne devienne pas une obsession. Jusqu'à nouvel ordre, c'est l'athlète qui court ou qui saute. Pas l'entraîneur ou le médecin. Il est important de relativiser. Trop de champions se laissent dominer mentalement par des petits détails. Certains courent toujours avec le même slip porte-bonheur. Bon, pourquoi pas ? Le problème intervient le jour où l'un d'eux a oublié le fameux sous-vêtement élimé. Là, c'est la grosse panique. Tout ça pour un slip passé d'âge ! Et le jour où son préparateur mental décède dans un accident de la route, l'athlète doit-il mettre fin à sa carrière car il a perdu son « guide » ?

Encore une fois, il faut rester « juste ». Garder la maîtrise de ce que l'athlète est, et surtout de ce qu'il fait.

Maintenant que je suis entraîneur, je ne suis plus confronté à mes blessures mais à celles des autres. La blessure est un risque quotidien, pourtant je dois avouer qu'elle ne m'inquiète pas vraiment durant les trois quarts de la saison. Au cours de cette période finalement assez longue, je demande à mes athlètes de donner à l'entraînement entre 50 et 90 pour cent de leur potentiel. Le risque de blessure est alors assez faible. En revanche, à l'approche des grands rendez-vous (c'est-à-dire un mois à un mois et demi avant la date fatidique), il y a une montée en puissance nécessaire qui va amener l'athlète à donner entre 90 et 100 pour cent de ses capacités. Et là, je dois reconnaître que le risque de blessure devient bien réel. Bien concret. J'ai alors toujours une crainte durant ces quelques semaines.

Les blessures qui m'angoissent le plus concernent l'élongation et le claquage. Un ou deux athlètes peuvent se blesser durant ces dernières semaines de préparation et c'est très douloureux. Même pour moi. On se rend compte que ça ne tient parfois qu'à un fil. Quand la blessure intervient, je la vis comme un échec. Cela veut dire que je n'ai pas vu venir l'incident. C'est, en quelque sorte, une faute professionnelle. Je n'ai pas été assez attentif. Lorsque la blessure n'est pas d'origine psychologique, il y a très souvent un signal « physique » avant le « vrai » problème (voire une erreur dans la programmation de l'entraînement). C'est pourquoi je demande à mes athlètes de me dire tout ce qu'ils ressentent. L'échange est capital. Mon expérience, mon vécu me permettent de savoir qu'une gestuelle particulière peut être le signe avant-coureur d'une blessure. Un athlète qui se touche l'arrière de la cuisse après un effort alors qu'il ne le fait pas habituellement, un autre qui a le visage marqué par l'effort alors que la séance ne fait que commencer... Je fais en sorte de tenir compte de tous ces signes dans mon programme d'entraînement. C'est parfois exagéré, mais si ça peut éviter un problème physique, c'est assurément une grande victoire.

Pour éviter la blessure, je ne vois finalement que la communication entre l'athlète et ses différents « partenaires » (entraîneur, médecin, kiné, préparateur mental, psychologue...). La communication est à la base de tout. Lorsque les grandes compétitions approchent, je passe beaucoup de temps à dialoguer avec les athlètes du groupe dont je m'occupe. Vont-ils bien ? Ont-ils bien dormi ? Comment expliquent-ils leur fatigue durant le week-end précédent ? Grâce à leurs réponses, j'ai une première idée de leur état de santé. Ensuite, à force de les côtoyer quotidiennement, je connais leurs petites mimiques, leurs rituels, aussi bien à l'entraînement qu'en compétition. Si je remarque un geste inhabituel, je n'hésite pas à réagir et à aller questionner l'athlète. Malheureusement, je ne peux pas toujours voir ces petits gestes. Mes yeux ne sont pas partout. Lorsqu'un athlète se blesse parce que je n'ai rien vu venir, là, je m'en veux.

Dernier point essentiel qui peut permettre d'éviter la ou les blessures : la nécessaire confiance entre l'athlète et son coach. Même si ça semble logique, ce n'est pas encore une évidence pour tout le monde. L'athlète doit pouvoir se sentir en confiance avec son entraîneur. Et réciproquement. C'est fondamental. Seule la confiance accompagnée d'un dialogue permanent offre à l'athlète des conditions de travail optimales. On l'oublie trop souvent.

Je le répète : la blessure peut être finalement quelque chose de positif. Surtout lorsqu'elle intervient alors que l'athlète est déjà d'un âge mûr (à partir de vingt-sept ou vingt-huit ans généralement). Souvent elle lui permet de changer son mode de fonctionnement, voire son mode de vie. La blessure l'amène à réfléchir sur ce qu'il est, à se poser des questions. Il finit par développer une forme de sensibilité à tous les messages que peut envoyer le corps. Il ne fait plus qu'un avec lui-même, et tout cela est extrêmement important.

Pour refermer ce chapitre consacré à la blessure, j'aimerais évoquer mon écœurement devant le développement des compétitions internationales réservées aux jeunes. A mes yeux, le Championnat du Monde d'athlétisme cadets n'a pas sa raison d'être. D'un côté, les carrières durent de plus en plus longtemps, et de l'autre, on cherche à les faire débuter de plus en plus tôt. Qui sort grand vainqueur dans toute cette histoire ? Le champion ou l'organisateur ? Quel que soit le niveau de compétition, le pratiquant n'est jamais le premier bénéficiaire des mesures prises par les instances dirigeantes. Il est toujours consulté en dernier. Il ne peut que subir. Je crois qu'il est urgent de protéger les jeunes. Nos jeunes. Essayer de les rendre performants entre quatorze et vingt ans est très dangereux. Ils ont alors toutes les chances d'être « usés » physiquement entre vingt et vingt-cinq ans. Une blessure, quelle qu'elle soit, laisse toujours une cicatrice. Une marque indélébile. C'est un bagage à vie. Il me semble donc préférable de tout faire pour ne pas trop remplir la valise. L'avenir se joue dans le présent. Tâchons avant tout d'aider les athlètes à se construire personnellement et à éviter les différents pièges d'une carrière. Il est très difficile de devenir un champion... et il est encore plus douloureux de ne plus l'être !

9

Plus dure sera la chute

Un athlète laisse généralement de lui l'image de la victoire. On se rappelle son (ou ses) exploit(s), les sourires enveloppés dans le drapeau tricolore, les pleurs sincères en écoutant *La Marseillaise* sur le podium olympique. Pour le grand public, tout cela est habituel. La période « faste » de la carrière d'un athlète n'a finalement pas de secrets. Les médias sont là pour relater les moindres faits et gestes qui accompagnent les exploits les plus extraordinaires. Rien n'échappe aux cameramen ou aux photographes. En revanche, ce qui est moins connu, ce sont les périodes difficiles, voire troubles, que l'athlète traverse parfois lorsque sa carrière décline ou lorsqu'il décide tout simplement d'arrêter le sport de haut niveau. C'est ce que j'appelle le « spleen du sportif ». Il s'agit, en fait, d'une forme plus ou moins déguisée de dépression nerveuse, et à ce moment-là, malheureusement, l'athlète est généralement tout seul face à lui-même. Fini les caméras. Adieux les honneurs. L'athlète a perdu cette confiance en lui, cet état de grâce qui avait contribué à le rendre si fort, et il commence à chuter psychologiquement. Ce phénomène, le grand public n'en entend jamais parler. Il s'agit pourtant d'une grave blessure, car elle n'est pas physique mais bien plus subtile...

Je vais tout d'abord m'attacher au cas de l'athlète qui met un terme définitif à sa carrière. L'arrêt du sport de haut niveau va générer un véritable manque dans son existence. Il faut savoir que la pratique quotidienne ou biquotidienne d'une activité physique intense peut être assimilée à une drogue. Avec le temps, il y a accoutumance, et l'arrêt définitif développe assez logiquement un manque. Ce besoin physiologique, organique, peut alors déclencher des problèmes plus ou moins importants. Il faut combler ce besoin. Le compenser. Si en plus de ce manque physique l'athlète traverse une importante phase de remise en question personnelle, il devient encore plus faible, encore plus fragile, et il peut tomber dans la facilité. Traduction : c'est la porte ouverte aux drogues plus ou moins fortes. Pour peu que, dans sa méthode d'entraînement, il ait très vite pris l'habitude d'absorber beaucoup de vitamines et de produits naturels (minéraux, acides aminés...) afin de compenser les carences développées par la pratique du haut niveau, il risque, la retraite venue, de se tourner vers la cigarette à forte dose, les antidépresseurs, le haschich de temps en temps... Il y a une lente descente vers les drogues douces avant de dériver éventuellement vers des substances plus dures.

On pourrait croire que j'exagère, que j'en fais trop, que je divague. Il y a pourtant une réalité assez terrible qu'on ne peut plus nier. Selon un centre de désintoxication francilien, 40 pour cent des athlètes de haut niveau s'adonnent aux drogues douces durant leur première année d'arrêt. Parmi eux, un certain nombre passera rapidement à l'étage supérieur en goûtant à la cocaïne puis à un ensemble de produits tout aussi forts. Quant à ceux qui ont échappé à la découverte de la drogue au cours de la première année, ils ne sont pas pour autant à l'abri d'un nouveau dérapage durant la deuxième année de leur retraite sportive. En effet, parmi les 60 pour cent épargnés, ils sont encore 40 pour cent à plonger au cours de l'année suivante. Il y a donc bien un gros problème existentiel qu'il ne faut pas nier. Ceux qui se retirent du monde de l'athlétisme sans avoir préparé leur reconversion sont souvent les plus exposés à ce malaise : déprime, drogue, alcool... Trop peu de gens le savent. Trop peu en parlent.

En mettant un terme à sa carrière, l'athlète a également souvent du mal à s'adapter « physiquement » à sa nouvelle vie. Durant dix ou quinze ans, il s'est entraîné une à deux fois par jour, et ce, onze à onze mois et demi par an. Avec un tel rythme de travail physique, il brûlait bien évidemment un grand nombre de calories. Sa nourriture était donc adaptée à ces efforts intenses et répétés. L'arrêt de la pratique sportive va inévitablement provoquer un dérèglement. Le corps demande un certain temps avant de s'adapter à la forte baisse de consommation d'énergie. Or, l'athlète garde parfois ses réflexes nutritifs et prend alors dix, quinze ou vingt kilos de surcharge pondérale. Il ne ressemble plus du tout à l'image qu'il avait lorsqu'il était au top niveau. C'est une certaine forme de négligence. L'athlète, bousculé psychologiquement par l'arrêt de sa carrière, continue à manger comme à sa grande époque. Au bout de deux, trois ou quatre ans, il peut très bien retrouver son poids normal. Mais il faut bien comprendre également que l'exigence du haut niveau entraîne des contraintes alimentaires usantes (surveiller ce que l'on mange matin, midi et soir !), et l'arrêt définitif peut symboliser alors la fin de ces restrictions. L'athlète peut s'en donner à cœur joie. Il se laisse enfin aller à ses envies réprouvées durant plusieurs saisons, et les kilos superflus apparaissent très vite. L'usure est, certes, physique, mais elle est avant tout psychologique. On ressent une grande lassitude devant toutes les privations imposées pendant de si nombreuses années. A partir du moment où tout est terminé, l'athlète se « lâche ».

La prise de poids peut n'être qu'une des conséquences du spleen. Car le spleen, dans son sens le plus large, remet tout en question chez l'athlète. Dix ans de pratique intensive lui ont imposé des contraintes importantes mais également offert une vie hors normes. Lorsque l'athlète retrouve une existence « normale », il doit tout réorganiser dans sa vie. Il voit, par exemple, son entourage plus souvent. Jadis, il volait de meetings en stages ou en entraînements. Désormais, son quotidien le confronte à sa famille et à ses proches plus fréquemment. Les excès verbaux d'hier seront peut-être moins bien supportés. On ne lui pardonnera plus ses moments d'égarement. Car désormais, il n'est plus dans la dernière ligne droite avant un Championnat du Monde ou les jeux Olympiques. Désormais, il est comme tout le monde. Ni plus ni moins. L'ex-athlète n'a donc plus les mêmes repères. Il ne sent plus le même regard dans les yeux de ses proches. Sa place a changé et l'adaptation est forcément difficile.

On peut noter que de nombreux athlètes quittent complètement le milieu sportif dès qu'ils mettent un terme à leur carrière. Ils disparaissent de la scène, et seuls quelques rares articles de presse dans la série « Que sont-ils devenus ? » permettent de savoir ce qu'ils font et où ils en sont. Il faut bien distinguer trois cas. Le premier concerne l'athlète qui avait préparé sa reconversion professionnelle depuis plusieurs années. Ce dernier sait pertinemment ce qu'il fait, et il va assez logiquement chercher à s'investir à fond dans sa nouvelle activité. Qu'il le veuille ou non, l'arrêt de la pratique à un haut niveau a provoqué un manque. Ce nouveau travail permet de compenser en partie ce besoin, et c'est généralement pourquoi l'athlète s'y consacre pleinement. L'investissement professionnel permet de maintenir un équilibre chez lui. On a ainsi perdu la trace de certains athlètes marquants des années 80 ou 90. A titre d'exemple, l'ancien sprinter Daniel Sangouma a longtemps travaillé chez Adidas, et Maguy Nestoret y travaille encore. Qui le sait, excepté leur entourage proche et quelques personnes bien informées ? D'autres, comme Bruno Marie-Rose, ont intégré de grosses sociétés d'informatique ou ont ouvert des cabinets de kinésithérapie. Tous ces gens s'investissent totalement dans leur nouvelle profession, et le fait qu'on ne les voie plus sur le devant de la scène médiatique n'a rien d'inquiétant.

Il y a ensuite le deuxième cas, celui de l'athlète qui a fait du sport de haut niveau avec succès mais sans jamais s'être senti à l'aise dans le milieu de l'athlétisme. Il a vécu pleinement sa passion, mais le jour où tout s'arrête, il éprouve le besoin de faire table rase du passé récent. Il ne veut plus voir les gens qu'il a été obligé de fréquenter durant plus de dix ans. Cela se comprend tout à fait. Là encore, il disparaît de la scène médiatique sans que cela soit gênant ou contrariant.

Quant au troisième et dernier cas, il s'applique au pauvre coureur ou sauteur qui tombe dans la dépression le jour où sa carrière prend fin. Il est victime du spleen et va mettre un certain temps avant de retrouver ses « marques » dans la société. Il a vécu toute sa jeunesse dans un monde presque virtuel et l'atterrissage est mouvementé. Les médias n'en parlent plus mais il y a vraiment du souci à se faire pour lui.

N'oublions pas l'impact de l'argent. Beaucoup pensent qu'il fait le bonheur. Mais pour les quelques athlètes qui gagnent des sommes colossales grâce à l'athlétisme, l'argent peut être à l'origine de bien des maux. Si rien n'a été anticipé et géré, le niveau de vie de l'athlète doit s'adapter à une période de non-activité. Ce peut être une spirale vers le bas : mauvais conseils d'investissement, problèmes fiscaux... Certains, bien sûr, s'en sortent très bien, mais d'autres se font très mal. Je crois d'ailleurs qu'il était plus facile d'être Colette Besson dans les années 60 que Marie-José Pérec aujourd'hui. Pourtant, en termes de fascination médiatique, Colette Besson a conservé un gros pouvoir. En 1968, ses larmes sur le podium olympique du 400 mètres à Mexico ont marqué le monde du sport dans son ensemble. Beaucoup de gens ont vu au moins une fois cette image. La petite fille chérie de la France entière a joui et jouit encore d'une cote de popularité énorme. Mais comme elle n'a jamais gagné des sommes d'argent hors du commun, elle est toujours restée en phase avec une certaine réalité. Certes, elle a sûrement connu des hauts et des bas puisque sa carrière sportive n'a pas été très longue, mais il faut reconnaître que socialement, parlant, elle n'est jamais passée d'un extrême à l'autre. C'était une autre époque : l'athlétisme 100 pour cent amateur.

Aujourd'hui, le haut niveau n'a plus rien à voir avec l'époque Besson. L'athlétisme moderne, très généreux avec les meilleurs, peut vous déconnecter du monde dans lequel vous vivez. La reconnexion est longue. Les conséquences sont même parfois dramatiques. Tant qu'on ne fera rien, le spleen de l'athlète aura de beaux jours devant lui. Dans les sports complètement professionnels, les exemples sont légion. Prenons le cas de l'Argentin Diego Maradona. Si ce n'est pas un cas de spleen énorme, qu'est-ce que c'est ? Ses problèmes ne sont pas récents puisqu'il consommait déjà de la cocaïne au sommet de sa carrière alors qu'il évoluait à Naples dans le championnat italien ! Son activité sportive lui permettait de ne pas plonger complètement. Il constituait un monument du sport, et lorsque sa carrière s'est arrêtée, il s'est mis lui-même en marge de la société. Il s'est « offert » un plongeon sans fin. Ses tentatives de retour se sont toutes terminées par des échecs assez pitoyables. Comme, de plus, ses moyens financiers semblent énormes, il n'est pas évident de ne pas replonger. La tentation est trop forte. L'argent et la vénération des siens et de ses millions de fans l'encouragent à se comporter en diva. Rien ne l'aide à s'en sortir. La déchéance peut ainsi durer des années. A moins qu'elle ne s'arrête à la suite d'un accident, grave, fatal même...

Le spleen lié à la fin de carrière fut, pour moi, très atténué. Je disposais d'une activité professionnelle depuis 1985. Par ailleurs, j'avais anticipé ma retraite sportive en devenant coach. J'avais pris du recul. Pendant quelques années, j'ai donc cumulé mon nouveau métier d'entraîneur avec celui d'athlète de haut niveau. Je crois que cela a permis de minimiser chez moi le sentiment qui envahit l'athlète lorsque sa vie évolue brutalement vers autre chose. En 1997, j'ai pourtant vécu quelque chose de sportivement difficile, mais la transition progressive vers le métier d'entraîneur m'a permis de mieux la digérer.

En 1997 donc, j'étais sélectionné sur le 110 mètres haies aux Championnats de France qui se déroulaient, cette année-là, en Martinique. En demi-finale, j'ai connu un moment de doute. D'hésitation. Au coup de pistolet, je suis tout simplement resté dans les starting-blocks. J'ai eu un court moment d'hésitation car j'étais persuadé qu'il y avait eu faux départ et, donc... je n'ai pas réagi ! J'ai laissé mes concurrents s'envoler. Il était trop tard. Il faut savoir que je n'avais jamais manqué un départ auparavant. En plus de vingt ans de pratique ! Dans les starting-blocks, j'avais toujours été très impressionnant. C'était l'une de mes grandes forces. Je ressemblais à une sorte de félin prêt à bondir, à se libérer. Sauf qu'en Martinique, mon état d'esprit n'était plus le même. J'étais encore physiquement compétitif, mais dans la tête je n'avais plus ce petit plus. J'étais redevenu « faillible ». J'ai alors compris que mentalement je n'étais plus le même. Je ne disposais plus de cette force aveugle qui permet de se sublimer. A la lutte, je n'étais plus un « battant », et c'était un handicap terrible. Ce jour-là, je me suis senti blessé dans mon orgueil.

Quelque temps après, je me suis inscrit aux Championnats de France de Nationale 2 car cette épreuve délivrait des places en équipe de France pour les jeux de la Francophonie en septembre 1997. J'ai mis un point d'honneur à me qualifier pour cette compétition. Je voulais pouvoir décider de la fin de ma carrière internationale. Je voulais rester le maître de ma propre histoire, de mon destin. C'est d'ailleurs pourquoi j'ai couru avec un bonnet lors de ces jeux de la Francophonie. Ce bonnet symbolisait mon adieu à l'équipe de France. J'avais choisi de tirer ma révérence. A mes yeux, c'était officiel. Je pouvais me retirer puisque je l'avais décidé. J'ai toujours eu besoin de tout contrôler. Dès 1990, il était devenu inimaginable de devoir subir les événements.

Malgré tout cela, il m'a fallu quatre ans avant de ne plus avoir envie de courir. De ne plus avoir envie de me confronter aux meilleurs. Aujourd'hui, mon corps est enfin sevré de compétition. Je n'éprouve plus le besoin de me mesurer aux autres. C'est un sentiment excitant car une partie de moi attendait cela depuis longtemps. Mais mon physique ne l'entendait pas encore de cette oreille. Cela m'est apparu en janvier 2001 et j'en suis ravi.

Je crois pouvoir dire que mon comportement a changé depuis la fin de ma carrière. Je suis maintenant beaucoup plus ouvert aux autres. Je me sens moins égoïste. Moins égocentrique. Aujourd'hui, je pense sincèrement que j'ai un devoir de « transmission ». Je me donne sans compter aux athlètes que j'entraîne. Je refuse de garder pour moi toute la richesse que le sport m'a apportée. Cela dit, je dois rester vigilant car il est très difficile d'oublier ce que j'ai vécu. Avec le recul, je comprends que j'ai été le numéro un mondial dans ma discipline, et c'est une arme à double tranchant. D'un côté, il m'est très agréable de penser que j'ai réalisé quelque chose d'exceptionnel dans ma vie. De l'autre, cette fierté s'accompagne du risque très important de péter les plombs. Avoir atteint les sommets a un côté déstructurant. J'ai parfaitement conscience que, si je me laisse aller, je peux dériver. Mon rang d'ex-numéro un et tous les privilèges qui ont suivi constituent un réel danger qu'il est difficile d'apprécier lorsque l'on n'a pas côtoyé les sommets. Avoir été et ne plus être... Il faut être équilibré et bien entouré pour ne pas laisser le spleen vous ronger. Même plusieurs années après !

J'ai justement le sentiment qu'on ne prépare absolument pas l'athlète à sa « seconde » vie. Rien n'est prévu pour aborder ce virage important dans de bonnes conditions. Pire que cela : lorsque sa carrière s'arrête, l'athlète se voit exclu de toutes les aides financières dont il pouvait jouir par le passé. Du jour au lendemain, il se retrouve livré à lui-même. Certes, il y a aujourd'hui un suivi social au niveau de la Fédération. Cette structure cherche à aider les athlètes dans leur réinsertion professionnelle, mais l'expérience me semble encore bien trop timide.

Je reconnais que la démarche est très compliquée. Un

athlète ne souffre pas forcément de spleen lorsqu'il met un terme à sa carrière. On peut imaginer, par exemple, que Stéphane Diagana a déjà « pensé » sa reconversion. D'ailleurs, il la vit au présent puisqu'il poursuit de hautes études en parallèle à sa carrière. Sa réflexion est en cours depuis de nombreuses années. Même s'il fait partie des meilleurs au monde dans sa discipline, je crois qu'il aura toutes les armes nécessaires pour affronter sa nouvelle vie quand l'athlétisme sera terminé pour lui. Malheureusement, d'autres ont un réel besoin d'aide... mais ils ne le savent pas ! Ils vivent une période fantastique de leur existence et ils ont perdu toute notion de réalité. Le travail d'explication et de préparation à la transition est donc compliqué car il ne faut pas froisser leur susceptibilité. Il faut savoir leur expliquer que la belle situation n'est que provisoire. Dans deux, cinq ou dix ans, tout va s'arrêter. Le rêve sportif sera terminé. Voilà un défi très difficile car l'athlète ne comprend généralement pas un tel discours. Il est dans sa bulle, dans ce petit monde qu'il s'est créé et qui tourne autour de lui. Et donc il estime que tout lui est dû. Il a souvent du mal à accepter un discours responsable et réaliste. L'athlète vit à 120 pour cent dans le présent. L'avenir, il n'y pense jamais. Son seul avenir, c'est le présent. Et forcément, des remarques sur sa fin de carrière peuvent le choquer. « Comment ? Ma carrière va s'arrêter dans deux ans ? Mais ça veut dire quoi tout ça ? Que tu ne crois pas en moi ? Tu n'as plus confiance ? »

L'entourage sportif a trop tendance à plonger l'athlète dans une réalité illusoire. Il ne l'aide pas à retrouver sa lucidité alors qu'il est censé savoir qu'il y a des lendemains qui déchantent. Il faut dire aussi que, dans cet encadrement, peu de gens ont vécu la vie d'un athlète de haut niveau. Peu de gens savent que la transition peut se révéler douloureuse pour celui qui n'y a pas été préparé.

C'est pour cela qu'il est dommage que la Fédération offre si peu de places dans ses rangs à d'anciens athlètes. Ce serait l'occasion de bénéficier d'une expérience unique : celle du haut niveau. Même avec les meilleures intentions et les meilleures idées du monde, il vous manquera toujours quelque chose pour réussir si vous ne savez pas ce que peut ressentir un champion durant les différentes phases de sa carrière. Ça ne se lit pas, ça ne s'apprend pas, ça se vit ! Dans ce domaine, la Fédération française de judo est une formidable référence. Aux jeux Olympiques de 1984, 1988 et 1992, j'ai côtoyé des judokas français qui faisaient alors partie des meilleurs au monde. Aujourd'hui, la plupart sont cadres à la Fédération : Fabien Canu, Marc Alexandre..., et tout récemment David Douillet. Ce dernier a pris sa retraite sportive après un dernier sacre à Sydney, et il est déjà entraîneur au service de la Fédération ! Dès que tous ces champions ont arrêté, on a immédiatement utilisé leur compétence et leur expérience. Rien ne se perd. Ce qui est loin d'être le cas à la Fédération française d'athlétisme. Seul point commun avec le judo : l'envie de bien faire. Pour le reste, c'est le jour et la nuit. A la FFA, il y a trop de personnes qui ne savent tout simplement plus de quoi elles parlent. L'athlétisme des années 70 n'a rien à voir avec l'athlétisme du nouveau millénaire. Certes, la nouvelle équipe mise en place à la tête de la Direction technique nationale semble vouloir faire évoluer les choses, et je m'en réjouis. Voilà enfin des gens qui souhaitent faire participer les athlètes aux choix qui les concernent. Quel changement ! Lorsqu'il a été nommé, Robert Poirier, le nouveau DTN, a clairement annoncé qu'il aimerait avoir quelqu'un comme Stéphane Diagana à ses côtés. Je dois avouer que le projet est séduisant. En tout cas, il est bien plus cohérent que le précédent. Avec l'ancienne équipe, on recherchait l'immobilisme. Un pas en avant était toujours suivi d'un autre en arrière. Avec la nouvelle Direction, on veut de nouveau avancer. J'espère simplement que cette équipe aura les moyens d'agir.

Le deuxième type de spleen est un peu différent puisqu'il concerne l'athlète qui approche de la fin de sa carrière et dont les performances déclinent. Il commence assez logiquement à douter. Devant ses résultats en baisse, les équipes dirigeantes se tournent vers la relève, la jeune génération. L'athlète vieillissant se sent alors rejeté, abandonné. C'est une grosse période de remise en question. Il ne comprend pas que l'on n'ait plus pour lui la même considération que par le passé. Le vieillissement l'oblige à redevenir progressivement un anonyme et il ne l'accepte pas. Il a souvent été traité comme un « dieu » de la piste durant dix ou quinze ans, et il ne peut pas tolérer que tout s'arrête pratiquement du jour au lendemain. Nombre de petits détails vont venir lui rappeler que sa carrière touche à sa fin. Ainsi, il n'est plus reçu en priorité par les grands pontes de la médecine sportive. Ses fidèles sponsors le délaissent petit à petit. Enfin, il n'a plus sa place dans les stages de l'équipe de France. Bref, il perd son statut d'individu « à part » sans y avoir été préparé.

Je tiens à préciser que le « déclin » sportif n'entraîne pas systématiquement un spleen, ce fameux malaise existentiel. Tout dépend de la façon dont l'athlète vit sa fin de carrière. Certains la vivent très bien, l'acceptent parfaitement. Ils ne brillent peut-être plus, mais ils ont toujours ce besoin de s'exprimer au plus haut niveau. Ceux-là n'ont pas de problème particulier. Et pourtant, on ne les comprend généralement pas. Dans l'imagerie populaire, un athlète est là pour gagner. Pas pour prendre du plaisir à simplement participer. Durant les Championnats d'Europe 1998, je me rappelle que le hurdleur français Vincent Clarico s'était un peu accroché avec quelques journalistes au sujet du sauteur en longueur Robert Emian. Ce dernier, recordman d'Europe avec un bond à 8,86 mètres, continuait à se présenter dans les compétitions en réalisant des performances qui tournaient autour de 7,80 mètres. Il demeurait, certes, parmi les meilleurs Français, mais une grande partie de la presse estimait qu'il n'avait plus vraiment sa place. Comme si ses exploits passés lui interdisaient de se produire désormais avec des résultats inférieurs ! Vincent n'était pas d'accord avec tous ces commentaires et n'avait pas hésité à le dire. Un athlète a le droit de ne plus courir pour la performance pure mais juste pour assouvir son désir physique. Il n'y a pas de mal à ça. L'important, c'est qu'il sache mettre sa pratique sportive à sa réelle place et qu'il accepte de ne plus être l'un des meilleurs. Histoire de rester en harmonie avec lui-même.

Maintenant, il arrive qu'un champion ne comprenne pas « intérieurement » que sa carrière touche à sa fin. L'accumulation de contre-performances ou des remarques de l'entourage vont finir par le ramener plus ou moins douloureusement à la réalité. L'athlète prend conscience qu'il n'est plus ce qu'il a été. Mais généralement, il s'acharne et refuse la réalité durant un certain temps. Puis l'inévitable se produit. Le réveil est alors brutal. Durant de très longues années, il a vécu dans une sorte de cocon qui l'a complètement déconnecté de la réalité. Il faisait partie des meilleurs et, d'un seul coup, on lui annonce que c'est fini. Son univers s'effondre. Voilà plus d'une décennie qu'il vivait sport, qu'il mangeait sport, qu'il respirait sport, qu'il dormait sport... Même ses éventuelles activités professionnelles étaient organisées en fonction de son calendrier d'entraînement, de stages ou de compétitions. Et là, tout s'arrête ! Tout s'écroule. Sa vie change radicalement. La notoriété disparue, de nombreuses portes se referment. Tout cela développe en lui l'incompréhension la plus totale. Il ressemble à une vedette de la chanson qui n'a plus de succès ou à un directeur d'entreprise qui se retrouve au chômage après une importante restructuration dans la société qui l'employait. En refusant d'accepter sa nouvelle situation, l'athlète plonge dans ce que j'ai défini plus tôt comme le « spleen ». Son égocentrisme ne va faire que renforcer ce spleen. Le jour où sa bulle explose est un moment terrible car il prend conscience qu'il y a, en fait, un fossé énorme entre ce qu'il croyait être et ce qu'il est réellement. Sans transition aucune, il passe du statut de champion bichonné, privilégié, et même parfois « vénéré », à celui d'anonyme... au royaume des anonymes !

Tout cela illustre assez bien le manque de maturité de

certains athlètes. Le cocon dans lequel on les a installés les a fait vivre dans une grande et dangereuse illusion. L'encadrement de l'athlète ne lui a jamais fait prendre conscience qu'il vivait des moments privilégiés mais que ce rêve éveillé aurait une fin. Il fallait savoir apprécier ces instants à leur juste valeur. Surtout ne pas trop les idéaliser et risquer de s'y perdre...

En ce qui me concerne, je crois pouvoir dire que j'ai connu une phase difficile en 1990 lorsque j'ai décidé de passer du 110 au 400 mètres haies. Il ne s'agissait pas d'un déclin véritable dans ma carrière mais plutôt d'une rupture avec tout un système de fonctionnement. On ne peut pas rompre avec seize ans d'une vie sans dommage. L'élément déclencheur a eu lieu à Split lors des Championnats d'Europe. J'étais là pour défendre mon titre sur le 110 mètres haies, acquis quatre ans plus tôt avec un record d'Europe en prime. Or, je savais pertinemment que j'étais diminué physiquement car j'avais des problèmes de dos. Comme toujours, mon entraîneur me poussait, me pressait psychologiquement. C'est difficile à expliquer, mais je peux simplement dire que j'étais très mal dans ma peau. Déjà, quelques semaines plus tôt, Philippe Tourret, mon compagnon d'entraînement, m'avait battu lors du meeting de Saint-Denis. C'était la première fois qu'un athlète français me devançait sur un 110 mètres haies depuis... juin 1983 ! Cela faisait sept ans que j'étais le numéro un français incontesté de la discipline, et je peux vous dire que ce premier revers n'a pas été sans conséquence. En fait, il m'a forcé à revenir sur terre. J'ai alors compris que je pouvais être battu par un autre Français. Je n'avais jamais envisagé cela auparavant ! La défaite est d'un seul coup devenue une éventualité. J'étais à nouveau « humain » alors que j'avais très longtemps pensé que rien ne pouvait m'arriver. C'était ma force mais également ma faiblesse. Je me croyais invincible. En tout cas, à l'échelon national. Mentalement, c'était un plus énorme. Sauf que, lorsque la défaite est intervenue, j'ai eu du mal à la comprendre.

Le meeting de Saint-Denis, théâtre de ma première

défaite « tricolore », a été suivi quelques semaines plus tard par le meeting de Monaco où j'ai de nouveau vécu quelque chose d'inhabituel. Philippe Tourret s'est imposé en 13,28 secondes (il égalait alors l'ancien record d'Europe de Guy Drut) et, pour ma part, je suis complètement passé au travers. Mentalement. Au bout de deux ou trois haies, j'ai eu le sentiment de ne plus être dans la course. J'avais l'impression de me regarder courir ! C'était très étrange. Ma pile était vide. Je n'avais plus d'énergie. Je n'étais qu'un spectateur... dans la course. Je voyais les autres s'envoler et je ne parvenais pas à réagir. J'ai eu comme une dépression en pleine course. Je n'ai pas compris ce qui m'arrivait. J'ai terminé à près d'une seconde du vainqueur. Un vainqueur français qui me battait pour la troisième fois en trois mois ! Je venais de vivre une course qui avait duré très longtemps. En tout cas, bien plus de quatorze secondes. Ça n'en finissait plus. J'étais comme au ralenti sans pouvoir réagir.

Sur l'instant, je n'ai malheureusement pas pu parler de tout cela avec mon entourage proche. Je m'étais habitué à me refermer sur moi-même. Tel était mon mode de fonctionnement. Au lieu de me confier à ma compagne, j'ai préféré m'isoler dans ma bulle pour essayer de trouver une solution tout seul. J'étais hermétique à toute aide extérieure, et j'ai bien conscience que tout cela a dû être très difficile à vivre pour mon ex-épouse.

Le point d'orgue de ce blues a vraiment eu lieu à Split à l'occasion des Championnats d'Europe de 1990. Je me suis présenté aux séries du 110 mètres haies avec de très importantes douleurs au dos. Ce jour-là, je n'étais plus que l'ombre de moi-même, et ce fut l'humiliation suprême. Avant la course, je n'avais pu effectuer qu'un tout petit footing et quelques modestes étirements. Je ne me sentais pas au mieux. J'avais une grosse lombalgie ; j'aurais certainement dû déclarer forfait, mais le comportement de mon entraîneur qui m'ordonnait de renoncer a eu sur moi l'effet inverse. Une fois de plus (une fois de trop ?), je me suis senti étouffé par la pression psychologique. Je n'ai pas pu ni voulu prendre le recul nécessaire et j'ai choisi de me marginaliser. J'ai souhaité aller au bout comme pour refuser le diktat de mon coach. Je me suis donc présenté sur la piste à l'heure dite, et là, j'ai vécu un cauchemar éveillé. Mon dos m'a fait souffrir le martyre. Peu après le coup de feu du départ, à la réception de la première haie, j'ai eu l'impression que l'on venait de me couper les jambes. Je me suis retrouvé plié en deux à cause de la douleur. J'ai abandonné... couché sous la deuxième haie ! Mes Championnats d'Europe étaient sportivement terminés. Mais pas mon calvaire. J'ai regagné la sortie du stade le corps complètement replié sur lui-même et le dos bloqué. Je marchais tant bien que mal, mes mains plaquées sur le bas des reins, et ça n'en finissait pas. Comme si je rampais. J'avais la sensation que le public avait les yeux rivés sur moi, l'homme blessé, l'homme détruit. Quel sentiment d'humiliation ! Surtout que personne n'est venu m'apporter son aide. Ni mon entraîneur ni qui que ce soit de l'encadrement fédéral. Je souffrais physiquement, j'étais blessé intérieurement, et pas un n'est venu vers moi ! J'ai donc emprunté le bus qui allait me ramener au centre d'hébergement de l'équipe de France... tout seul ! Franchement, j'ai vécu cet épisode de ma vie comme un interminable chemin de croix. La blessure physique (grosse inflammation au niveau des lombaires) n'était pourtant pas si grave que cela puisque des soins spécifiques et une plage de repos complet ont permis de me soigner en quelques semaines seulement. Mais le mal intérieur, lui, était grand. J'ai pris conscience de tout cela bien plus tard.

Je ne peux pas ne pas parler des conséquences de la séparation d'avec Jacques Piasenta en 1990. Quelques semaines après Split, il a donc orchestré notre « divorce ». Je ne reviendrai pas sur les circonstances puisque je les ai déjà suffisamment décrites précédemment. Je souhaite simplement vous faire sentir comment j'ai vécu ce moment. Le jour où il a fait cette déclaration dans *L'Equipe* annonçant la fin du duo « magique », j'ai reçu une immense claque. Tout avait été prémédité. Minutieusement calculé. C'est d'autant plus bouleversant que ce même entraîneur m'avait considéré pendant près de seize ans comme le fils qu'il n'avait jamais eu. De mon côté, j'avais fini par le voir comme un second père. Et là, je ne comprenais pas ce qui m'arrivait. C'était plus qu'une trahison. Je crois qu'il est plus facile de perdre un parent décédé. C'est peut-être très douloureux mais la douleur peut au moins s'expliquer. La fin est clairement définie. La vie n'est plus. Dans le cas du départ de Piasenta, c'était horrible car je ne pouvais pas l'expliquer. J'étais comme un enfant abandonné par ses parents. Un pestiféré. Même si, pendant très longtemps, je n'avais pas voulu reconnaître qu'il y avait un gros problème dans ce groupe d'entraînement, je me sentais subitement trahi.

Et une fois encore, je n'ai pas osé en parler. Pendant très longtemps, je suis resté fermé aux aides extérieures, je me suis senti coupable de ce qui m'était arrivé. Je me croyais responsable ! Il m'a fallu plusieurs années avant de comprendre que la non-communication était une grave erreur. Les enfants victimes de violence ou d'inceste n'osent pas se confier car ils arrivent à croire que les horreurs dont ils sont les cibles s'inscrivent dans la normalité. Ils finissent par « accepter » la douleur. C'est pourquoi il est si difficile de s'en sortir. Il faut arriver à reconnaître la souffrance. C'est très compliqué. Aujourd'hui, dans mon discours d'entraîneur, j'encourage au maximum le dialogue. Toute bulle est dangereuse, déstructurante. Si un athlète a un doute sur quoi que ce soit, il faut qu'il puisse se « dévoiler ». C'est essentiel. Ma bulle m'a peut-être permis d'être performant sportivement, mais elle m'a également autodétruit de l'intérieur. J'ai accepté inconsciemment des humiliations incroyables.

Puisque j'ai voulu aborder le phénomène du spleen chez l'athlète, je me dois d'évoquer le cas de Marie-José Pérec. Je crois que nous avons eu affaire, ici, à l'exemple même du grand spleen. Je le trouve même très inquiétant car je crois qu'il pourrait finir en tragédie. Avant l'incident des JO de Sydney en l'an 2000, Marie-José Pérec était vraiment une exception, une immense star, une championne complètement au-dessus du lot. Elle ne représentait pas uniquement l'athlétisme mais tout le sport français. Certains l'ont même comparée à une diva. Je ne crois pas qu'elle se soit jamais comportée comme une diva, même s'il est vrai qu'elle avait parfois des réactions que beaucoup ne comprenaient pas. De toute façon, cela n'avait pas vraiment d'importance tant qu'elle gagnait. Malheureusement, à Sydney, tout s'est arrêté pour elle. Subitement. La pression a été trop forte, et j'avoue que j'ai été très inquiet pour notre championne. La voir s'effondrer psychologiquement m'a beaucoup peiné, pour elle, encore une fois. Car je reste persuadé qu'elle avait sa place sur le podium olympique, qu'elle avait le potentiel pour décrocher une médaille.

En fait, tout se serait sûrement joué dans la dernière ligne droite. Les fameux derniers cent mètres. En supposant qu'elle soit à la lutte avec l'Australienne Cathy Freeman, n'aurait-elle pas craqué... mentalement ? Toute la question est là. Physiquement, il ne fait aucun doute qu'elle avait retrouvé un niveau suffisant pour se mesurer aux meilleures. Ses temps de référence laissaient apparaître qu'elle avait retrouvé la forme. Peut-être pas la grâce, mais la forme, assurément. Psychologiquement, là, c'était autre chose et c'était d'ailleurs tout le nœud du problème. Est-ce que, devant cent mille personnes acquises à la cause de Freeman, Pérec n'aurait pas pété les plombs ? Est-ce qu'elle n'aurait pas cédé sous la pression ? N'aurait-elle pas préféré finir en marchant plutôt que de se classer « seulement » deuxième ? C'est ainsi que je voyais la finale. C'était mon scénario : Pérec et Freeman toutes les deux devant et à la lutte pour la médaille d'or. Puis, Pérec menacée par l'Australienne, craquant, interrompant son effort et terminant à pied en laissant passer les autres finalistes. C'était le risque majeur. Je crois qu'en arrivant en Australie, Pérec a découvert le doute, et pour un athlète de son rang c'est le plus terrible.

Pendant toute sa carrière, Pérec a été un véritable épouvantail. Lorsque d'autres athlètes se présentaient pour l'affronter, elles se battaient avant tout pour terminer deuxième. Car avant même la course, la Guadeloupéenne avait gagné la guerre des nerfs. Pérec faisait peur aux autres. Tout comme l'Américain Michaël Johnson a pu terroriser ses adversaires sur le 400 mètres messieurs. Mentalement, Pérec disposait d'un gros avantage. Mais, à Sydney, cet avantage avait disparu. C'est le paradoxe du sport de haut niveau. Marie-José revenait de « l'enfer » après tous ses problèmes de santé. Elle avait retrouvé des chronos dignes de son talent. Sauf qu'elle n'avait pas regagné ce qui est tout aussi important que la préparation physique : le « plus » psychologique. Résultat : tout s'est effondré en Australie.

L'athlète n'est pas une machine. Il y a un ensemble de paramètres qui entrent en ligne de compte. Si l'un de ces paramètres pose problème, c'est tout l'édifice qui peut s'effondrer. On le voit régulièrement au football avec un buteur qui tire deux fois de suite sur le poteau. Il va finir par douter de lui et ce peut être le début d'une longue phase sans réussite. Sans but. Tout simplement parce que, mentalement, il a perdu la confiance. A Sydney, Pérec s'est construit son problème. Il n'y avait d'ailleurs pas « un », mais « des » problèmes. Tout est devenu invivable pour elle. Elle a commencé à prendre conscience qu'elle n'allait peut-être pas gagner, et au lieu de bien le vivre, elle s'est laissé envahir par la panique de ne plus être ce qu'elle avait été. Elle s'est sentie traquée. A ses yeux, tout était agression : la presse, le personnel de l'hôtel dans lequel elle était descendue... On a assisté à une forme d'escalade paranoïaque. Je ne pense pas qu'elle s'en soit rendu compte. Je crois même qu'elle était sincère lorsqu'elle a parlé d'une agression dans sa chambre d'hôtel. Son trouble était tel que le moindre signe inhabituel représentait un grand danger à ses yeux. Elle étouffait.

Tout cela est vraiment dommage car je pense réellement que Pérec avait les ressources pour réaliser un exploit historique à Sydney. C'était peut-être son ultime chance. Si demain elle décide de revenir et si elle retrouve son niveau d'antan, j'en serais très étonné. Même épaté. Car il faut bien comprendre que Pérec est passée par des états d'angoisse et de dépression sans précédent. Soigner tout cela demande beaucoup de temps. Je le dis parce que j'ai vécu des angoisses dix fois moins importantes qu'elle et je mesure déjà, à mon niveau, les efforts et la patience qu'il m'a fallu pour les surmonter. Je ne connais pas d'athlètes ayant vécu de tels drames et qui soient revenus encore plus forts.

J'espère sincèrement que les choses vont évoluer car, en l'état, le spleen demeure inévitable pour un grand nombre d'athlètes mal préparés à la fin du « rêve ». La structure cherche trop à développer l'athlète pendant sa carrière sans jamais anticiper l'instant où tout va s'arrêter. Encore une fois, il existe un suivi social mais il faut dépasser tout cela. Trouver un travail à un athlète ne suffit pas. Le problème est ailleurs. Sa vie a changé. Il vient de quitter la lumière du champion pour l'ombre de monsieur tout le monde. Il faut le préparer psychologiquement à ce changement. Il faut penser à l'homme, pas à son numéro de sécurité sociale. Pour qu'il soit performant socialement, il faut qu'il soit équilibré psychologiquement et stable dans sa vie. Il est urgent de considérer l'athlète comme un être humain et plus comme le pion d'un système. Le champion mieux respecté pourra peut-être mieux appréhender l'épisode forcément difficile de sa reconversion. L'avenir aussi doit être pensé.

10

No future ?

Puisque l'arrivée est proche, je me dois de penser à « l'après ». L'anticipation est devenue pour moi comme une seconde nature. Elle était déjà fondamentale lorsque je courais. A chaque franchissement de haie, il faut savoir envisager le franchissement de la suivante. Il faut « prévoir ». Il faut être mentalement en avance sur la réalité. Un 110 mètres haies ne dure peut-être que 13 secondes, mais il nécessite une activité intellectuelle intense. Ce réflexe d'anticipation demeure très présent chez moi. Il s'applique désormais à ma nouvelle vie. Mais pour qu'il soit efficace, je dois rester en accord avec moi-même, avec mon passé. Lorsque je signe un autographe, j'ajoute systématiquement, après ma griffe, le temps de 13,20 secondes, ma meilleure performance sur le 110 mètres haies (performance qui demeure toujours, à l'heure où j'écris ces lignes, le record de France). On pourrait penser que je suis resté bloqué psychologiquement sur l'année 1986, que je n'ai pas fait le deuil de ma vie passée. Bien au contraire. Et, pour tout vous dire, c'est même l'Américain Dwick Stone qui m'a appris à le faire. En 1982, à l'occasion d'une réunion en Belgique, le sauteur en hauteur m'avait très gentiment signé un petit mot en y incluant son record personnel. J'avais trouvé l'initiative originale et, depuis lors, j'aime bien signaler à toute personne qui me demande un autographe mon meilleur temps. Ce record m'a fait connaître, m'a fait briller. L'hiver, je préfère indiquer le temps de 7,50 secondes, mon meilleur chrono sur 60 mètres haies (et qui constitue toujours, lui aussi, le record de France en salle). Ce sont des références qui font partie de moi, de ma vie. Je ne les regrette pas et je ne vais donc pas chercher à les gommer de mon histoire. Je suis fier de ces exploits, et je trouve tout à fait normal de les rappeler, même si je ne suis plus un athlète en activité. Tant que mes records ne seront pas battus, ils appartiendront toujours, d'une certaine manière, au présent, et je ne trouve pas choquant ou mégalo de continuer à les afficher.

Je dois avouer pourtant que le jour où je ne serai plus le Français le plus rapide sur le 110 mètres haies, j'aurai certainement un gros pincement au cœur. Cela marquera inévitablement pour moi la fin d'une époque. Mais, après une phase nécessaire de « digestion », je me sentirai sûrement libéré, car il n'est pas toujours facile d'être une référence. Par ailleurs, cela ne peut que donner un nouveau souffle aux spécialistes français des haies. Lorsque vous vous battez contre un record de France vieux de quinze ans, il n'est pas évident de se sentir jeune et « conquérant ». Psychologiquement, c'est parfois même un handicap. Briser cette barrière des 13,20 secondes ne peut donc qu'aider les hurdlers tricolores à prendre une autre dimension. Quant à moi, ma carrière sera définitivement inscrite dans un passé révolu, et ce sera finalement très bien comme ça. Pour le reste, je dois reconnaître que je travaille énormément sur ma vie passée. J'essaie de comprendre et de « digérer » mon histoire personnelle. Elle n'a rien à voir avec ma carrière mais elle a laissé des traces. Il faut du temps pour se l'expliquer et pour vivre en harmonie avec soi-même. La rupture avec Piasenta m'a touché profondément alors que la victoire aux Championnats d'Europe en 1986 n'a pas laissé de telles traces. Je ne pense donc pas ressembler à ces athlètes qui, la retraite venue, s'enferment dans leurs glorieux exploits. Pour eux, le temps s'est irrémédiablement arrêté sur une médaille d'or décrochée aux jeux Olympiques ou aux Championnats du Monde. C'est, là encore, l'illustration du fameux spleen du sportif. Ne pas savoir se détacher d'un exploit qui n'est que temporel favorise la dépression nerveuse. Les désillusions risquent de succéder aux désillusions. En ce qui me concerne, je suis très clairement en adéquation avec mon présent. Je pense pouvoir dire que j'ai réussi ma reconversion. Ma vie me plaît, et j'aime m'investir aujourd'hui dans des combats qui mobilisent toute mon énergie : l'entraînement des athlètes, la lutte contre le dopage, la réinsertion professionnelle, la transmission des connaissances... Je l'ai déjà dit précédemment mais je vais me répéter : l'avenir se construit dans le présent !

Je crois que mon présent d'entraîneur est fondé sur la joie de vivre. Je ne peux pas imaginer que les athlètes viennent au stade à reculons. C'est une période de la journée où le temps n'a plus la même mesure. J'y suis en « communion » avec les athlètes. Il y a un échange permanent. Les hommes et les femmes que j'ai la chance d'entraîner sont avec moi pour fournir un gros travail à la fois physique et technique. Je les vois très régulièrement grimacer. Certains me traitent même amicalement de « tortionnaire ». Faire partie des meilleurs Français, voire même des meilleurs mondiaux, exige un très lourd investissement personnel. Cela dit, je ne cherche aucunement à les faire souffrir psychologiquement. On a trop tendance à confondre ces deux « souffrances ». J'ai été des deux côtés de la barrière et je parle en connaissance de cause. Travailler très dur à l'entraînement n'implique pas forcément d'être dirigé par un bourreau. Un coach peut demander beaucoup à ses athlètes tout en les respectant. Je crois que la société doit rompre avec des doctrines d'un autre âge. Les punitions corporelles à l'école ne sont plus autorisées. Ce doit être pareil dans la vie « adulte ». Trop de personnes souffrent aujourd'hui de harcèlement moral au travail. C'est très grave. Les rapports hiérarchiques sont parfois faussés par des gens qui ont une idée complètement dépassée du management. Diriger ne veut pas dire dicter sa loi. Le monde du sport français a trop tendance à vénérer les tacticiens de génie mais sans cœur. Dans ma vie d'entraîneur au quotidien, je cherche donc à ce que les athlètes dont j'ai la responsabilité se « réalisent ». Tant sur le plan sportif que sur le plan humain. Avant toute autre chose, ils sont libres. Je mets, certes, toute mon expérience, tout mon savoir à leur disposition, mais les clés de leur réussite sont en eux et nulle part ailleurs. La performance est le fruit de leur propre investissement.

Je vis cette expérience d'entraîneur comme une véritable aventure humaine. J'essaie à mon modeste niveau de guider mes « protégés », même si je ne les considère en aucune façon comme ma propriété. Un jour, une athlète m'a fait un formidable cadeau en me confiant qu'elle avait découvert avec moi une « relation humaine ». On dépasse ici le cadre de la seule performance sportive, mais je suis convaincu que c'est la base de tout. Avant d'être techniquement compétent, il faut chercher à être humain. Lorsque cette athlète (qui avait connu quelques problèmes relationnels dans les différents groupes qu'elle avait côtoyés par le passé) m'a avoué qu'elle se sentait bien, j'ai perçu son aveu comme une grande victoire. La preuve que mon message et mes convictions étaient passés. Le résultat était palpable, concret. Je crois que, pour un entraîneur, cette reconnaissance vaut bien toutes les médailles d'or du monde. Attention : il ne faudrait pour autant pas croire que l'aspect sportif n'a aucune importance à mes yeux. J'essaie simplement de fixer pour chaque athlète des objectifs qui soient en accord avec son potentiel et ses réelles motivations. Tout le monde n'a pas les qualités pour devenir champion du monde. Il faut savoir être à l'écoute et juste avec chacun. Bien sûr, lorsqu'un coureur présente un potentiel très prometteur, je cherche à tout faire pour l'amener à développer ses qualités. Mais cela ne peut se faire que s'il le veut vraiment et surtout s'il se sent en osmose avec lui-même et avec son cadre d'entraînement. C'est pour ces raisons que ce métier est passionnant. Il demande une grande connaissance de soi mais aussi des autres. Il faut être capable de sentir les athlètes et de les mettre en phase avec leur réalité. Il n'y a pas de schémas préétablis. C'est un recommencement quotidien. Une remise en question permanente. Quoi de plus excitant ?

Cet apprentissage me nourrit intérieurement. C'est une quête fantastique. Dans mon entourage, certains entraîneurs supportent assez mal de demeurer dans l'ombre de leurs athlètes. Ils n'ont pas la notoriété des stars qu'ils entraînent. Ils rêveraient de dépasser leur rôle. Ayant été un athlète de haut niveau très médiatisé, je ne souffre pas de ce syndrome. Je ne réclame pas cette reconnaissance. Je sais ce qu'elle m'a coûté. Seuls l'équilibre et la réussite des athlètes que j'entraîne m'intéressent. Je suis sincère. J'ai connu mon heure de gloire et je veux aujourd'hui aider d'autres personnes à s'épanouir à leur tour au plus haut niveau de la compétition. Ce rôle me convient amplement. J'ai la reconnaissance de mes athlètes et elle me suffit.

Il est d'ailleurs amusant de noter que je n'ai jamais rien demandé à personne. Tout s'est fait naturellement. Un athlète est venu me proposer de l'entraîner alors que je n'avais pas encore pris ma retraite sportive. Puis un autre. Et ainsi de suite... Aujourd'hui, ils sont une petite quinzaine à évoluer sous ma responsabilité sans que je n'aie jamais eu besoin de faire le moindre prosélytisme. Je n'ai jamais démarché la moindre personne afin qu'elle rejoigne le groupe dont j'ai la charge.

Même si je crois très profondément en ce que je fais, je ne prétends pas détenir la vérité. Je pense que la confiance et un respect réciproque doivent constituer le socle d'une relation entraîneur-athlète, mais je me refuse à affirmer que les autres méthodes sont mauvaises. C'est peut-être terrible d'agir encore de la sorte, mais il s'avère que certaines méthodes d'entraînement fondées sur la domination psychologique de l'athlète par l'entraîneur peuvent permettre des résultats sur la piste. Beaucoup d'exemples le démontrent. Toutefois, l'athlète finira un jour ou l'autre par payer le malaise engendré par ces années de domination. Il sera peut-être couvert de médailles, mais atteint psychologiquement. Quoi qu'il en soit, c'est à l'athlète de savoir ce qu'il veut. Etre un champion et en payer le prix ou être un champion tout en s'épanouissant personnellement. Le choix lui revient.

Ma vie actuelle me procure d'immenses joies, mais je ne peux pas cependant omettre de souligner mes frustrations. J'ai l'impression de crier dans le vide depuis quinze ans. J'ai toujours dénoncé le dopage sans comprendre qu'il s'agissait d'un vilain tabou. J'en parlais et je pensais sincèrement que les choses allaient rapidement évoluer. En 1987, Christian Bergelin, alors secrétaire d'Etat chargé de la Jeunesse et des Sports, a mis en place une commission consultative de lutte contre le dopage. J'étais, avec le rugbyman Serge Blanco, l'un des deux représentants du monde sportif, et je croyais qu'une action commune allait très vite anéantir le problème. Malheureusement, j'ai dû déchanter. Même si j'ai rencontré des gens qui souhaitaient réellement tout mettre en œuvre pour éradiquer le dopage, le mouvement ne fut pas très suivi. La France, c'est vrai, est à la pointe du combat, mais il n'empêche que le dopage continue sa progression à l'échelle planétaire. Elément révélateur : lorsque vous avez le malheur de vouloir alerter les gens sur ce grave problème, on vous répond généralement que vous manquez de preuves ! Frustré ? Forcément ! Dès que je soulève un problème, on me demande de me justifier mais personne ne vient s'expliquer. Mes questions demeurent sans réponse. A croire qu'elles dérangent ! Pendant ce temps, les athlètes français qui ont choisi un sport sans dopage participent à des compétitions où les règles ne sont pas les mêmes pour tout le monde.

Je suis frustré et également fatigué par les éternelles guerres d'intérêt entre personnes censées faire avancer l'athlétisme français. Ces bagarres de chiffonniers nous font perdre un temps précieux. Les athlètes de haut niveau mais aussi l'ensemble des licenciés restent complètement ignorés. Devant ces déchirements sans fin, peut-être suis-je utopiste de continuer à rêver d'un monde meilleur, comme Martin Luther King ; mais au fond, j'ai également l'impression que rien ne se réalisera jamais. Les gens sont trop égocentriques pour que toute la machine avance enfin dans un seul et même sens. Ne penser qu'à sa petite personne fait reculer l'intérêt général. Se tirer dans les pattes, oui. Défendre l'intérêt général, non ! On se croirait dans le milieu politique. Chacun magouille dans son coin et oublie complètement la nature de sa mission. Les poches se remplissent miraculeusement tandis que les problèmes des administrés demeurent. Encourageant ? Pas vraiment ! L'athlétisme ? C'est un peu pareil : de la politique à une plus petite échelle. L'argent en moins. Et le pire dans tout cela reste que dénoncer ce fonctionnement dérange. Rien n'avance mais il ne faut surtout pas le dire. Je me rappelle d'un directeur technique national m'ordonnant de me taire et d'accepter sa propre politique sous prétexte que j'étais cadre ! C'est ça la démocratie ? Trop facile ! On ne peut pas demander aux gens de n'être que des moutons, d'obéir aux ordres sans broncher ! Je ne peux pas fermer les yeux et accepter de foncer dans le mur. Il y a des limites à la bêtise.

Sur le terrain, ce métier peut aussi se révéler lassant. Vous êtes payé en fonction d'un échelon et non pas en fonction de votre investissement personnel. Certains l'ont bien compris. Ils donnent le minimum et touchent quand même leur chèque à la fin du mois. J'avoue que ce n'est pas très motivant. Le résultat n'entre absolument pas en ligne de compte dans le calcul du salaire. Avec le temps, il peut y avoir un risque de découragement. *« On ne reconnaît pas mes efforts ? Alors, moi aussi, je baisse les bras ! »*

A mes yeux, être coach constitue un formidable sacerdoce. En tant qu'athlète, j'ai couru avec une immense fierté pour défendre le maillot tricolore. Aujourd'hui, employé de l'Etat, j'ai une conception très aiguë de mon devoir. Je me sens responsable. J'ai une mission à remplir. Je ne me sens pas encore totalement découragé par ce mode de fonctionnement. En revanche, l'amateurisme flagrant de nos structures m'empêche parfois de mener mes missions à bien, et là, c'est assez douloureux. A titre d'exemple, l'athlète tricolore n'a pas d'engagement officiel vis-à-vis de son coach. Il demeure libre de ses choix. S'il veut claquer la porte, il peut le faire à tout moment. Cela n'aura aucune conséquence pour lui. L'entraîneur, quant à lui, se retrouvera avec un ou une athlète en moins sans toutefois pouvoir expliquer la défection. Aux Etats-Unis, le mode de fonctionnement est plus clair. Il est peut-être moins « humain » mais il a le mérite de la transparence. Un athlète rejoint un groupe d'entraînement pour un service bien spécifique et accepte d'en payer le prix. Il y a des droits (celui d'être entraîné par un entraîneur plus ou moins compétent et d'être entouré par un staff de professionnels) et des devoirs (partager une partie de ses gains avec la structure d'accueil). Lorsque l'athlète veut s'en aller, il doit rompre son contrat. En France, le fonctionnement est très différent. En tout cas pour l'entraîneur. Ce dernier donne mais ne reçoit pas forcément en retour. J'aurais plutôt tendance à défendre les athlètes, mais il faut aussi respecter les entraîneurs qui exécutent leur tâche avec beaucoup de correction et de dévouement. Trop souvent ils sont pris pour des coachs jetables !

Autre exemple : un grand nombre de cadres participent financièrement aux missions qui leur sont confiées par leur président de ligue. Est-ce bien normal ? Est-ce qu'un représentant de commerce paie sa chambre d'hôtel et ses repas lorsqu'il est en déplacement ?...

Même s'il reste évident que le métier d'entraîneur m'intéresse, que l'athlétisme demeure pour moi, à ce jour, une belle histoire d'amour, j'éprouve, au fond, l'envie de passer à autre chose. Pourquoi ? Tout simplement parce que l'esprit de clocher me fatigue. L'athlétisme français est miné par des règlements de compte permanents. Certains dépensent tout leur temps et leur énergie à tirer sur les autres. D'autres agissent dans le plus grand secret de peur d'être copiés. C'est complètement absurde. Nous ne sommes pas des chercheurs en quête d'une trouvaille révolutionnaire. Nous ne sommes que de modestes cadres qui avons pour mission d'aider les meilleurs athlètes français à se faire une place parmi les meilleurs mondiaux. C'est aussi bête que ça. Sauf que certains membres de la Fédération ne voient pas les choses de cette façon. Seules les intrigues et les petites combines les font se lever le matin. Désolé, mais je ne fonctionne pas de cette façon. Lorsque je croise d'autres groupes d'entraînement, je n'ai pas envie de les dénigrer. Je ne suis pas là pour ça. Je trouve même que l'échange est intéressant et enrichissant.

L'athlétisme français est bloqué par ces querelles intestines. On l'a bien vu, au début de l'année 2001, lorsque la Direction technique nationale a changé de leader. J'ose parler de leader parce que Robert Poirier me semble correspondre à la définition du leader. Voilà un chef qui assume son rôle de chef. Peut-on dire la même chose de son prédécesseur ? J'ai du mal à le penser à la lueur du comportement qu'a eu celui-ci au moment du passage de relais. Il n'a pas apprécié que le nouveau patron s'entoure d'une nouvelle équipe ! Mais que fallait-il faire ? Garder les mêmes et repartir en arrière ? Un chef doit assumer ses responsabilités, et lorsqu'on les lui retire, il doit s'en aller sans faire de cinéma. Apparemment, l'athlétisme français éprouve une grande aversion pour les camps d'entraînement américains... et une grande fascination pour Hollywood ! Les responsables sont avant tout de bons acteurs. Ils jouent à la perfection le rôle de l'homme blessé. Ils pleurent magnifiquement devant les caméras pour la fin désespérée de leur règne. C'est grotesque ! Nous sommes tombés bien bas ! Au lieu de se crêper le chignon, est-ce que les différents responsables ne pourraient pas essayer d'œuvrer tous dans le même sens ?

Un tel fonctionnement ne peut que décourager. Que l'on soit bon ou pas ne change rien. Aussi, je rêve d'autre chose. C'est humain. Si je me défonce pour ce que je fais et qu'en retour je n'obtiens aucune reconnaissance pour mon travail, je finis par me poser des questions. Si rien ne doit bouger, je pense que je quitterai le monde de l'athlétisme dans les années qui viennent. L'ambiance y est devenue insupportable. Irrespirable aussi. J'ai envie que mon travail soit reconnu à sa juste valeur. Je veux être jugé sur des résultats. J'ai besoin de ça. Athlète, je vivais avec le jugement du chronomètre. Aujourd'hui, j'ai besoin de retrouver ce repère. Il n'y a que le secteur privé qui puisse m'offrir cela. Je m'avoue très tenté par une expérience de préparateur physique dans une équipe de football, de basket-ball ou de tennis. Là aussi, peut-être, il y aura quelques désillusions, quelques déceptions, sans oublier les traditionnelles petites trahisons. Mais je suis au moins certain d'une chose : de pouvoir donner autant tout en recevant plus qu'aujourd'hui. J'aime trop la compétition pour me laisser « fonctionnariser » sans réagir. Le système privé a le mérite d'être plus en accord avec mes croyances. Si je suis bon, on me gardera et on me paiera en conséquence. Si je suis mauvais, je le saurai et on me licenciera. Je pourrai alors me remettre en question.

J'ai toujours été un perfectionniste. J'ai une âme de compétiteur. Tendre vers la performance est quelque chose d'important pour moi. J'ai toujours cette notion à l'esprit. Il faut constamment se remettre en cause. Chercher à s'améliorer. C'est ce qui permet d'avancer. La vie est courte. Une carrière est encore plus courte. Il faut donc aller vite. Durant toute ma vie d'athlète, je me suis battu avec des objectifs. Aujourd'hui, je veux continuer à pouvoir me fixer des objectifs. Ma réflexion n'est pas encore complètement aboutie, mais je reconnais que je me pose la question de plus en plus. Dois-je faire le grand saut ? Dois-je tenter l'aventure du privé ? Tant que mon salaire ne sera pas indexé sur mes performances d'entraîneur, je ne pourrai qu'être attiré par une expérience où l'on me jugera sur mes résultats. J'accepterai sans problème d'être sanctionné si mon travail a été mal fait. Je suis habitué à cela. Je le répète : j'ai été athlète. A chaque course, un chrono jugeait mon travail, et je me suis toujours incliné devant son verdict. De plus, si demain je devais me mesurer à une forme de concurrence, je l'accepterais avec grand plaisir car je la connais depuis très longtemps. Elle ne m'est absolument pas étrangère. Pour le moment, cette concurrence, je n'y suis plus confronté. L'athlétisme français traîne derrière lui l'image poussiéreuse du service public. On catalogue très vite. « C'est un repère de feignants ! » entend-on un peu partout. Dans la réalité, il y en a effectivement quelques-uns. Comme partout ! Il faut quand même le dire. En revanche, concernant la rémunération, on est tous égaux ! Les feignants comme les besogneux sont tous payés en fonction de leur échelon respectif. A travail égal, salaire égal ? Non. A grade égal, salaire égal !

En lisant ces lignes, vous allez certainement penser que ma relation avec l'athlétisme est un éternel « je t'aime, moi non plus ». D'un côté, je ne supporte plus certains comportements. De l'autre, je vis des choses très fortes avec les athlètes que j'entraîne. Ils sont mon bol d'air. Ils me permettent de garder la foi. L'échange est sincère. Mais que dire du reste ! Je me sens étranger à tout ce système. Complètement extérieur. Déjà athlète, je ne m'intéressais pas aux bruits de couloir. Entraîneur, je m'aperçois que ce trafic de rumeurs est énorme. C'est un réseau très important et diablement nuisible. Je ne veux pas vivre là-dedans. Rentrer dans ce jeu malsain, c'est risquer de perdre mon identité. Je me mets donc volontairement en marge du système. C'est peut-être d'ailleurs ce qui freine ma progression, mais, franchement, je serais incapable de faire autrement. Toutes ces tractations en coulisses me dégoûtent.

Le plus terrible, c'est de passer pour le vilain petit canard. Vous refusez de cautionner certains agissements, et c'est vous qu'on montre du doigt ! Comme s'il n'était pas convenable de dire haut et fort qu'il y a un malaise dans la famille. Non. Il faut faire corps quoi qu'il se passe, rester solidaire. Toujours. Désolé encore une fois, mais je ne sais pas faire ça. J'ai besoin de garder ma liberté d'esprit et de parole. Je revendique le droit à la concertation. Au nom de l'union familiale, je refuse d'avaler des couleuvres. Ce système, c'est la négation de la communication. C'est même la négation de l'individu. Les règles sont simples : intégrez la famille, souriez sur les photos et, surtout... bouclez-la ! Tout cela donne une drôle d'image de la tribu de l'athlétisme français. Comment voulez-vous qu'elle avance ? On ne règle jamais les problèmes. On se contente de placer des peaux de banane au bon endroit pour dégommer le petit copain devenu trop encombrant.

Il est certain que je dérange puisque ma conception du sport en général et de l'athlétisme en particulier n'a rien à voir avec ce théâtre de boulevard. Cela étant, lorsque j'entends le discours de certains au ministère ou à la Fédération, je ne me sens plus vraiment à contre-courant. Bien au contraire. Allez comprendre ! En fait, j'ai un très gros défaut : je dis les choses comme je les pense. Voilà vingt ans que la famille de l'athlétisme français aurait dû vider son sac. Elle ne l'a pas fait et je le regrette.

Je tiens à préciser que tous ces mots n'ont pas été écrits pour faire parler de moi. Il n'y a aucun calcul derrière tout cela, aucun jeu de séduction. Je cherche simplement à faire avancer les choses. Si rien ne bouge, je partirai. Point. C'est aussi bête que ça. Si je continue à ne pas être satisfait par la situation, j'irai voir ailleurs sans le moindre regret. Je ne me considère pas comme essentiel. Etant encore jeune, je n'aurai pas trop de difficultés à recommencer une nouvelle aventure ailleurs.

De plus, il ne faut pas croire que le but de ce livre soit l'obtention d'une promotion ou d'un poste à responsabilité. J'ai parfaitement conscience que je n'ai pas l'expérience et les connaissances nécessaires pour assumer un poste important au sein de la Fédération. J'ai toujours été lucide et je ne vais pas changer à trente-sept ans. Je n'accepterai jamais de jouer un rôle si j'estime ne pas en avoir les compétences. Si j'avais aujourd'hui cinquante ans, je vous répondrais certainement différemment. Mon vécu ne sera pas le même dans treize ans. Aurai-je alors la même motivation ? Là, c'est autre chose. Je regrette simplement qu'on ne tienne pas compte des remarques de ceux qui ont connu le haut niveau et qui ont envie de voir l'athlétisme français se relever. L'athlétisme fonce tout droit dans un mur et je refuse d'assister à l'accident mortel. J'aurai certainement sauté du train avant la terrible collision. Notre Fédération est perçue comme médiocre et je ne le supporte plus.

Je crois en fait que mon avenir ne va dépendre que de ma passion. Si l'athlétisme continue sur ce chemin-là, je vais très vite m'essouffler, et mon départ sera rapide. J'irai ailleurs. Je retomberai sur mes pattes dans un monde peut-être plus en accord avec mes valeurs. Maintenant, si l'athlétisme tricolore décide de mettre en place une importante réforme, je suis tout disposé à participer à la reconstruction.

Quel que soit mon avenir professionnel, je continuerai à être heureux. C'est le plus important. J'ai toujours pris du plaisir à faire ce que je faisais. Je veux continuer à m'amuser dans la vie. *Have fun !* Oui. C'est tout à fait cela. *Have fun !*

CONCLUSION

Arrivée

J'espère très sincèrement que ce livre permettra de faire avancer les choses. Ce « 110 mètres haies » en plus de deux cents pages est la course la plus longue à laquelle j'ai participé. J'y ai mis toute l'expérience accumulée lors des vingt-sept années passées sur les stades du monde entier. Ce 110 mètres haies d'un genre particulier est un cri de désespoir car je n'ai pas l'impression que l'athlétisme français veuille fondamentalement s'adapter. J'espère simplement avoir fait prendre conscience à certains d'entre vous qu'il y a un réel problème. La situation est grave. Je n'ose pas m'avouer qu'elle est désespérée car je veux encore y croire, mais le constat est terrible. La gangrène s'est installée et trop peu de gens réagissent. J'ai aujourd'hui l'impression de me battre contre des montagnes. L'athlétisme français est en train de perdre sa crédibilité en refusant de lutter contre les différentes dérives qui l'accablent.

A ceux qui m'accuseront de cracher dans la soupe, je réponds d'ores et déjà que la vérité ne peut être que bénéfique. Il faut cesser de cacher ou d'ignorer les maux. Après la lecture de ce livre, certains auront sûrement un goût amer dans la bouche. Je sais que la sincérité dérange. Cela dit, je suis en accord avec moi-même et je n'ai absolument pas le sentiment d'avoir trahi la famille de l'athlétisme avec cette confession. Cette famille, je l'ai servie et j'en fais partie. Je la défends fièrement. Encore une fois : je n'ai jamais aimé perdre et, aujourd'hui, je reste très fermement attaché à cette notion de performance, d'excellence. Je ne peux donc pas supporter de voir l'athlétisme français s'autodétruire. Il mérite mieux que ça !

ANNEXE 1

par Tania Bellot, médecin du sport

Je crois que le rôle de l'entraîneur est fondamental. Il doit être à l'écoute des athlètes. Il doit les connaître. Les athlètes fonctionnent tous différemment. Certains sont fragiles. D'autres ont besoin de beaucoup d'entraînement. Et puis, il y a également ceux qui jouissent de qualités physiques importantes mais qui peuvent se blesser à cause d'un travail trop intensif. Ce fut d'ailleurs le cas de Stéphane Caristan. Lorsqu'il a mis fin à sa carrière et qu'il a continué quelque temps à courir pour le plaisir, il est amusant de noter qu'il a alors réalisé des performances impressionnantes. Si Stéphane s'était entraîné différemment à sa grande époque, je pense qu'il aurait connu la blessure moins souvent. Je crois même que ses performances auraient été au moins égales à celles qu'il a vécues. Meilleures ? Ça, personne ne peut le dire.

L'athlète a besoin d'une relation de confiance avec toutes les personnes importantes de son entourage professionnel. L'entraîneur, qui est souvent la première de ces personnes, joue donc un grand rôle. Il m'est arrivé de téléphoner personnellement à certains coachs pour leur signaler qu'ils ne respectaient pas mes consignes de soins (interdiction de réaliser des sauts pendant une période donnée, par exemple). Une fois même, l'entretien téléphonique s'est mal passé car l'entraîneur ne supportait pas que je vienne m'immiscer dans ses affaires. Et je peux vous dire que ce coach était très connu ! Pour sa part, le médecin a comme mission première de rassurer l'athlète. Dans mon travail, je cherche toujours à positiver les malheurs physiques d'un athlète. L'optimisme est à la base de tout. Ensuite, il faut demeurer très ouvert. Un sportif de haut niveau se connaît parfaitement, et l'écouter permet de faire un premier diagnostic très pointu avant même l'examen.

Quant à la relation entre le physique et le psychisme du patient, j'ai toujours pensé qu'elle existait. Un problème psychologique peut déclencher un mécanisme de douleur physique. De même qu'un équilibre mental retrouvé peut aider à soigner cette même douleur. Traduction : un athlète bien dans sa peau et dans sa tête se soignera plus rapidement. Attention cependant : la blessure n'est pas uniquement une manifestation d'un déséquilibre psychologique. L'accident, un défaut technique ou un excès d'entraînement peuvent également la déclencher. Mais la somatisation d'un problème psychique quelconque a souvent des répercussions sur le physique. Il ne faut pas le nier.

ANNEXE 2

par Sandrine Pruvot-Caristan
ex-épouse de Stéphane

Pour Stéphane, ça a toujours été très clair : « *C'est le sport qui passe avant tout.* » Avant les loisirs, le farniente, les activités diverses, avant moi, avant l'amour parfois et avant lui-même finalement. Une exigence de tous les instants. Des instants précieux, comptés, recomptés, décomptés. Un pointillisme excessif, une rigueur qui le coupe du monde extérieur.

Etre la femme de Stéphane, c'était accepter cette rigueur, entrer en religion avec le sport et adhérer implicitement à son mode de vie. Je m'y suis jetée à corps et à cœur perdus, et j'ai tout donné pendant dix années. Etre la femme d'un sportif de haut niveau, c'est être une femme de haut niveau. Tout doit être parfait, proche du record. S'il a mal dormi, s'il est de mauvaise humeur, s'il a un rhume, s'il a un problème avec son banquier, s'il se dispute avec sa sœur, s'il s'énerve à un feu rouge, s'il ne trouve plus ses clés, on se sent responsable, coupable.

Stéphane me disait que rien de ce que je pouvais dire ou faire ne lui permettait d'améliorer ses performances, mais j'ai toujours su que j'étais un facteur favorable à son équilibre et donc à sa réussite. J'étais l'élément stable qui le ramenait à la vie réelle. La transition entre la planète sport et la vie terrienne normale, banale.

Notre vie se construisait par périodes qui alternaient ainsi : forme, performance, joie, bonne humeur. Blessure, contre-performance, doute, remise en question. C'est lors des bonnes périodes que nous avons conçu nos deux enfants. Les enfants ont fait éclater la bulle protectrice de Stéphane et l'ont forcé à regarder la vie en face. Chose que je n'avais pas su faire.

Je ne regrette pas l'existence que j'ai menée auprès de Stéphane. Ce fut intense, passionnant, exaltant. J'ai partagé avec lui des expériences émotionnelles rares. Mais j'en suis sortie vidée avec l'impression d'avoir beaucoup donné de moi-même et d'avoir peu reçu en retour. Stéphane était égoïste, et ce n'est qu'à ce prix qu'il a pu obtenir ses résultats. Son exigence envers les autres est à la mesure de celle qu'il s'impose à lui-même. Ceux qui ne peuvent suivre sont automatiquement éliminés. C'est la loi de la jungle. Vivre avec Stéphane sportif, c'était accepter d'être dans l'ombre et accepter l'abnégation que demande une vie de sportif. Tout s'articulait autour des compétitions et des entraînements : les vacances, faire les courses, le travail, les enfants, faire l'amour aussi. Tout était fonction du jour J et de l'heure H.

ANNEXE 3

Je suis bien placé pour savoir que l'image est très importante. Elle décide de beaucoup de choses. Cela étant, ce que les médias ont pu dire de moi ne m'a jamais vraiment intéressé. Je ne me suis jamais focalisé là-dessus. Tout cela était « secondaire ». Accessoire. J'ai accumulé pas mal d'archives me concernant au fil des années et je dois reconnaître que je ne les consulte jamais.

En tant qu'athlète, j'ai toujours défendu avec fougue le maillot de l'équipe de France. En marge de ma carrière, je me suis très souvent battu pour la reconnaissance du sport et de l'athlétisme dans la société. Et au bout du compte, je vis assez mal le fait de ne jamais avoir reçu la Légion d'honneur. Ce n'est peut-être qu'une décoration mais elle symbolise énormément à mes yeux. En 1990, les relayeurs français recordmen du monde du 4 fois 100 mètres l'ont eue assez logiquement. Ils ont fait avancer le sport français et cette décoration est tout à fait normale. Pour ma part, j'ai toujours été cocardier. En 1986, avec mon titre européen, j'ai redonné un nouvel élan à l'athlétisme français qui traversait alors une période noire et je m'avoue très frustré de ne jamais avoir été honoré de la sorte. J'ai le sentiment d'avoir « défendu » la France, ses intérêts et de ne rien avoir reçu en retour. Il y a comme un sentiment d'inachevé.

J'ai tout de même eu la reconnaissance du public et c'est quelque chose d'extraordinaire. Des émotions sont passées entre lui et moi. Mais je n'ai jamais eu la reconnaissance des gens avec qui et pour qui j'ai fait tout ça. Je suis peut-être vieux jeu mais ça me blesse. Je viens d'un milieu modeste où l'on m'a appris des valeurs comme le respect et le travail.

Grâce à mes performances, j'ai rendu service à la France et, au final, je me sens lésé. Il y a une forme d'injustice. J'ai la sensation que certains se sont servis de mon nom, de mes résultats, de mon image, mais que tout cela ne m'a finalement rien apporté !

Etre décoré de la Légion d'honneur aujourd'hui m'apaiserait. Cela réparerait quelque chose. C'est, je crois, mon seul regret.

ANNEXE 4

Je viens de parler du fléau du dopage dans le sport. A mes yeux, c'est un combat très important. Mais la société n'est pas à l'abri de ce phénomène. Bien au contraire. Je m'explique. Un homme politique en campagne électorale est souvent survitaminé, surmédicamenté pour tenir le rythme exigé. Parfois même, avec l'aide d'un médecin, il prend des substances illégales qui lui permettent d'enchaîner des journées et des nuits de travail sans s'en rendre compte. Est-il inquiété pour ce dopage « officiel » ? Non. Dit-on que les politiciens sont tous dopés ? Non ! Dans les milieux universitaires, il est de notoriété publique que certains étudiants préparent leurs examens en étant « chargés ». Y a-t-il un contrôle éventuel ? Non. Dit-on que tous les étudiants marchent aux amphétamines ? Non ! Dans le show-business, c'est encore pire. Certains se droguent en toute impunité. Il est du plus grand chic de sniffer une ligne de coke dans de bonnes petites soirées mondaines. Dans ce milieu-là, être « in », c'est ça. On dit quelque chose contre tout cela ? Non !

Je suis tout à fait d'accord pour reconnaître qu'il y a un grave problème dans le sport. Le dopage est une véritable gangrène et je ne veux pas qu'elle se développe. Mais le monde des dopés ne se résume pas à Ben Johnson ou à Richard Virenque. Les coupables ne sont pas uniquement sportifs. Il serait bon que la société ose se regarder dans le blanc des yeux. Histoire de faire le point...

REMERCIEMENTS

A Mathis et à Millian, pour la compréhension et la patience dont vous avez fait preuve tout au long de l'écriture de cet ouvrage.

A Marguerite, ma mère, trop vite disparue, que j'aime et qui me manque tellement.

A Sandrine, mon ex-épouse, une femme extraordinaire, mère des deux plus beaux enfants du monde. Bonheur à toi et à tous les tiens.

A Annick, Chantal, Carole et Alain, mes sœurs et mon frère, ainsi qu'à leurs enfants. Ce livre, ce sont les « maux » pour me dire...

A Nicolas Bouiges sans qui ce projet n'aurait peut-être jamais vu le jour.

A Harald Schmid, mes profonds respects. Un tournant dans ma vie.

A tous les médecins et les personnes appartenant aux professions paramédicales que j'ai pu côtoyer (et ça fait du monde !) en général. Le Dr Bellot et le Pr Saillant en particulier.

A tous les athlètes qui sont venus s'entraîner avec moi sur le pôle de l'INSEP en général. Vincent, Issa et Odiah en particulier. Ils m'ont tous tellement apporté, on a tellement partagé !

A tous les athlètes que j'ai entraînés au club de l'US Créteil en général. Céline, Fanny, Dado et Gino en particulier. Ils ont contribué à mon épanouissement d'entraîneur.

A Robert Bobin, Jean Poczobut, Fernand Urtebise, Jean Durry, Pierre Weiss, Richard Dacoury, Alain Heilles, Gilbert Iundt et Guy Drut. Ils ont apporté quelque chose à ma vie.

A Pierre-André Lacout, Denis Brogniart et Alexandre Pasteur. Les journalistes auprès desquels j'ai appris à devenir consultant.

A Gaël Amaudry et Frédéric Escrivant. Plus de trente-trois ans d'amitié chacun.

A Jérôme Vidal, Eric Pruvot, Pierre Boisserie, Gino Ruggeri, Marianne Boeffard, Françoise Cochard, Delphine Ruggeri et Laurence Vervant. Mes amis.

A Isabelle, Marine, Bernadette... Elles resteront à jamais dans mon cœur.

A Françoise Cochard pour sa contribution à ce projet.

Aux cadres et aux élus passionnés de la FFA, des personnes essentielles au renouveau de l'athlétisme !

Aux Editions Plon. Muriel, Calypso, Karine et Anne.

A Fanny Maréchal parce que je t'aime.

TABLE

Cet ouvrage a été composé par
Nord Compo (Villeneuve-d'Ascq)
et imprimé sur presse Cameron
par **Bussière Camedan Imprimeries**
à Saint-Amand-Montrond (Cher)
pour le compte des Éditions Plon

Achevé d'imprimer en mai 2001.

N° d'édition : 13364. — N° d'impression : 012480/1.
Dépôt légal : mai 2001.

Imprimé en France